Der Föderalstaat nach dem Berlin-Urteil

Kai A. Konrad
Beate Jochimsen
(Hrsg.)

Der Föderalstaat nach dem Berlin-Urteil

PETER LANG
Frankfurt am Main · Berlin · Bern · Bruxelles · New York · Oxford · Wien

Bibliografische Information der Deutschen Nationalbibliothek
Die Deutsche Nationalbibliothek verzeichnet diese Publikation in der Deutschen Nationalbibliografie; detaillierte bibliografische Daten sind im Internet über <http://www.d-nb.de> abrufbar.

Abbildung auf dem Umschlag:
Berliner Reichstag.
Abdruck mit freundlicher Genehmigung von Nina Bonge.

Layout:
www.kumpernatz-bromann.de

ISBN 978-3-631-56299-4

www.peterlang.de

Vorwort

Am 19. Oktober 2006 hat das Bundesverfassungsgericht die Klage Berlins auf Anerkennung einer extremen Haushaltsnotlage des Landes abgewiesen. Das Berlinverfahren reiht sich in eine Klageserie von Bundesländern vor dem Bundesverfassungsgericht ein, bei der hochverschuldete Länder versuchen, ihre Haushalte auf Kosten der Bund-Länder-Gemeinschaft zu sanieren. Die institutionellen Rahmenbedingungen des deutschen Föderalismus laden geradezu zu derartigen Klagen ein. Einerseits genießen die Länder Autonomie bei der Aufnahme von Krediten. Andererseits tragen die Länder nur eingeschränkt die Verantwortung für den Schuldendienst. Das bündische Prinzip wirkt letztlich wie eine Ausfallbürgschaft auf dem Kreditmarkt. Bürgschaft einerseits und Länderautonomie anderseits passen nicht zueinander. Hierin liegt der Kern der Verschuldungsproblematik der deutschen Länder.

Aus dem Urteil ergeben sich konkrete Fragen. Welche Schlüsse werden die Kapitalmärkte aus dem Urteil ziehen? Wie werden die Kreditrisiken von Bund und Ländern künftig bewertet? Wie wird ihre Bonität bestimmt? Welche Konsequenzen erwachsen aus dem Urteil für die Föderalismuskommission II und für die zukünftige Gestaltung des deutschen Föderalismus? Welche Problemlösungskonzepte gibt es? Soll man die De-facto-Haftungsverflechtung der deutschen Gebietskörperschaften auflösen? Und wie könnte das geschehen? Was kann man von anderen Ländern im Umgang mit extremen Haushaltsnotlagen oder gar Insolvenzen von Gebietskörperschaften lernen?

Diesen Fragen sind renommierte Föderalismusexperten aus den Bereichen Finanzwissenschaft, Jura und Finanzmarktanalyse auf der Konferenz „Der Föderalstaat nach dem Berlin-Urteil“ am 21. November 2006 am Wissenschaftszentrum Berlin für Sozialforschung (WZB) nachgegangen.

Auf der Konferenz „Der Föderalstaat nach dem Berlin-Urteil“ wurden Antworten und Lösungsvorschläge vorgestellt und diskutiert. Ziel des vorliegenden Bandes ist es konkrete Konsequenzen aus dem Berlin-Urteil für Praxis und Politik zu ziehen, aber auch grundlegende Probleme der Finanzbeziehungen in Föderalstaaten zu erörtern und Lösungsvorschläge zu präsentieren.

Das Buch gliedert sich in drei Teile. Die Arbeiten in Teil I behandeln die konkreten Folgen des Verfassungsgerichtsurteils zur Frage der extremen Haushaltsnotlage in Berlin. Der Verfassungsrechtler *Ulrich Häde* interpretiert in seiner Analyse das Urteil aus der Sicht der Jurisprudenz. Er entnimmt dem Urteil, dass Sanierungs-Bundesergänzungszuweisungen zur Überwindung von extremen Haushaltsnotlagen wohl künftig keine Rolle mehr spielen werden, und der Gesetzgeber nachdrücklich vom Gericht ermahnt wurde, andere Mechanismen zur Prävention und Überwindung von Haushaltsnotlagen zu entwickeln. Die Sicht des Kapitalmarkts, die sich in den Beiträgen von *Alois Strasser* (Standard & Poor's) und *Valentina Stadler* (Bayerische

HypoVereinsbank) spiegelt, ist offenbar eine andere. Der Kapitalmarkt bleibt bei seiner Bewertung, wonach die Schuldtitel von Bund und unterschiedlichen Ländern vor und nach dem Berlin-Urteil ein fast gleichartiges Kreditmarktrating genießen. Das Urteil hat demnach auch die Kursnotierungen von Berlinanleihen praktisch kaum beeinflusst. Der Kapitalmarkt vertraut auf die Funktionsfähigkeit der Haftungsverpflichtungen der Bund-Länder-Gemeinschaft auf der Basis des Bündischen Prinzips, so könnte die Botschaft lauten. Der Reformbedarf der föderalen Ordnung Deutschlands bleibt bestehen.

Eine Reform kann dabei in unterschiedliche Richtungen gehen. Verschiedene Vorschläge finden sich in Teil II des Bands. Der Verfassungsrechtler *Stefan Korioth* erörtert die Perspektiven einer Neuordnung der bundesstaatlichen Finanzbeziehungen nach den Ergebnissen der Föderalismuskommission I. Maßvolle Autonomiestärkungen der Länder hält er für möglich, die Eindämmung der ausufernden Staatsverschuldung und die daraus folgenden Konsequenzen insbesondere für den Finanzausgleich allerdings für vorrangig. Das Berlin-Urteil kann hierfür den Anstoß geben.

Die weiteren Beiträge unterbreiten eher grundlegende Reformvorschläge. *Helmut Seitz* entwirft in seinem Beitrag ein Haushaltsnotlagenpräventionssystem, das mit Hilfe von Frühindikatoren und gestaffelten Sanktionsmechanismen die Entstehung von Haushaltsnotlagen verhindern soll. Für die jetzt bereits hoch verschuldeten Länder sieht er einen Übergangspfad zu seinem System vor. *Heinz Grossekettler* plädiert für eine Eingrenzung der Verschuldungsautonomie der Länder. Dies könnte durch eine Verlagerung der Verschuldungskompetenz auf den Bund erfolgen. Will man die Autonomie der Länder weitgehend erhalten und damit ein wichtiges Element des Föderalismus bewahren, muss man die Verantwortlichkeit für den Schuldendienst reformieren. Eine Ausfallbürgschaft der Bund-Länder-Gemeinschaft für die Schulden einzelner Länder darf es weder explizit noch implizit geben. Insolvenzfähigkeit der Länder heißt das Stichwort, das von verschiedenen Seiten in der Wissenschaft ins Spiel gebracht wird. In diesem Zusammenhang beschreiben *Lars Feld* und *Thushyanthan Baskaran* Mechanismen zur Bremsung der Verschuldung, wie sie jüngst in der Schweiz erprobt wurden. *Beate Jochimsen* analysiert die Erfahrungen anderer Staaten mit dem Instrument der Insolvenzfähigkeit von Gebietskörperschaften und kommt zu sehr ermutigenden Ergebnissen. *Kai A. Konrad* beschreibt, wie Übergangsprobleme bei der Einführung der Insolvenzfähigkeit von Ländern gelöst werden können, die damit zusammenhängen, dass bei der Einführung der Insolvenzfähigkeit einige deutsche Länder bereits sehr hohe Schulden akkumuliert haben. *Matthias Rossi* und *Gunnar F. Schuppert* komplettieren diese Analyse durch Überlegungen zu einer juristischen Konkretisierung eines Haushaltsnotlagenverfahrens für Bundesländer.

Der vorliegende Band schließt im dritten Teil mit einem Bericht der Podiumsdiskussion „Fiskalische Notwendigkeit trifft Politik", an der *Dr. Thilo Sarrazin*, Senator für Finanzen des Landes Berlin, *Prof. Dr. Karl-Heinz Paqué*, MdL, Fraktionsvorsitzender im Landtag von Sachsen-Anhalt, *Anja Hajduk*, MdB, haushaltspolitische

Sprecherin von BÜNDNIS 90 / Die GRÜNEN im Deutschen Bundestag, sowie *Dr. Robert Heller*, Staatsrat der Finanzbehörde des Landes Hamburg, teilnahmen. Der Publizist *Dr. Hugo Müller-Vogg* moderierte die sehr lebhafte Runde souverän und humorvoll.

Wir danken den Autoren für ihr engagiertes Mitwirken an der Konferenz und für ihre eindrucksvollen Beiträge zu diesem Buch. Unser Dank gilt zudem cand. rer. pol. *Martina Grunow* für ihr maßgebliches Mitwirken am Bericht der Podiumsdiskussion sowie Dipl.-Inf. *Nina Bonge* für die Anfertigung des Fotos und die Gestaltung der Umschlagsseite. Mit diesem Band möchten wir einen Beitrag zur Reformdebatte leisten, die im Rahmen der Föderalismusreform II in Kürze wahrscheinlich an Fahrt gewinnen wird.

Berlin, im November 2006

Dr. Beate Jochimsen *Prof. Dr. Kai A. Konrad*

Inhaltsverzeichnis

Teil 1

Konsequenzen aus dem Berlin-Urteil

Das Urteil des Bundesverfassungsgerichts zur Berliner Haushaltslage

Ulrich Häde

1. Der Sachverhalt

Der Antrag, den der Senat von Berlin am 4. September 2003 beim Bundesverfassungsgericht einreichte,[1] richtete sich darauf, Vorschriften des Finanzausgleichsgesetzes (FAG) für verfassungswidrig zu erklären, weil sie keine Sonderbedarfs-Bundesergänzungszuweisungen zum Zwecke der Haushaltssanierung für Berlin vorsahen oder vorsehen. Berlin stellte sich auf den Standpunkt, dass es sich in einer extremen Haushaltsnotlage befinde und deshalb auf der Basis der Kriterien, die das Bundesverfassungsgericht in seinem Urteil vom 27. Mai 1992[2] aufgestellt hatte, finanzielle Unterstützung der bundesstaatlichen Gemeinschaft beanspruchen könne. Damals hatten Bremen und das Saarland solche Sanierungshilfen erstritten und dann in Form von Bundesergänzungszuweisungen bis 2004 auch erhalten. Berlin bestand nun auf Gleichbehandlung. Der Bund lehnte Sanierungshilfen aber ab.

Dem Berliner Antrag traten nicht nur der Bund, sondern auch fast alle Länder entgegen. Abweichend äußerten sich allerdings Bremen und das Saarland, die im Laufe der Zeit ebenfalls Normenkontrollanträge beim Bundesverfassungsgericht stellten, um die Fortsetzung der mittlerweile ausgelaufenen Hilfeleistungen des Bundes zu erreichen. Außen vor blieb das Land Brandenburg, das sich wohl wegen seiner besonderen Beziehungen zu Berlin in dem Verfahren nicht äußerte.

2. Das Urteil vom 19. Oktober 2006[3]

a) Ausführungen zum konkreten Fall

Obwohl die Presse in den Tagen vor der Urteilsverkündung noch darüber spekulierte, wie viele Milliarden Berlin vom Bund erhalten werde, und auch in der juristischen Literatur die Erfolgschancen des Antrags von einigen als hoch eingeschätzt wurden (vgl. nur *Musil / Kroymann* 2004, 1210), lehnte der Zweite Senat des Bundesverfassungsgerichts den Berliner Antrag rundum ab. Seine Begründung dafür: Berlin befinde sich nicht in einer extremen Haushaltsnotlage, sondern lediglich in einer angespannten Haushaltslage, „die es mit großer Wahrscheinlichkeit aus eige-

---

1 Berlin hat den Antrag und viele weitere Materialien zu dem Verfahren im Internet veröffentlicht: www.berlin.de /sen /finanzen /haushalt /notlage /index.html.

2 BVerfGE 86, 148.

3 Das Urteil wird hier sowohl nach den Seitenangaben der bei der Verkündung verteilten Fassung als auch nach den Randnummern der im Internet veröffentlichten Version (www.bundesverfassungsgericht.de /entscheidungen /fs20061019_2bvf000303.html) zitiert.

ner Kraft überwinden kann."[4] Auf der Basis der vom Statistischen Bundesamt gelieferten Daten belegt das Gericht dann, dass „bereits nach den früher angewandten Maßstäben nicht von einer (extremen) Haushaltsnotlage des Landes Berlin auszugehen ist."[5] Nachhaltigkeitsberechnungen bezeichnet das Bundesverfassungsgericht als zur Feststellung extremer Haushaltsnotlagen grundsätzlich nicht geeignetes Analyseinstrument. Es stellt stattdessen in erster Linie auf das Verhältnis zwischen Netto-Kreditaufnahme und den Einnahmen und Ausgaben des jeweiligen Landes ab.[6]

Das Urteil von 1992 war bisher weithin so verstanden worden, dass eine extreme Haushaltsnotlage jedenfalls dann vorliege, wenn die Kreditfinanzierungsquote des betreffenden Landes mehr als das Doppelte des Länderdurchschnitts erreicht und gleichzeitig die Zins-Steuer-Quote „weit über dem Durchschnitt der Bundesländer"[7] liegt (vgl. nur *Wieland* 2003, 535 ff.; *Stauch* 2006, 136). Das Bundesverfassungsgericht bezeichnet die erste Relation nun relativierend als „beispielhaft für eine (einfache) Haushaltsnotlage herangezogene[s] Indiz", das zwar in dem betrachteten Zeitraum von 1995 bis 2004 „überwiegend erfüllt" sei, das aber ohne Berücksichtigung weiterer Indikatoren noch keine endgültigen Rückschlüsse zulasse.[8] Hinsichtlich der Zins-Steuer-Quote hat der Senat genau ausgerechnet, welcher Wert im früheren Fall erreicht wurde. Daher führt er im Urteil aus, das Bundesverfassungsgericht habe damals „eine Überschreitung des Länderdurchschnitts der Zins-Steuer-Quote zumindest um 71,7 v.H. als ein Kriterium zur Feststellung (extremer) Haushaltsnotlagen in zwei konkreten Einzelfällen herangezogen".[9] Dieser Wert könne „nach der bisherigen Rechtsprechung als Orientierungs-Schwellenwert bezeichnet werden".[10] Berlin liege mit seinen Werten zwar ab 2002 nahe an diesem Wert, auch hier sei aber auf weitere Kriterien abzustellen. Es fehle nämlich an der 1992 für die damals antragstellenden Länder „zusätzlich festgestellten über Jahre hinweg andauernden Überzeichnung der länderdurchschnittlichen Zins-Steuer-Quote".[11] Anderen Ländern gehe es insoweit schlechter und überhaupt lägen die Werte von mehr als der Hälfte aller Länder nahe an den Berliner Quoten.

Damit identifiziert das Bundesverfassungsgericht eines seiner wesentlichen Kriterien. Für die Feststellung einer extremen Haushaltsnotlage reicht es demnach nicht aus, dass die beiden Quoten die Schwellenwerte von 1992 erreichen. Hinzukommen muss, dass sich die Situation eines Landes in dramatischer Weise von der der meisten anderen Länder abhebt. Zur derzeitigen Lage in Deutschland stellt der Senat fest: „Bei einer solchen Häufung prekärer Haushaltslagen sind etwaige isolierte, d.h.

---

4 Urteil, S. 83 f. (II.), Rdnr. 205.
5 Urteil, S. 77, Rdnr. 196.
6 Urteil. S. 84, Rdnr. 206 ff.
7 BVerfGE 86, 148 (259).
8 Urteil, S. 91, Rdnr. 217.
9 Urteil, S. 95, Rdnr. 224.
10 Urteil, S. 95, Rdnr. 224.
11 Urteil, S. 95 f., Rdnr. 224.

für einzelne Länder festzustellende gravierende Haushaltsnöte nur in besonders krassen Konstellationen geeignet, den bundesstaatlichen Notstand zu begründen."[12]

Neben diese relativen Argumente, die sich auf den Ländervergleich stützen, stellt das Bundesverfassungsgericht auch objektive, die sich auf die Fähigkeit des Landes zur Selbsthilfe beziehen. Aufgrund der überdurchschnittlichen Einnahmen und der weit überdurchschnittlichen Ausgaben Berlins kommt es zu dem Schluss, „dass die Haushaltsprobleme Berlins im Schwerpunkt nicht auf der Einnahmenseite, sondern auf der Ausgabenseite liegen."[13] Damit folgt das Bundesverfassungsgericht ebenso der Sicht des Bundes und der meisten Länder wie mit den nachfolgenden Feststellungen dazu, dass es in Berlin noch erhebliche Potenziale gebe, die Haushaltssituation durch Konsolidierung, höhere Einnahmen und nicht zuletzt die Aktivierung des vorhandenen Vermögens zu verbessern. Im Ergebnis sieht das Gericht die Möglichkeit, dass sich Berlin aus eigener Kraft saniert, ohne dabei seine Ausgaben auf ein Niveau senken zu müssen, das die Erfüllung der von der Verfassung zugewiesenen Aufgaben beeinträchtigt.[14]

b) Der Zukunft zugewandte Ausführungen

Die bisher nachgezeichneten Aussagen des Bundesverfassungsgerichts finden sich im Teil C. II. seines Urteils, der sich auf den konkreten Fall der Berliner Haushaltslage bezieht. Auf den Seiten davor (C. I.) legt der Senat seine grundlegende Sicht der Sanierungshilfen dar, die im weiteren Verlauf der Diskussion über die zweite Stufe der Föderalismusreform nicht unberücksichtigt bleiben sollte.

(1) Verabschiedung der Sanierungs-Bundesergänzungszuweisungen

Der Zweite Senat lehnt den Antrag Berlins mit der Begründung ab, bereits nach den früher angewandten Maßstäben sei nicht von einer extremen Haushaltsnotlage des Landes Berlin auszugehen. Zugleich betont er aber, dass diese Maßstäbe, die sich aus dem Urteil von 1992 ergeben, nicht einfach fortgeschrieben werden dürfen, „sondern verschärfend zu ergänzen sind."[15] Dazu, wie diese Verschärfung im Einzelnen auszusehen hat, nimmt der Senat ausdrücklich nicht abschließend Stellung, weil es im zu entscheidenden Fall nicht darauf ankam. Die Richtung gibt er aber dennoch vor.

Das Bundesverfassungsgericht bezeichnet Sanierungsergänzungszuweisungen des Bundes als „Fremdkörper innerhalb des geltenden bundesstaatlichen Finanzausgleichs",[16] als „eine äußerst unbefriedigende Notlösung"[17] sowie als problematisches

---

12 Urteil, S. 98, Rdnr. 227.

13 Urteil, S. 101, Rdnr. 236.

14 Urteil, S. 108 f., Rdnr. 255.

15 Urteil, S. 77, Rdnr. 196.

16 Urteil, S. 70, Rdnr. 185; ebenso auch schon der zweite Leitsatz.

17 Urteil, S. 82, Rdnr. 202.

„Notinstrument".[18] Gegen ihren Einsatz bestünden „grundsätzliche verfassungsrechtliche Bedenken";[19] deshalb könnte er nur als letztes Mittel in Betracht kommen. Siebenmal verwendet der Senat im Zusammenhang mit Sanierungshilfen ausdrücklich den Begriff „ultima ratio";[20] weitere Formulierungen kommen hinzu, die dasselbe meinen.[21]

Zulässig und dann allerdings auch geboten erscheinen dem Bundesverfassungsgericht Sanierungshilfen nur dann, wenn die Haushaltsnotlage sowohl relativ als auch absolut als extrem zu bezeichnen ist. Die Haushaltsnotlage eines Landes muss also einerseits „relativ – im Verhältnis zu den übrigen Ländern – als extrem zu werten" sein.[22] Das bemisst sich aber nicht mehr nach den alten Werten von 1992; denn der Senat will ja gerade die damaligen „quantitativen Elemente" verschärfen und ergänzen.[23] Zu dieser relativen Betrachtungsweise muss andererseits hinzukommen, dass die Haushaltnotlage „auch absolut – nach dem Maßstab der dem Land verfassungsrechtlich zugewiesenen Aufgaben – ein so extremes Ausmaß erreicht hat, dass ein bundesstaatlicher Notstand im Sinne einer nicht ohne fremde Hilfe abzuwehrenden Existenzbedrohung des Landes als verfassungsgerecht handlungsfähigen Trägers staatlicher Aufgaben eingetreten ist."[24]

Das isolierte Vorliegen einer relativen oder absoluten Haushaltsnotlage reicht daher nicht aus, um einen Anspruch auf Sanierungshilfen zu begründen. Sanierungs-Bundesergänzungszuweisungen kommen darum selbst dann nicht in Betracht, wenn die Existenz eines Landes bedroht ist, es aber an der relativen Komponente fehlt, weil auch eine größere Zahl anderer Länder ähnliche Probleme hat.[25]

Wenn beide Voraussetzungen kumulativ vorliegen,[26] dürften Sanierungshilfen immer noch nicht fließen. Vielmehr muss das Land vorher alle eigenen Potenziale sowohl auf der Ausgaben- als auch auf der Einnahmenseite ausschöpfen. Erst wenn es das getan hat und „in überzeugungskräftiger, auch in tatsächlicher Hinsicht belegter Weise" darlegt, sind der Bund und die Länder in der Pflicht, „dem überzeugungskräftig entgegenzutreten."[27]

In diesem Zusammenhang nimmt das Bundesverfassungsgericht dazu Stellung, welche Bedeutung dem Verhalten des Hilfe beanspruchenden Landes in der Vergangenheit zukommt. Berlin hatte im Wesentlichen argumentiert, „für die verfassungsrechtli-

---

18 Urteil, S. 99, Rdnr. 227.

19 Urteil, S. 68, Rdnr. 182.

20 Urteil, Leitsatz 2, Rdnr. 172, 189, 190, 197, 198, 201.

21 Leitsatz 2. b) und Rdnr. 172: „einzig verbliebener Ausweg".

22 Urteil, S. 61, Rdnr. 172.

23 Urteil, S. 77, Rdnr. 196.

24 Urteil, S. 61, Rdnr. 172.

25 Urteil, S. 75, Rdnr. 193.

26 Urteil, S. 76, Rdnr. 194.

27 Urteil, S. 79 f., Rdnr. 200. Zu solchen Darlegungspflichten vgl. schon *Birk/Wernsmann* (2004), 872.

che Beistandspflicht [könne es] keine Rolle spielen, ob und inwieweit in Not befindliche Glieder des Bundes ihre Lage selbst verursacht oder verschuldet hätten."[28] Das Gericht verweist insoweit auf § 12 Abs. 4 S. 1 MaßStG, der die Gewährung von Sanierungsergänzungszuweisungen von ausreichenden Eigenanstrengungen des betreffenden Landes abhängig macht. Der Senat stellt klar, dass diese Regelung im Zusammenhang des „Ultima-Ratio-Prinzips bundesstaatlichen Beistands durch Sanierungshilfen" zu verstehen sei. Sie dürfe allerdings nicht „als Sanktion für vergangenes Fehlverhalten eines Landes" verstanden werden.[29] Ein Ausblenden der Vergangenheit sei aber nicht zulässig. Vielmehr könnten die Versäumnisse der Vergangenheit als Hinweise darauf dienen, was von dem betreffenden Land noch zu erwarten ist. Habe ein Land „erhebliche Handlungs-, insbesondere Veräußerungs- und Sparmöglichkeiten, in der Vergangenheit nicht ausgeschöpft [...], so indiziert dies, dass solche Möglichkeiten noch vorhanden und mit Erfolg zu mobilisieren sind, ein bundesstaatlicher Notstand also noch nicht eingetreten ist."[30] Die Vergangenheit darf demnach nicht ruhen, sondern ist und bleibt ein wesentlicher Maßstab für das, was von einem Hilfe fordernden Land in Zukunft zu erwarten ist.

Bei aller Zurückhaltung im Hinblick auf die noch anhängigen Verfahren wird man diese Bemerkungen des Bundesverfassungsgerichts als eine Art Verabschiedung der Sanierungs-Bundesergänzungszuweisungen verstehen können (in diesem Sinne auch *Wieland* 2006). Und das ist auch gut so; denn die Anreizwirkungen eines solchen bailout sind verheerend (vgl. nur *Homburg* 1994, 321 ff.; Sachverständigenrat zur Begutachtung der gesamtwirtschaftlichen Entwicklung 2004, 543) und auch kaum – worauf das Gericht allerdings nicht eingeht, weil es ohnehin zur Abweisung des Antrags kommt – mit Art. 104 EG-Vertrag und der dort sowie im Stabilitäts- und Wachstumspakt vorgegebenen gemeinschaftsrechtlichen Haushaltsdisziplin vereinbar.[31]

(2) Zum Umgang mit Haushaltsnotlagen

Das Bundesverfassungsgericht hatte dem Bundesgesetzgeber schon 1992 aufgegeben, Maßnahmen zu ergreifen, um Haushaltsnotlagen vorzubeugen. Dazu hatte es ihm auf der Basis von Art. 109 Abs. 3 GG sogar die Kompetenz zugesprochen, Obliegenheiten von Bund und Ländern zu begründen, „in ihrer Haushaltsplanung [...] gewisse durch finanzwirtschaftliche Kennziffern bezeichnete Grenzen, etwa bei der Kreditfinanzierung und beim Schuldensockel, zu beachten". Und damit sollte es nicht sein Bewenden haben. Vielmehr erkannte der Zweite Senat damals eine Befugnis des Bundesgesetzge-

28 Urteil, S. 14, Rdnr. 55.

29 Urteil, S. 80, Rdnr. 201.

30 Urteil, S. 79, Rdnr. 199.

31 S. dazu schon *Häde* (2006b), 199 ff. Dass auch die Finanzverfassung des Grundgesetzes gemeinschaftsrechtskonform auszulegen ist, hat das BVerfG im Urteil vom 17.10.2006 (2 BvG 1/04 und 2/04) zu den EG-Anlastungen ausdrücklich bestätigt; s. Rdnr. 138 der Internetfassung.

bers, bei Überschreitung dieser Grenzen „ein (verbindliches) Sanierungsprogramm aufzustellen, das die Haushaltswirtschaft in eine Normallage zurückführen soll."[32]

Erfüllt wurde dieser Auftrag bisher nicht. Deshalb stellt das Gericht nun bedauernd fest, „dass es an den notwenigen verfahrensrechtlichen wie auch inhaltlich handlungsleitenden Regelungen zum Umgang mit potenziellen und aktuellen Sanierungsfällen im Bundesstaat fehlt."[33] Gleichzeitig bekräftigt der Senat die aus Art. 109 Abs. 3 GG abgeleitete Regelungskompetenz. Er weist darauf hin, dass es Anzeichen für einen politischen Konsens dazu gebe, dass es im Rahmen der zweiten Stufe der Föderalismusreform „auch um die nähere Prüfung grundlegend neuer – einfachgesetzlich und verfassungsgesetzlich über Art. 109 Abs. 3 GG hinaus fundierter – Lösungskonzepte zur Vorbeugung von Haushaltskrisen und deren Bewältigung gehen muss".[34]

„Das Bundesstaatsprinzip macht solche Bestrebungen angesichts der gegenwärtig defizitären Rechtslage erforderlich."[35] Dieser Satz am Schluss der Bestandsaufnahme des Bundesverfassungsgerichts könnte andeuten, dass die verbindlichen Vorgaben, die manche schon in diesem Urteil zu finden gehofft oder befürchtet hatten, zwar aufgeschoben sind, dass sie aber in einer der kommenden Entscheidungen folgen könnten, wenn die sehr zurückhaltend formulierten Äußerungen des Senats auch diesmal ungehört verhallen. Das Gericht hat der Politik die ihr zustehende Gestaltungsaufgabe zwar zurückgegeben und sich damit in vorbildlicher Weise richterliche Selbstbeschränkung auferlegt. Das war aber nicht immer so und könnte sich auch wieder ändern. Wenn das Bundesstaatsprinzip ein Handeln verlangt, weil die Rechtslage defizitär ist, dann besteht ein Zustand, der von Verfassungs wegen nicht auf Dauer tragbar ist. Und Hüter der Verfassung ist letztlich das Bundesverfassungsgericht. Darum wäre es besser, die politischen Akteure würden ihren noch relativ weiten Handlungsspielraum jetzt nutzen und wirksame vorbeugende Maßnahmen ergreifen, als später einem Karlsruher Diktat folgen zu müssen.

Aus dem Urteil ergibt sich, dass es nicht darum geht, ein Verfahren zur Gewährung von Sanierungs-Bundesergänzungszuweisungen zu schaffen, um alle Länder unter gleichen Voraussetzungen in den Genuss solcher Bundeshilfen gelangen zu lassen. Das Gericht stellt ausdrücklich fest, dass „das ohnehin problematische Notinstrument der Sanierungshilfen nicht zu einem Regelinstrument" werden darf.[36] Auch daraus kann man schließen, dass die Aufgabe des Bundesgesetzgebers in erster Linie darin besteht, die einfachgesetzlichen und möglicherweise auch verfassungsrechtlichen Voraussetzungen zu schaffen, um Haushaltsnotlagen verhindern und – falls das nicht gelingen sollte – beheben zu können. Im Vordergrund soll die Prävention ste-

---

32 BVerfGE 86, 148 (266 f.).

33 Urteil, S. 82, Rdnr. 204.

34 Urteil, S. 83, Rdnr. 204.

35 Urteil, S. 83, Rdnr. 204.

36 Urteil, S. 98, Rdnr. 227.

hen. Ziel muss es sein, Länder davon abzuhalten, durch überhöhte Ausgaben zum Sanierungsfall zu werden.

(3) Einwohnerwertung

Im Urteil des Bundesverfassungsgerichts finden sich nicht wenige Hinweise auf mögliche Probleme des geltenden Finanzausgleichs. Meist geht es jedoch nicht darum, konkrete Regelungen zu beurteilen, sondern das Zusammenspiel der verschiedenen Stufen des bundesstaatlichen Finanzausgleichs hervorzuheben. An einer Stelle wirft das Gericht allerdings keine Fragen auf, sondern stellt fest: „Es existieren auch keine belastbaren Daten, die belegen, dass sich die besondere Situation Berlins als Stadtstaat und zugleich teilweise neues Land zwingend in einem höheren Ausgabenniveau niederschlagen muss."[37]

Diese Aussage könnte darauf hindeuten, dass das Bundesverfassungsgericht die Sonderstellung der Stadtstaaten, die ihnen das Finanzausgleichsgesetz speziell durch die höhere Einwohnerwertung einräumt, nach wie vor[38] in Frage stellen will. Selbst wenn man diese Bemerkung anders verstehen wollte, führen doch die Einwohnerwertungen zu einer erheblichen Verschleierung der tatsächlichen Umverteilung zwischen den Ländern. Berechnet man ohne sie, welche Anteile bezogen auf den Länderdurchschnitt die einzelnen Länder je (tatsächlich vorhandenem) Einwohner aus der gesamten Finanzmasse (Einnahmenverteilung nach FAG, Umverteilung durch Länderfinanzausgleich, zuzüglich aller Bundesergänzungszuweisungen) erhalten, so steht Berlin im Jahre 2005 mit 143% vom Länderdurchschnitt einsam an der Spitze und weit vor den Geberländern im LFA (z.B. Baden-Württemberg 94,8% und Hessen 95,5%). Die Aussagekraft solcher einseitiger Änderungen am Berechnungsmodus ist zugegebenermaßen beschränkt. Immerhin belegen diese Zahlen aber zusätzlich, dass Berlin – wie es auch das Bundesverfassungsgericht festgestellt hat – kein Einnahmen-, sondern ein Ausgabenproblem hat.[39]

3. Umsetzung

a) Prävention und Sanktionen

Im Zusammenhang mit den Verhandlungen über die zweite Stufe der Föderalismusreform dürfte der Beschränkung der Staatsverschuldung eine prominente Rolle zukommen. Ob es in diesem Rahmen sinnvoll und notwendig ist, die Kreditaufnahme von Bund und Ländern auch im Normalfall stärker als bisher einzuschränken, ist eine politische Entscheidung. Aus dem Urteil des Bundesverfassungsgerichts lässt sich aber ableiten, dass es rechtlich notwendig ist, Maßstäbe zu erarbeiten, anhand derer festzu-

---

37 Urteil, S. 101, Rdnr. 235.

38 Vgl. die kritischen Anmerkungen im Urteil vom 11.11.1999, BVerfGE 101, 158 (230 f.).

39 Urteil, S. 101, Rdnr. 236.

stellen ist, wie es um die Haushaltslage eines Landes steht. Dazu gehört es auch, die vom Bundesverfassungsgericht beklagte Intransparenz der Haushalte[40] zu beseitigen. Die Einhaltung eventuell festzulegender Grenzwerte kann nur eine Obliegenheit, eine nicht selbstständig einklagbare Verpflichtung darstellen. Auf diese Weise bleibt die Haushaltsautonomie der Länder (Art. 109 Abs. 1 GG) so weitgehend wie möglich erhalten. Wenn aber festzustellen ist, dass sich ein Land auf dem Weg in die Haushaltsnotlage befindet, dann reichen Empfehlungen nicht mehr aus. In einem solchen Fall muss der Bund das Recht haben, schärfer zu reagieren.

Die Bayerische Staatsregierung hat insoweit ein „Drei-Punkte-Programm" vorgelegt, in dem sie (1.) klare Schuldengrenzen für die Länder, (2.) Sanktionen nach dem Vorbild des europäischen Stabilitätspakts und (3.) ein effektives Frühwarnsystem gegen Haushaltskrisen fordert (Bayerische Staatsregierung 2006, Ziff. 2). Da Details bisher nicht veröffentlicht wurden, ist eine abschließende Bewertung dieses Vorschlags noch nicht möglich. Grundsätzlich erscheint er geeignet, die Anregungen des Bundesverfassungsgerichts umzusetzen. Genauer überlegen sollte man allerdings, wie stark solche Sanktionen denen entsprechen müssen, die Art. 104 Abs. 11 EGV bei anhaltenden Verstößen gegen die gemeinschaftsrechtliche Haushaltsdisziplin vorsieht. Dort sind es letztlich Geldbußen, die der Rat den Mitgliedstaaten auferlegen kann. Zur Abschreckung mögen solche Sanktionen geeignet sein. Die tatsächliche Verhängung von Geldbußen in erheblicher Höhe gegen einen Staat, der ohnehin schon zu viele Schulden hat, würde diesen Staat aber noch tiefer in die Verschuldung treiben. Deshalb stellt sich die Frage, ob solche Sanktionen das Problem wirklich lösen könnten oder ob sie es nicht eher noch verschärfen würden (*Häde* 2006c, Art. 104 EGV Rdnr. 73 m.w.N.). Abzuwarten bleibt, welche Lösungswege das von der Bundesregierung erbetene Gutachten des Sachverständigenrats zur Begutachtung der gesamtwirtschaftlichen Entwicklung vorschlagen wird.

Die Einsetzung eines Bundesbeauftragten als eine Art Sparkommissar wird ebenfalls eher im Vorfeld als politisches Signal wirken können. Demgegenüber dürften die Schwierigkeiten der praktischen Umsetzung enorm sein (vgl. dazu schon *Häde* 2006a, 566). Auch rechtlich erscheint manches zweifelhaft, nicht zuletzt die Vereinbarkeit eines solchen Hineinregierens von außen mit dem Demokratieprinzip.

Ziel von Sanktionen muss es sein, eine weitere ungehemmte Kreditaufnahme zu unterbinden und das betreffende Land zu allen zumutbaren Eigenanstrengungen zu verpflichten. Den Maßstab dafür hat das Bundesverfassungsgericht vorgegeben.[41] Es geht um die Senkung des überhöhten Ausgabenniveaus, Verbesserungen auf der Einnahmenseite und den Einsatz vorhandenen Vermögens. Allerdings kann man von einem Land, das gerade erst die gesetzten Grenzwerte überschritten hat, nicht genauso viel verlangen wie von einem solchen, das eine extreme Haushaltsnotlage bereits geltend macht und Sanierungshilfen fordert. Aber es dürfte angemessen sein, von einem Land,

---

40 Vgl. Urteil, S. 82 f., Rdnr. 204.

41 Urteil, S. 99 ff., Rdnr. 230 ff.

das in eine Haushaltsnotlage zu geraten droht, zu verlangen, dass es ein im Zusammenwirken mit Bund und Ländern (verbindliches) Sanierungsprogramm aufstellt, „das die Haushaltswirtschaft in eine Normallage zurückführen soll.“[42]

b) Finanzplanungsrat oder unabhängiges Gremium?

Aussicht auf Erfolg verspricht das erwähnte Vorgehen allerdings nur dann, wenn es die Möglichkeiten und nicht zuletzt auch die Bereitschaft bei den anderen Gliedern der bundesstaatlichen Gemeinschaft gibt, die Einhaltung von Sanierungsprogrammen ernsthaft zu prüfen. Auch muss eine regelmäßige Anpassung sichergestellt werden. In diesem Zusammenhang sollte es ein Gremium geben, das prüft, ob eine Haushaltsnotlage droht oder bereits eingetreten ist, und das dann auch verbindliche Maßnahmen ergreifen oder wenigstens vorschlagen kann. Diese Rolle könnte dem Finanzplanungsrat zufallen. So schlägt die Bayerische Staatsregierung vor, den Finanzplanungsrat „zu einer viel stärkeren Kontrollinstanz für eine solide Haushaltsführung in den Ländern“ aufzuwerten (Bayerische Staatsregierung 2006, unter Ziff. 3).

Mehrere Autoren sprechen sich demgegenüber für die Errichtung eines neuen Gremiums aus, das aus unabhängigen Fachleuten besteht.[43] Dafür spräche, dass der Finanzplanungsrat seine bisher schon vorhandenen Möglichkeiten wohl eher nicht ausgeschöpft hat. Von einer unabhängigen Stelle dürfte weniger politische Rücksichtnahme zu erwarten sein. Allerdings ergibt sich aus dem Demokratieprinzip des Grundgesetzes die Forderung nach demokratischer Legitimation allen Staatshandelns. Deshalb müssen grundsätzlich alle Einrichtungen der Regierung unterstellt sein, die dann auch für deren Handeln gegenüber dem Parlament verantwortlich ist. Ministerial- oder regierungsfreie Räume sind normalerweise unzulässig, jedenfalls aber rechtfertigungsbedürftig.[44] Ob die Errichtung einer unabhängigen Institution, die Entscheidungen im Zusammenhang mit der Staatsverschuldung trifft, vor diesem Hintergrund verfassungsrechtlich zulässig wäre, erscheint zumindest fraglich und bedürfte näherer Untersuchung.

Referenzen

Bayerische Staatsregierung (2006), 24.10.2006 – Bericht aus der Kabinettssitzung: www.stmf.bayern.de/default.asp?url=finanzpolitik/neues/.

---

42 BVerfGE 86, 148 (267).

43 Vgl. *Göke* (2006), 24; *Heinemann* (2006), 118; *Schuppert/Rossi* (2006), 56 ff. S. auch Wissenschaftlicher Beirat beim Bundesministerium der Finanzen (2005), 38, der sich für die Schaffung eines Stabilitätsrates ausspricht.

44 Näher dazu im Hinblick auf die Deutsche Bundesbank und mit ausführlichem Nachweis der Literatur *Hahn/Häde* (1999), Art. 88 Rdnr. 245 ff.

Birk, Dieter / Wernsmann, Rainer (2004): Der Anspruch eines Landes auf Sanierungshilfen des Bundes – Zur Stellung der Bundesergänzungszuweisungen im System des Länderfinanzausgleichs, Die Öffentliche Verwaltung (DÖV) 57, 868–875.

Göke, Wolfgang (2006): Staatsverschuldung, Zur desolaten Lage des Finanzverfassungsrechts des Bundes und der Länder, Zeitschrift für Gesetzgebung (ZG) 21, 1–27.

Häde, Ulrich (2006a): Rechtliche Grenzen für die Staatsverschuldung der Länder, Wirtschaftsdienst 86, 563–567.

– (2006b), Europarechtliche Einwirkungen auf die nationale Finanzverfassung, in: Konrad, Kai A. /Jochimsen, Beate (Hrsg.), Finanzkrise im Bundesstaat, Frankfurt a.M. usw., 197–209.

– (2006c), Kommentierung von Art. 104 EGV, in: Calliess, Christian / Ruffert, Matthias (Hrsg.), Kommentar zum EU-Vertrag und zum EG-Vertrag, 3. Aufl., München.

Hahn, Hugo J. / Häde, Ulrich (1999), Kommentierung von Art. 88 GG, in: Dolzer, Rudolf /Vogel, Klaus /Graßhof, Karin (Hrsg.), Bonner Kommentar zum Grundgesetz, Heidelberg.

Heinemann, André W. (2006): Notwendigkeit einer bundesstaatlichen Strategie für Haushaltsnotlagen, Wirtschaftsdienst 86, 112–119.

Homburg, Stefan (1994): Anreizwirkungen des deutschen Finanzausgleichs, Finanzarchiv n.F. 51, 312–330.

Musil, Andreas / Kroymann, Johannes (2004): Die extreme Haushaltsnotlage, Zum verfassungsrechtlichen Anspruch eines Bundeslandes auf Sanierungshilfen, Deutsches Verwaltungsblatt (DVBl.), 1204–1210.

Sachverständigenrat zur Begutachtung der gesamtwirtschaftlichen Entwicklung (2004), Erfolge im Ausland – Herausforderungen im Inland, Jahresgutachten 2004/05, www.sachverstaendigenrat-wirtschaft.de /download /gutachten /04_ges.pdf.

Schuppert, Gunnar Folke / Rossi, Matthias (2006), Bausteine eines bundesstaatlichen Haushaltsnotlagenregimes, Hertie School of Governance – working papers – No. 3, Berlin.

Stauch, Matthias (2006): Extreme Haushaltsnotlagen – gibt es einen Anspruch auf weitere Hilfen?, Föderale und finanzverfassungsrechtliche Grundsatzfragen zur Sanierung Bremens und des Saarlandes, Zeitschrift für öffentliches Recht in Norddeutschland (NordÖR), 133–140.

Wieland, Joachim (2003), Finanzverfassungsrechtliche Probleme extremer Haushaltsnotlagen im deutschen Bundesstaat, ZSE 2003, 527–554.

– (2006), Vermerk zum Urteil des Bundesverfassungsgerichts vom 19.10.2006, www.berlin.de /imperia /md /content /senatsverwaltungen /finanzen /haushalt / 061020wieland.pdf.

Wissenschaftlicher Beirat beim Bundesministerium der Finanzen (2005, Gutachten, Haushaltskrisen im Bundesstaat, www.bundesfinanzministerium.de /lang_de /DE / Service / Downloads / Abt_I / Gutachten_Haushaltskrisen_im_Bundesstaat, templateId=raw,property=publicationFile.pdf.

Systemtest durch Berlin: Herausforderung für Länderratings

Alois Strasser

Auch die internationale Ratingagentur Standard & Poor's hat das Urteil des Bundesverfassungsgerichts[1] zur Klage des Bundeslandes Berlin mit Spannung erwartet. In Bezug auf die Validität des von Standard & Poor's angewendeten Ratingansatzes zur Bonitätsbeurteilung deutscher Bundesländer ist dieses Urteil richtungsweisend. Standard & Poor's sieht sich durch das ablehnende Berlin-Urteil des Bundesverfassungsgerichts in seinem Ratingansatz der individuellen Beurteilung der Bonität der deutschen Bundesländer bestätigt (Standard & Poor's, *Strasser* 2006). Bevor allerdings auf die Besonderheiten des Urteils und dessen Auswirkungen auf Bundesländerratings eingegangen wird, soll zunächst der Ratingansatz von Standard & Poor's dargestellt werden.

1. Was drückt ein Rating aus?

In der Definition von Standard & Poor's bedeutet ein Rating „eine Meinung über die zukünftige Fähigkeit und den Willen eines Schuldners (z.B. eines Staates, einer Gebietskörperschaft, eines Unternehmens etc), seine Kapitalmarktverbindlichkeiten einschließlich der Zinsen zum festgelegten Zeitpunkt vollständig zurückzuzahlen." Dabei sind sowohl die zeitgerechte als auch die vollständige Bedienung maßgeblich. Ein Rating beinhaltet keine Wirtschaftsprüfung (Audit) der Rechnungslegung. Es ist auch keine Empfehlung zu einem Kauf, Verkauf oder Halten eines Wertpapiers und stellt keinerlei Beratung dar (Standard & Poor's, *Woodell* 2004). Letzteres auch insofern nicht, als das Verständnis von Kreditanalysten nur in der Beurteilung von vorgelegten Fakten und Planungen begründet ist, die sehr wohl Plausibilitätsüberlegungen über realistische Szenarien miteinschließt, aber doch eine Meinung von Kreditfachleuten ohne Handlungsanweisungen darstellt.

Aufgabe von Kreditanalysten ist es, die unterschiedlichen Bonitätsprofile der zu beurteilenden Schuldner den jeweiligen Ratingklassen zuzuweisen. In einem 10- und 15-jährigen Rückblick ergeben sich empirische Ausfallwahrscheinlichkeiten der Ratingklassen. So ergibt die Ratingklasse „AA-" bei Standard & Poor's eine Ausfallwahrscheinlichkeit von 1,07% auf zehn Jahre bzw. 1,69% auf 15 Jahre (Standard & Poor's, *Vazza* 2006, Tab. 16). Dieses empirische Ergebnis bedeutet, dass aus der Grundgesamtheit der vor zehn Jahren mit „AA-" beurteilten Schuldner 1,07% ihre Verbindlichkeiten nicht zeitgerecht oder nicht vollständig bedient haben, aber nicht, dass jeder „AA-" beurteilte Schuldner im Umfang von 1,07% seine Schulden nicht bedient hat. Erste Anzeichen für einen möglichen Zahlungsausfall würden eine sofortige Rückstufung in den Nicht-Investment-Bereich (Ratings von BB+ bis C) nach sich

1 BVerfG, 2 BvF 3/03 vom 19.10.2006, folgend: ‚Berlin-Urteil'.

ziehen und bei Ausfall, d.h. nicht vollständiger und/oder nicht zeitgerechter Schuldbedienung, eine „SD"- (selective default) oder „D"–Bewertung (default) ergeben.

Somit beinhalten Ratings nach Standard & Poor's Definition keine Zahlungen nach dem ursprünglichen Fälligkeitstermin. Mit welchen Prozentsätzen ein Zahlungsausfall erfahrungsgemäß nach Fälligkeit bedient wird, ergibt sich aus den von Standard & Poor's eigenständig veröffentlichten Recovery-Ratings, sofern vom Schuldner beauftragt. Die Klassifizierung reicht von „1+" bis „5" (Standard & Poor's, *Samson* 2004, Tab. 1).

2. Ratings der deutschen Bundesländer

Standard & Poor's veröffentlicht nur interaktive Ratings, also solche, die von Gebietskörperschaften mandatiert sind. Die aktuellen Ratings der deutschen Bundesländer reichen von „AAA" bis „AA-". Hier hatte es in den letzten Jahren mehrere Ratingherabstufungen gegeben. Maßgeblich für die Ratingdifferenzierung bei Standard & Poor's ist, dass ratingrelevante individuelle Stärken und Schwächen der einzelnen Bundesländer zu Grunde gelegt werden. Berücksichtigt wird aber zu einem wesentlichen Teil auch das stark unterstützende System des deutschen Föderalstaates. Hervorzuheben ist, dass im Ratingansatz von Standard & Poor's keine Ratinguntergrenze für deutsche Bundesländer festgesetzt wurde. So sprechen auch keine analytischen Gründe dagegen, deutschen Bundesländern Ratings aus der „A"-Kategorie oder darunter zuzuordnen. Allerdings bildet das Rating der Bundesrepublik Deutschland („AAA/Stabil/A-1+") einen starken Rückhalt für die unmittelbar nachgeordneten Gebietskörperschaften der Bundesländer.

Tab. 1: Aktuelle Ratings der deutschen Bundesländer (Stand 31. Dezember 2006) und Ratingveränderungen seit 2000

Baden-Württemberg	AA+/stabil/A-1+	1 Rückstufung von AAA
Bayern	AAA/stabil/A-1+	Keine Ratingveränderung
Brandenburg	AA-/stabil/A-1+	1 Rückstufung von AA
Hessen	AA/stabil/A-1+	2 Rückstufungen von AAA
Nordrhein-Westfalen	AA-/stabil/A-1+	2 Rückstufungen von AA+
Sachsen-Anhalt	AA-/stabil/A-1+	Keine Ratingveränderung
Hamburg*	AA-/stabil/A-1+	1 Rückstufung von AA
Sachsen*	AA/stabil/A-1+	Keine Ratingveränderung
Schleswig-Holstein*	--/--/A-1+	Nur Kurzfrist-Rating

*nur bewertet als Gewährträger für seine jeweilige Bank

3. Welchen Ratingansatz wendet Standard & Poor's bei Gebietskörperschaften an?

Zur international vergleichenden Bonitätsbeurteilung hat Standard & Poor's Ratingkriterien für Gebietskörperschaften veröffentlicht (Standard & Poor's, *Eddy* 2003). Diese finden Anwendung auf Gebietskörperschaften in Australien ebenso wie in Kanada oder der EU. Dem oft geführten Einwand, Gebietskörperschaften in verschiedenen Ländern hätten unterschiedliche Aufgaben zu erfüllen und seien deswegen nicht vergleichbar, kann entgegnet werden, dass in allen reifen und stabilen Staatswesen der Grundsatz gilt, den Gebietskörperschaften jene finanziellen Ressourcen zur Verfügung zu stellen, die zur Erfüllung ihrer hoheitlichen Aufgaben notwendig sind. Dementsprechend erhalten in einem ausgereiften Staatswesen Gebietskörperschaften mit geringen Aufgaben geringere Finanzmittel als Gebietskörperschaften mit umfangreichen Aufgaben. Die Entscheidungsprozesse laufen üblicherweise im Konsens ab und sind langfristig planbar. Der Grundsatz der langfristigen finanziellen Stabilität einer Gebietskörperschaft bleibt daher gewahrt.

Im Grundsatz werden zwei große Risikobereiche analysiert:

a) Das systemische Risiko

Dieser Analysebereich wird vor allem qualitativ durchgeführt. Insbesondere werden die Stabilität des Systems und dessen Berechenbarkeit, die Wirtschaft, das Management und dessen institutionelle Legitimierung sowie die Haushaltsflexibilität beurteilt. Wesentlich sind hierbei nicht die rechtlich eingeräumten Möglichkeiten, sondern die gelebte Praxis und der Wille, die vom Gesetz übertragenen Handlungsspielräume auch tatsächlich zu nutzen. Ein Gläubiger kann nur dann mit vollständiger und zeitgerechter Bedienung seiner Forderung rechnen, wenn nicht nur die finanziellen Möglichkeiten, sondern auch der Wille der handelnden Institutionen dazu vorliegt. Der Einfluss des systemischen Risikos auf die Gesamtbeurteilung der Bonität ist von hauptsächlicher Bedeutung.

b) Das Finanzrisiko

Im Unterschied zum systemischen Bonitäts-Risiko ist dieser Analysebereich quantitativ orientiert. Standard & Poor's vergleicht zwar international die quantitativen Haushalts- und Verschuldungskennzahlen der Gebietskörperschaften, hat aus analytischen Gründen aber keine Grenzwerte nach Ratingklassen festgelegt. Besonders bei den Kennzahlen zeigen sich nationale Spezifika, denen hierbei Rechnung getragen wird.

Als wesentliche Teilbereiche werden die Haushaltsergebnisse, unterteilt in operative und Haushaltergebnisse nach Investitionen, die Liquidität und das Schuldenmanagement, die Schulden sowie die Eventualverbindlichkeiten analysiert.

4. Welche Auswirkung hat das Berlin-Urteil?

Standard & Poor's wertet das Berlin-Urteil als Bestätigung seines Ratingansatzes bei Gebietskörperschaften, der auf die individuelle Beurteilung der Bonität der einzelnen Länder abstellt. Generell wurden die wesentlichen und unterstützenden Elemente des Föderalstaates bestätigt. Der Rettungsanker, vom Bundesverfassungsgericht als ‚ultima ratio' bezeichnet, d.h. das Bundestreuekonzept, durch das bereits Saarland und Bremen Sonderunterstützung des Bundes von 1994 bis 2004 erfahren haben, wurde aber neuerlich getestet. Das Berlin-Urteil präzisiert allerdings, dass Bedingungen erfüllt sein müssen, damit die Voraussetzungen für eine Haushaltsnotlage vom Bundesverfassungsgericht als erfüllt anerkannt werden und somit Sonder-Bundesergänzungszuweisungen fließen können. Die Präzisierung ist zwar allgemein gehalten, stellt jedoch die Verantwortlichkeit der handelnden Institutionen in den Vordergrund und räumt ihnen prioritäre Wirkung ein.

Aufgrund der auch vom Bundesverfassungsgericht hervorgehobenen individuellen Gesamt- und Eigenverantwortlichkeit der Landesinstitutionen (Regierung und Parlament) bleiben die jeweiligen Bonitätsmerkmale jedes einzelnen deutschen Bundeslandes wichtig und wesentlich für die Beurteilung im Rahmen des Ratings. Nach Ansicht von Standard & Poor's beschränkt eine Fokussierung auf die einnahmenseitig unterstützenden Elemente des deutschen Föderalstaates eine für die Bonitätsbeurteilung wichtige ganzheitliche Sicht. Bonitätsunterschiede bei den deutschen Bundesländern zeigen sich insbesondere anhand der starken Differenzierung der Haushaltsergebnisse unter Berücksichtigung der Einnahmen- *und* Ausgabenseite, sowie an der Schuldenlast. Standard & Poor's setzt diese zur Einnahmenseite in Beziehung, da nur mit den laufenden Einnahmen eine Aussage über die dauerhaft stabile Schuldenbedienung möglich ist.

Generell gelten in der Bonitätsbeurteilung als unterstützende, einnahmenseitige Elemente des deutschen Föderalstaates der Finanzausgleich, der Solidarpakt sowie das Bundestreuekonzept.

Standard & Poor's beurteilt die unterstützenden Systemelemente wie folgt:

a) Finanzausgleich (im Großen und Ganzen die Verteilung des Steueraufkommens auf „Pro-Kopf-Basis"): Der bestehende Finanzausgleich führt zu stabilen und verlässlich planbaren Einnahmen. Auf die Bundesländer bezogen bedeutet dies eine relativ hohe Einnahmensymmetrie. Dieses System unterstützt die steueraufkommenschwachen, aber beschränkt dadurch die steueraufkommenstarken Bundesländer. Als Negativum ist zu vermerken, dass deutsche Bundesländer mit äußerst geringer Einnahmenflexibilität aufgrund fehlender Steuerautonomie ausgestattet sind.

b) Solidarpakt: Der Solidarpakt ist ein gelebtes Beispiel des solidarischen Föderalismusgedankens. Durch die Fixierung der Zuweisungen bis 2019 ist eine hohe und langfristige Planbarkeit der Einnahmen aus diesem Titel, unabhängig vom Jahressteueraufkommen, gegeben.

c) Bundestreue: Grundsätzlich wurde das Verfassungsprinzip bestätigt, allerdings mit präzisierender Auslegung und erst anwendbar als letzteinforderbare Einnahmequelle (‚ultima ratio'). Als nachteilig unter dem Aspekt der vollständigen und zeitgerechten Schuldbedienung erweist sich der zeitaufwändige Prozess und damit die beschränkte Relevanz für den Zeitaspekt. Außerdem fußt das Verfassungsprinzip der Bundestreue auf der Bestands- und Leistungsgarantie für Bundesländer in Bezug auf die ihnen verfassungsmäßig zugewiesenen, öffentlichen Aufgaben. Daraus folgt, dass dieses Prinzip nicht vordringlich den Gläubigerschutz zum Ziel hat, allerdings Zins- und Darlehensrückzahlungen wesentliche Haushaltspositionen darstellen und daher indirekt davon profitieren.

5. Welche Elemente führen zur Ratingdifferenzierung?

Die Bonität von Gebietskörperschaften und somit auch deutscher Bundesländer resultiert aus vielen individuellen Komponenten, die entsprechend der von Standard & Poor's angewendeten Kriterien für Ratings von Gebietskörperschaften analysiert und beurteilt werden. Die Bonitätsbeurteilung darf und kann daher nicht ausschließlich einnahmenseitig begründet werden, sondern muss notwendigerweise die zweite Seite der Medaille, die Ausgabenseite mit berücksichtigen. Ein Vergleich der Haushaltsergebnisse und Verschuldungskennzahlen der deutschen Bundesländer zeigt große Unterschiede auf, die letztendlich die Haushaltsflexibilität, sowohl einnahmen- als auch ausgabenseitig, unterschiedlich beeinflussen. Zusätzliche Elemente wie Eventualverbindlichkeiten, z.B. durch Garantien oder Gewährträgerhaftung und Anstaltslasten, müssen ebenfalls berücksichtigt werden.

Tab. 2: Ergebnisse laufende Haushalte deutscher Bundesländer

Überschuss /Fehlbetrag in % der laufenden Einnahmen	**2000**	**2001**	**2002**	**2003**	**2004**	**2005**
Baden-Württemberg	6,8	2,7	-0,8	0,5	-0,4	-1,3
Bayern	13,9	8,7	4,9	3,5	4,2	4,2
Berlin	-14,1	-23,4	-26,4	-23,4	-15,5	-6,3
Brandenburg	6,8	3,0	-3,0	2,5	6,8	4,3
Bremen	5,9	3,2	-2,0	-5,6	-8,5	-16,7
Hamburg	0,7	-8,3	-6,2	-7,1	-8,5	-1,3
Hessen	3,2	-3,1	-8,3	-4,6	-7,2	-4,0
Mecklenburg-Vorpommern	4,6	1,0	-2,0	-2,5	0,9	2,8
Niedersachsen	2,9	-10,6	-13,8	-10,4	-5,1	-8,6
Nordrhein-Westfalen	4,1	-8,9	-3,6	-8,2	-8,7	-6,1
Rheinland-Pfalz	4,7	-1,7	-8,9	-6,7	-5,2	-5,3
Saarland	12,9	7,1	-6,0	-7,6	-6,3	-21,3
Sachsen	16,0	13,4	11,0	12,7	11,9	12,0

Überschuss /Fehlbetrag in % der laufenden Einnahmen	**2000**	**2001**	**2002**	**2003**	**2004**	**2005**
Sachsen-Anhalt	0,9	-1,0	-3,5	-4,8	-1,6	-0,2
Schleswig-Holstein	0,7	-3,8	-9,3	-10,3	-6,9	-16,1
Thüringen	2,9	3,3	-1,2	-1,6	-1,0	0,3

Adaptierte Berechnungen von Standard & Poor's

Tab. 3: Ergebnisse Haushalte nach Investitionen deutscher Bundesländer

Überschuss /Fehlbetrag in % der Gesamteinnahmen	**2000**	**2001**	**2002**	**2003**	**2004**	**2005**
Baden-Württemberg	-2,4	-9,2	-9,5	-7,3	-6,8	-5,6
Bayern	3,7	-1,8	-5,6	-7,7	-3,9	-3,5
Berlin	-13,1	-30,3	-29,9	-27,0	-16,8	-17,0
Brandenburg	-4,8	-5,9	-19,2	-10,4	-5,3	-5,5
Bremen	-3,7	-8,0	-16,5	-23,9	-26,6	-35,1
Hamburg	-7,4	-17,2	-2,2	-20,8	-11,3	-3,6
Hessen	-2,4	-6,9	-13,2	-10,7	-10,1	-3,2
Mecklenburg-Vorpommern	-3,5	-7,1	-10,9	-15,4	-9,0	-5,5
Niedersachsen	-4,4	-20,0	-21,3	-16,4	-13,8	-14,7
Nordrhein-Westfalen	-4,3	-16,4	-10,1	-16,5	-16,4	-15,6
Rheinland-Pfalz	-3,8	-9,6	-15,8	-11,6	-8,9	-9,8
Saarland	3,5	-0,1	-13,3	-15,6	-15,2	-30,3
Sachsen	-1,0	-0,2	-3,7	-3,0	-2,1	-0,8
Sachsen-Anhalt	-7,2	-10,2	-15,0	-12,5	-10,8	-11,3
Schleswig-Holstein	-4,5	-8,3	-15,4	-17,7	-10,7	-21,5
Thüringen	-9,6	-8,3	-10,6	-14,7	-15,1	-11,7

Adaptierte Berechnungen von Standard & Poor's

Tab. 4: Verschuldung deutscher Bundesländer

Schulden in % der laufenden Einnahmen	**2000**	**2001**	**2002**	**2003**	**2004**	**2005**
Baden-Württemberg	108,7	119,3	128,2	133,1	137,4	144,2
Bayern	63,6	65,8	68,8	72,6	75,5	78,6
Berlin	228,6	277,8	313,3	340,7	345,5	328,4
Brandenburg	163,1	174,2	196,9	204,0	205,8	211,5
Bremen	237,9	249,0	290,4	331,6	366,1	437,4
Hamburg	193,3	227,9	239,1	264,9	239,1	243,6
Hessen	133,2	151,1	172,0	179,3	198,0	201,2
Mecklenburg-Vorpommern	135,4	145,6	162,5	176,6	182,2	185,2
Niedersachsen	192,1	225,1	246,2	253,8	249,4	273,8

Schulden in % der laufenden Einnahmen	**2000**	**2001**	**2002**	**2003**	**2004**	**2005**
Nordrhein-Westfalen	187,3	220,7	222,8	254,5	267,8	272,7
Rheinland-Pfalz	184,7	204,2	227,3	230,8	244,9	259,3
Saarland	191,1	203,8	242,2	262,5	277,5	344,0
Sachsen	75,7	77,2	81,1	83,4	90,0	90,0
Sachsen-Anhalt	168,6	181,2	195,9	212,1	222,7	235,8
Schleswig-Holstein	234,3	247,4	276,0	291,7	294,8	324,0
Thüringen	148,6	157,7	177,9	189,7	203,2	210,5

Adaptierte Berechnungen von Standard & Poor's

6. Schluss

Im Rahmen der bewährten Ratingkriterien für Gebietskörperschaften verfolgt Standard & Poor's einen differenzierten Ratingansatz bei deutschen Bundesländern. Dieser spiegelt einerseits die individuellen Bonitätsmerkmale der jeweiligen Bundesländer wider und berücksichtigt gleichzeitig die unterstützenden Elemente in seiner Beurteilung. Ratingänderungen aufgrund von individuellen Bonitätsverbesserungen oder -verschlechterungen werden jeweils aktuell im elektronischen Veröffentlichungsmedium von Standard & Poor's, RatingsDirect und auf der Webseite von Standard & Poor's (www.standardandpoors.com), publiziert.

Referenzen

Standard & Poor's, *Eddy*, *Jane* (17.1.2003), Rating Regional and Local Governments, RatingsDirect.

– *Samson*, *Solomon* B. et al. (28.10.2004), Corporate Ratings Criteria--Secured Debt / Recovery Ratings, Overview; Bank Loan Rating Methodology; Collateral Value Analysis; Debtor-in-Possession (DIP) Financing, RatingsDirect.

– *Strasser*, *Alois* et al. (19.10.2006), S&P Sees Approach To German States Ratings Confirmed By Court; German States' Ratings Affirmed, RatingsDirect.

– *Vazza*, *Diane* et al. (31.1.2006), Annual 2005 Global Corporate Default Study And Rating Transitions, RatingsDirect.

– *Woodell*, *Colleen et al.* (19.11.2004), Public Finance Criteria: Introduction To Public Finance Criteria, RatingsDirect.

Konsequenzen des Berlinurteils aus der Kapitalmarktperspektive

Valentina Stadler

Das Verfassungsgerichtsurteil zur Klage von Berlin wurde am Kapitalmarkt mit Spannung erwartet. Ihm wurde neben den direkten Auswirkungen auf die Kreditwürdigkeit des Landes Berlin auch eine zentrale Bedeutung in der Bewertung des systemischen Rahmens, in dem sich die deutschen Länder bewegen, zugeordnet. Das Urteil überraschte jedoch in vielerlei Hinsicht. Zunächst war von einer – wie gering auch immer – finanziellen Unterstützung des Landes Berlin ausgegangen worden. Darüber hinaus war eine Anmahnung der Ländergemeinschaft zur Neuordnung ihrer Finanzbeziehung und Vermeidung eventueller zukünftiger Finanznotlagen erwartet worden, vielleicht sogar eine Richtungsvorgabe für eine zukünftige Systemgestaltung. Obwohl keine dieser Erwartungen erfüllt worden war, blieb die Reaktion an den Anleihemärkten gering. Umso mehr richtet sich die Aufmerksamkeit des Kapitalmarktes nun auf die nächsten Schritte, die zur Verbesserung und Verfeinerung des Systems unternommen werden sollten.

Im Folgenden wird zunächst ein allgemeiner Überblick über die Kapitalmarktaktivitäten deutscher Bundesländer gegeben, gefolgt von einer Analyse der Reaktion der Anleihen deutscher Länder auf das Verfassungsgerichtsurteil.

1. Anleihen deutscher Länder am Kapitalmarkt

a) Kreditratings deutscher Länder

Ein Kreditrating ist eine Einschätzung der Bonität eines Kapitalmarktemittenten. Ein Rating gibt Auskunft darüber, wie hoch die Wahrscheinlichkeit ist, dass der Emittent seinen finanziellen Verpflichtungen (Zinsen & Tilgung) vollständig und fristgerecht nachkommen kann. Es gibt derzeit drei anerkannte Agenturen, die Ratings für die deutschen Bundesländer vergeben: Moody's, Standard & Poor's und Fitch Ratings.

Die Ratingskala wird unterteilt in Investment Grade Ratings, die von AAA bis BBB- auf der Ratingskala von Standard & Poor's und Fitch (bzw. Aaa bis Baa3 bei Moody's) reichen und Speculative Grade Ratings, die von BB+ bis D (=Default) reichen. Zudem wird jede Ratingstufe mit einem Ausblick (positiv, stabil, negativ) noch feiner abgestuft. Anleihen im Investment Grade Bereich bezeichnet man auch als High Grade Anleihen, während Anleihen im Speculative Grade Bereich als High Yield Anleihen bezeichnet werden. Für viele Anlagebücher von Versicherungen, Pensionskassen sowie Investmentfonds gelten Ratinguntergrenzen. Anleihen unterhalb dieser Grenzen dürfen dann nicht gekauft werden. Insbesondere können viele Fonds nicht unterhalb von der Investment Grade Grenze investieren.

Abb. 1: Rating Scale Matrix

Investment Grade Ratings			Speculative Grade Ratings		
Standard & Poor's	**Fitch**	**Moody's**	**Standard & Poor's**	**Fitch**	**Moody's**
AAA	AAA	Aaa	BB+	BB+	Ba1
AA+	AA+	Aa1	BB	BB	Ba2
AA	AA	Aa2	BB–	BB–	Ba3
AA–	AA–	Aa3	B+	B+	B1
A+	A+	A1	B	B	B2
A	A	A2	B–	B–	B3
A–	A–	A3	CCC	CCC	Caa
BBB+	BBB+	Baa1	CC	CC	Ca
BBB	BBB	Baa2	C	C	C
BBB–	BBB–	Baa3	D	D	

Quelle: Ratingagenturen

Es gibt zwei verschiedene Ratingansätze für die deutschen Länder. Fitch betrachtet das System in dem die deutschen Länder agieren als hochgradig risikoarm. Daher hat Fitch allen Ländern ein AAA-Rating zugewiesen. Das Länderrisiko ist bundesweit einheitlich und ähnelt dem Sovereign Rating, dem Rating der Bundesrepublik selbst. Fitch begründet seine Argumentation hauptsächlich mit der historischen Struktur des deutschen Föderalismus sowie den Bestimmungen des Grundgesetzes, einschließlich Solidaritätsprinzip (Bundestreuekonzept) und Steuerverteilung bzw. Ausgleichszahlungen (Länderfinanzausgleich).

Moody's und Standard & Poor's hingegen differenzieren nach finanzstärkeren und finanzschwächeren deutschen Ländern. Die beiden Ratingagenturen ziehen das Bundestreuekonzept und den Länderfinanzausgleich in Betracht und definieren dadurch eine Untergrenze zur Abstützung von Länder-Ratings (die u.E. bei AA- bzw. Aa3 liegt)[1]. Danach werden die Länder nach der Stärke ihrer finanziellen und wirtschaftlichen Fundamentaldaten unterschiedlich bewertet. Damit gehören Länder wie Bayern oder Baden-Württemberg zu den kreditwürdigsten Bundesländern, während Berlin und Sachsen-Anhalt an der Untergrenze der Ratingskala liegen.

Abb. 2: Explizite langfristige Ratings der deutschen Länder

Länder	**Moody's**	**S&P**	**Fitch**
Baden-Württemberg	Aaa s	AA+ s	AAA s
Bayern	Aaa s	AAA s	AAA s
Berlin	Aa3 s	—	AAA s
Brandenburg	Aa2 s	AA- s	AAA s

1 Diese Untergrenzen sind von den Ratingagenturen nicht offiziell bestätigt.

Länder	Moody's	S&P	Fitch
Bremen	—	—	AAA s
Hamburg	—	—	AAA s
Hessen	—	AA s	AAA s
Niedersachsen	—	—	AAA s
Mecklenburg-Vorpommern	—	—	AAA s
Nordrhein-Westfalen	Aa2 s	AA- s	AAA s
Rheinland-Pfalz	—	—	AAA s
Saarland	—	—	AAA s
Sachsen	—	—	AAA s
Sachsen-Anhalt	Aa3 s	AA- s	AAA s
Schleswig-Holstein	—	—	AAA s
Thüringen	—	—	AAA s
BRD	Aaa s	AAA s	AAA s

Quelle: Global Research (HVB) – Stand: 13. November 2006

Die deutschen Länder haben dank des Länderfinanzausgleiches und des Bundestreueprinzips sehr gute Kreditratings, welche nur geringfügig von dem – höchstmöglichen – Rating der Bundesrepublik Deutschland (AAA) abweichen. Im europäischen Vergleich bietet das deutsche System die stärkste Unterstützung für ihre Regionalregierungen. Demnach haben die deutschen Länder auch die höchsten Ratings, sowie die geringste Ratingbandbreite im Vergleich mit anderen europäischen Regionen. Die Untergrenze deutscher Länder befindet sich derzeit bei AA-, während bei spanischen Regionen – die ebenfalls in einem guten, aber nicht so starken Finanzsystem operieren – das niedrigste Rating ein A- ist. Die Bandbreite der Ratings französischer Regionen reicht bis BBB+, während in Italien die Region mit dem geringsten Rating bei BBB zu finden ist.[2]

Das Rating eines Landes hängt eng mit seinem Verschuldungsgrad zusammen. Wenngleich eine Vielzahl von Faktoren in ein Rating einfließen, spielt die Haushaltspolitik eine zentrale Rolle. Abb. 3 zeigt die unterschiedlichen Verschuldungsgrade der deutschen Länder gemessen am Schuldenstand in % des BIP. Es ist ersichtlich, dass das Land mit dem besten Rating – Bayern – mit einem Schuldenstand von 5% des regionalen BIP auch den niedrigsten Verschuldungsgrad aufweist. Das Land am anderen Ende der Ratingskala, Berlin, weist auch den bundesweit höchsten Schuldenstand in % des BIP auf.

2 Für diesen Vergleich haben wir die Ratingskala von Standard & Poor's verwendet.

Abb. 3: Länder mit hohem Verschuldungsgrad haben meist niedrigeres Rating

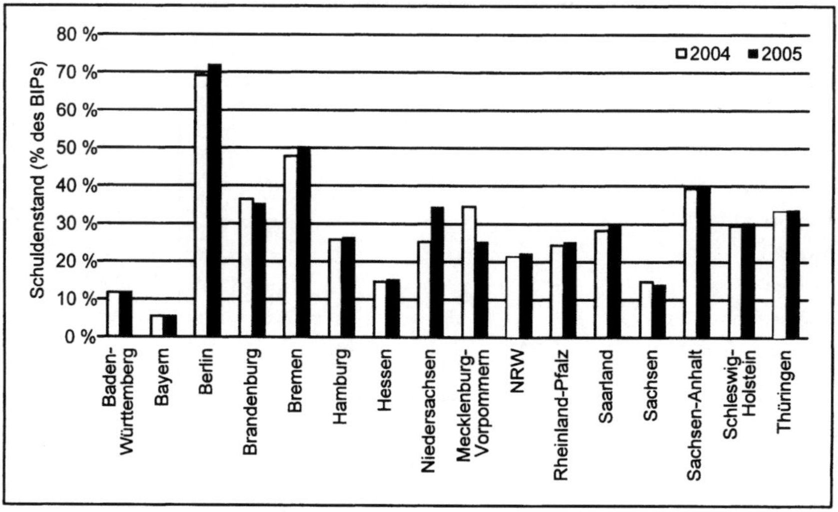

Kreditmarktschulden im weiteren Sinne (= Wertpapierschulden, Schulden bei Banken, Sparkassen, Versicherungsunternehmen und in-/ausländischen Stellen sowie Ausgleichsforderungen. Ohne Schulden der öffentlichen Haushalte untereinander und ohne Kassenverstärkungskredite.)

Quelle: Statistische Ämter des Bundes und der Länder

b) Handelsniveaus deutscher Länderanleihen

Die Bonität bzw. das Rating eines deutschen Landes steht auch in einer Wechselwirkung mit den Handelsniveaus der von ihm emittierten Anleihen am Kapitalmarkt und somit auch die Refinanzierungsbedingungen des Landes. Dies bedeutet, dass Anleihen des Landes mit sehr guten Ratings teurer handeln als Anleihen eines Landes mit geringerem Rating. Abb. 4 zeigt die Kreditkurven einzelner deutscher Länder, gemessen am Verhältnis von *Modified Duration* und *Asset Swap Spread.*

- Die *Modified Duration* einer Anleihe ist eine Sensitivitätskennzahl, welche von der durchschnittlichen Kapitalbindungsdauer einer Geldanlage in einem festverzinslichen Wertpapier abhängt.
- Der *Asset Swap Spread* (ASW) ist der Aufschlag auf einen variablen Zinssatz gleicher Restlaufzeit, den der Investor einer Festzins-Anleihe als Teil eines Asset Swap Packets, welches zu par bewertet ist, im Austausch gegen die Zinszahlungen aus der Festzins-Anleihe erhält. Die Höhe des Aufschlags ist abhängig von dem Ausfallrisiko des Anleihe-Emittenten und gilt als geeignetes

Maß im Zusammenhang mit der Einschätzung von Kreditrisiken.[3] Ein negativer Asset Swap Spread (wie im Falle vieler Länder Anleihen) bedeutet, dass die Anleihen teurer handeln als das Interbankenrisiko.

Normalerweise steigt der Asset Swap Spread einer Anleihe nicht nur mit einem erhöhten Kreditrisiko, sondern auch – ceteris paribus – mit einer längeren Restlaufzeit der Anlage. Zudem gibt es auch andere Faktoren, die die Handelsniveaus beeinflussen, wie z.B. Liquidität, Emissionsgröße oder Alter der Anleihe.

Abb. 4: Kreditkurven deutscher Länder im Vergleich zur Bundesrepublik

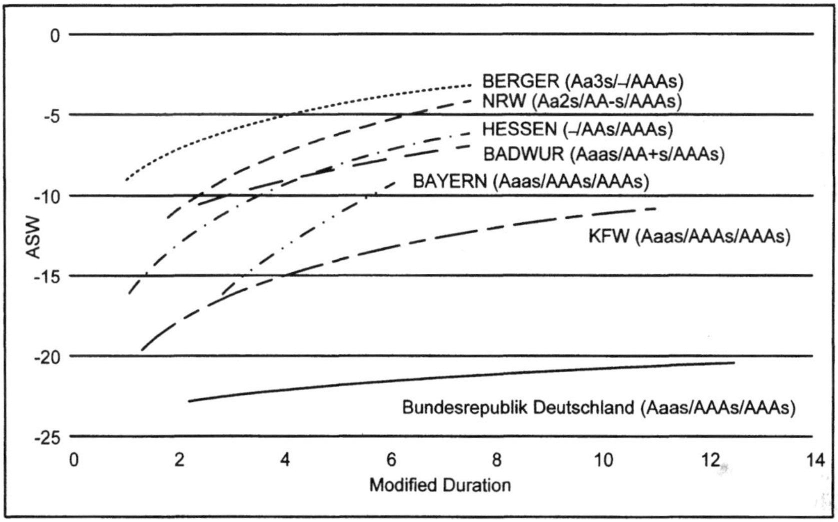

Quelle: Global Research (HVB) – Stand: 13. November 2006

Abb. 4 zeigt, dass die Anleihen besser gerateter Länder (Bayern und Baden-Württemberg) auf teureren Niveaus handeln als die Anleihen der Länder mit niedrigerem Rating (Nordrhein-Westfalen, Berlin). Das bedeutet im Umkehrschluss, dass die Refinanzierungsbedingungen für Länder mit gutem Rating günstiger sind als für Länder mit niedrigerem Rating. Allerdings ist nicht nur das Rating für die Refinanzierungskonditionen ausschlaggebend, sondern auch die Art des Emittenten. So refinanziert sich die Bundesrepublik Deutschland als souveräner Staat deutlich günstiger als die Förderbank KfW Bankengruppe, deren Anleihen eine direkte Garantie der Bundesrepublik haben – beide Emittenten jedoch über ein AAA-Rating verfügen. KfW wiederum muss einen niedrigeren Aufschlag auf seine Anleihen im Vergleich zum Bund zahlen, als das – ebenfalls AAA geratete – Bundesland Bayern, welches zwar in einem

3 Deutsche Bundesbank (2006), Neue rechtliche und regulatorische Rahmenbedingungen für den deutschen Verbriefungs- und Pfandbriefmarkt, Monatsbericht März 2006, 37–61.

sehr sicheren Finanzierungssystem operiert, aber dennoch über keine direkte Garantie verfügt. Dies zeigt, dass die Wahrnehmung eines Emittenten durch die Kapitalmarktteilnehmer eine wichtige Rolle spielt.

So handeln zum Beispiel fünfjährige Anleihen der Bundesrepublik Deutschland bei ASW -23 bp, eine fünfjährige Anleihe der KFW bei -16 bp und eine gleichlaufende Anleihe des Landes Bayern bei -14 bp. Eine gleichlaufende Anleihe des Landes Berlin handelt bei ASW -5 bp. Zum Vergleich: eine fünfjährige Anleihe der Deutschen Bank (AA-) handelt bei +5 bp, BMW (A+) bei +8 bp, während eine Anleihe aus dem High Yield Bereich – Ford (B) bei einem ASW von +335 bp handelt.

2. Hintergrund: Wie refinanzieren sich die deutschen Länder?

a) Länder am Kapitalmarkt

Im Zuge der steigenden Gesamtverschuldung der deutschen Länder spielt der Kapitalmarkt bei der Refinanzierung der Schulden eine immer größere Rolle. Insgesamt ist die Verschuldung der Länder von € 330 Mrd. im Jahre 1999 um 46% auf € 480 Mrd. Ende Juni 2006 gestiegen (Deutsche Bundesbank 2006, Monatsbericht Oktober 2006, 99–101). Interessant ist hierbei, dass Anleihen einen immer größeren Anteil an der Gesamtverschuldung ausmachen: während Ende 1999 lediglich 18% der Schulden über Anleihen refinanziert wurde (der Rest über Schuldscheindarlehen), war der Anteil am Ende des ersten Halbjahres 2006 auf 45% gestiegen.

Abb. 5: Verschuldung der deutschen Länder – Anleihen vs. Schuldscheindarlehen

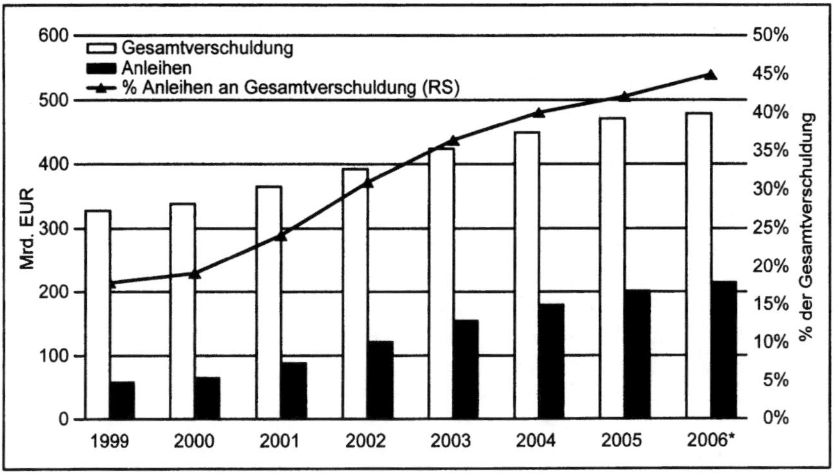

* Ende 1. HJ/2007

Quelle: Bundesbank

Im europäischen Kontext ist der Markt für deutsche Länder-Anleihen sehr groß. Mit einem Volumen von € 210 Mrd. ausstehender Anleihen ist er mehr als fünfmal so groß wie der Markt der italienischen Regionen (€ 40 Mrd.) und achtmal so groß wie der Markt für Anleihen spanischer Regionen (€ 26 bn). Französische Regionen haben lediglich € 3 Mrd. ausstehender Anleihen.

Die Unterschiede zwischen den Volumina ausstehender Anleihen der einzelnen Länder sind beachtlich. Der größte Emittent, Nordrhein-Westfalen, hat insgesamt € 50,8 Mrd. ausstehende Anleihen (Quelle: Bloomberg), während Berlin auf Platz 2 insgesamt € 31,8 Mrd. emittiert hat. Die Ländergemeinschaft[4] liegt mit insgesamt € 26,8 Mrd. auf dem dritten Platz. Das ausstehende Volumen brandenburgischer und bayerischer Anleihen liegt aufgrund des niedrigen Finanzierungsbedarfes bei nur je € 7,5 Mrd.

Abb. 6: Die zehn größten deutschen Länder nach Volumina ausstehender Anleihen

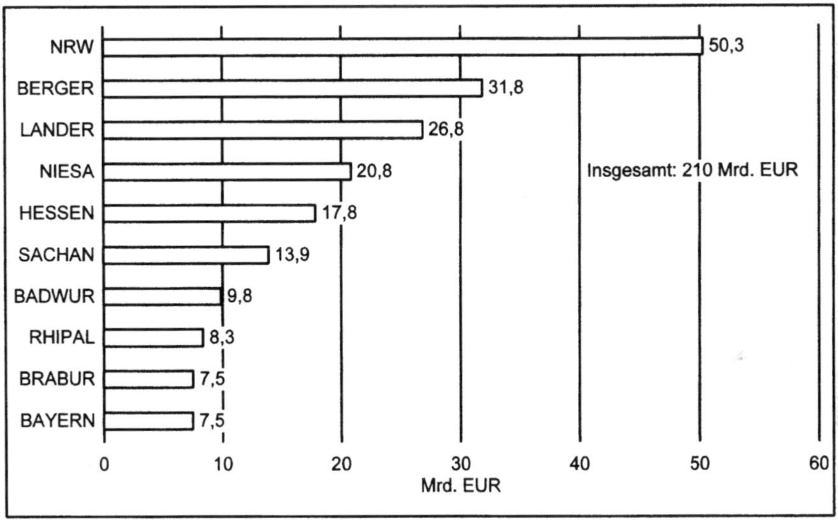

Stand 5. August 2006

Quelle: Bloomberg

Während der Bestand an Kapitalmarktschulden auch in den nächsten Jahren weiter expandieren wird, kann zumindest von einer Verlangsamung des Wachstums ausgegangen werden. Für 2007 wird eine rückläufige Nettoneuverschuldung der Länder erwartet. Dies ist der günstigen gesamtwirtschaftlichen Entwicklung und der Mehrwertsteuererhöhung[5] auf der einen, und den Sparanstrengungen der Länder auf der

4 Die Ländergemeinschaft ist ein Zusammenschluss aus mehreren kleineren Ländern, die zusammen den Vorteil großvolumiger Anleiheemissionen nutzen möchten.

5 Von 16% auf 19% ab Januar 2007.

anderen Seite zu verdanken. Nach erwarteten € 20 Mrd. in 2006 dürfte sich die Nettokreditaufnahme an Kapitalmarktmitteln in 2007 lediglich auf € 14,5 Mrd. belaufen (HVB Schätzung). Dadurch wird sich auch die Zinslast der öffentlichen Haushalte reduzieren.

Abb. 7: Rückläufige Nettokreditaufnahme deutscher Länder 2007

	2006 (in Mrd. €)	**2007 (in Mrd. €)**	
	angekündigt***	ursprünglich geplant	nach Steuerschätzung erwartet
Baden-Württemberg	2,0	1,7	1,0
Bayern	0,0	0,0	0,0
Berlin	3,1	2,4	1,2
Brandenburg	0,8	0,7**	0,6
Bremen	0,9	0,9**	0,7
Hamburg	0,7	0,6	0,6
Hessen	1,3	1,6	1,3
Niedersachsen	1,8	1,5	1,3*
Mecklenburg-Vorpommern	0,4	0,4	0,4
NRW	6,0	4,3	3,2
Rheinland-Pfalz	0,9	1,0	1,0
Saarland	0,8	0,7	0,6*
Sachsen	0,3	0,1	0,1
Sachsen-Anhalt	0,8	0,6	0,5
Schleswig-Holstein	1,6	1,3	1,1
Thüringen	1,0	0,9	0,9
Alle deutschen Länder	22,4	18,7	14,5

*Angekündigt

**Reduzierung nach Steuerschätzung erwartet

***ursprüngliche Ankündigung der Länder; HVB erwartet für dieses Jahr € 20 Mrd.

Quelle: Finanzministerien der deutschen Länder; Stand 13. November 2006

b) Beispiel Berlin

Diese Entwicklung kann auch am Beispiel Berlins beobachtet werden. Die Bedeutung von Anleihen bei der Kapitalmarktfinanzierung des Landes ist jedoch noch stärker gewachsen als im gesamtdeutschen Durchschnitt. Während 1999 lediglich 8% über Anleihen finanziert wurde, war dieser Anteil bis Ende 2005 auf 55% gestiegen. Über Schuldscheindarlehen wurden weniger als die Hälfte der Kapitalmarktschulden finanziert.

Abb. 8: Verschuldung Berlins: Anleihen spielen immer größere Rolle

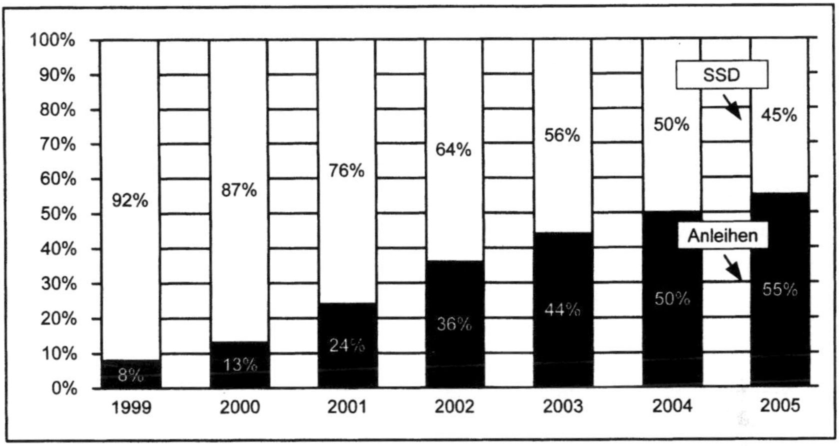

Quelle: Finanzministerium Berlin

Die Entwicklung der Nettoneuverschuldung Berlins ist ebenfalls analog zum Länderdurchschnitt. Während Berlin auf dem Höhepunkt 2002 € 6,0 Mrd. am Kapitalmarkt aufnehmen musste, wird dieser Betrag 2007 voraussichtlich auf 1,2 Mrd. sinken. Da dies immer noch einen Anstieg der Gesamtverschuldung zur Folge hat, werden auch die Zinsausgaben auf absehbare Zeit ansteigen. Während Zinsausgaben den Haushalt im Jahre 2003 mit € 2,3 Mrd. belasteten, wird dieser Betrag 2007 voraussichtlich auf € 2,5 Mrd. steigen.

Abb. 9: Jährliche Nettokreditaufnahme des Landes Berlin

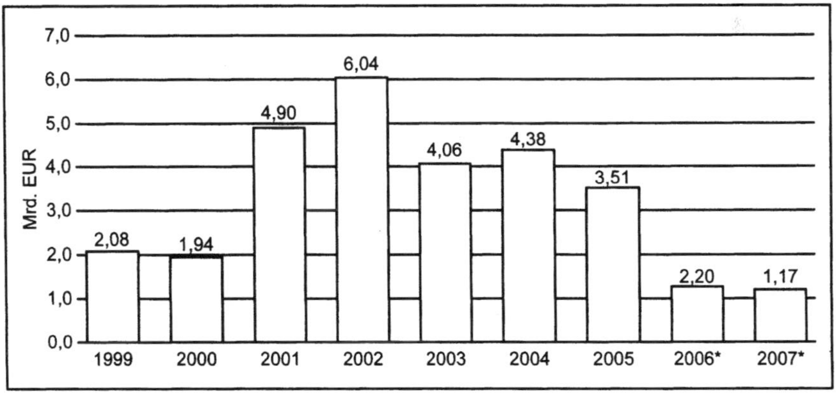

* laut mittelfristiger Finanzplanung – Stand: 13. November 2006

Quelle: Finanzministerium Berlin

Umso bedeutsamer sind für ein Land wie Berlin, bei dem die Zinsausgaben eine große Rolle im Haushalt spielen, die Refinanzierungskonditionen am Kapitalmarkt. Wie wichtig neben dem Rating die Wahrnehmung der Kapitalmarktteilnehmer für die Bedingungen bei der Mittelaufnahme sind, wird im nächsten Kapitel gezeigt.

3. Reaktion der Anleihen deutscher Länder auf das Verfassungsgerichtsurteil

a) Unmittelbare Reaktion

Unmittelbar nach der Ablehnung der Verfassungsklage Berlins war eine Verbilligung der Anleihen des Landes Berlin zu beobachten. Abb. 10 zeigt, dass sich der Spread der BERGER 3.75 Mar-15[6] Anleihe in den Tagen nach der Urteilsverkündigung von -4,3 bp (am 18. Oktober 2006) auf -3,1 bp (am 30. Oktober 2006) verbilligte. Eine Verbilligung von immerhin 1,3 bp innerhalb von acht Handelstagen ist relativ viel für dieses Marktsegment – wenn auch nicht ganz so bedeutsam im historischen Zeitablauf, wie im zweiten Abschnitt dieses Kapitels gezeigt wird. Der Vergleich mit zwei anderen Anleihen aus dem gleichen Laufzeitsegment, HESSEN 3.5 Jan-16 und BADWUR 3.5 Jan-15, zeigt, dass sich die Entwicklung der Anleihen anderer Bundesländer von Berlin entkoppelte – diese reagierten nicht auf die Urteilsverkündung.

Auch im weiteren Zeitverlauf zeigt die Anleihe des Landes Berlin eine unterschiedliche Entwicklung zu den beiden anderen. Wenngleich sich zunächst die Berlin Anleihe Anfang November wieder verteuerte, drehte sich diese Entwicklung im Verlauf des Novembers und Dezember wieder um – wiederum gegenläufig zu den beiden anderen Anleihen. Allerdings kann man aus der Entwicklung gegen Ende des Jahres nicht wirklich allgemeine Schlüsse ziehen, da dieser Zeitraum von geringer Liquidität und größerer Volatilität des Handels gekennzeichnet ist.[7] Zudem besteht Performancepotenzial durch verstärkte Sparmassnahmen und Schuldenabbau des Landes Berlin.

Eine Ausweitung der Berlin-Spreads lässt sich auch dadurch erklären, dass Investoren überwiegend von einem Verfassungsurteil zugunsten Berlins ausgingen. Nach Ausbleiben der finanziellen Unterstützung durch Bund und Länder kann nun von einer erhöhten Mittelaufnahme des Landes am Kapitalmarkt ausgegangen werden, was sich in der Regel ungünstig auf Spreads auswirkt. Ob das Verfassungsgerichtsurteil eine Sensibilisierung der Investoren bezüglich der unterschiedlichen Länder bzw. eine Verschlechterung der Einschätzung der finanzschwachen Länder nach sich ziehen wird, bleibt abzuwarten. Aus den aktuellen Spreadentwicklungen lässt sich eine solche Entwicklung allerdings noch nicht ablesen.

---

6 Eine Anleihe des Landes Berlin (BERGER), mit einem Coupon von 3.75, die im März 2015 fällig wird.

7 Dies ist darauf zurückzuführen, dass viele Investmentfonds zum Ende des Jahres ihre Bücher schließen, Profite realisieren und auf das neue Jahr warten.

Abb. 10: Spreadveränderungen deutscher Länder-Anleihen zwischen 1. September und 15. Dezember 2006

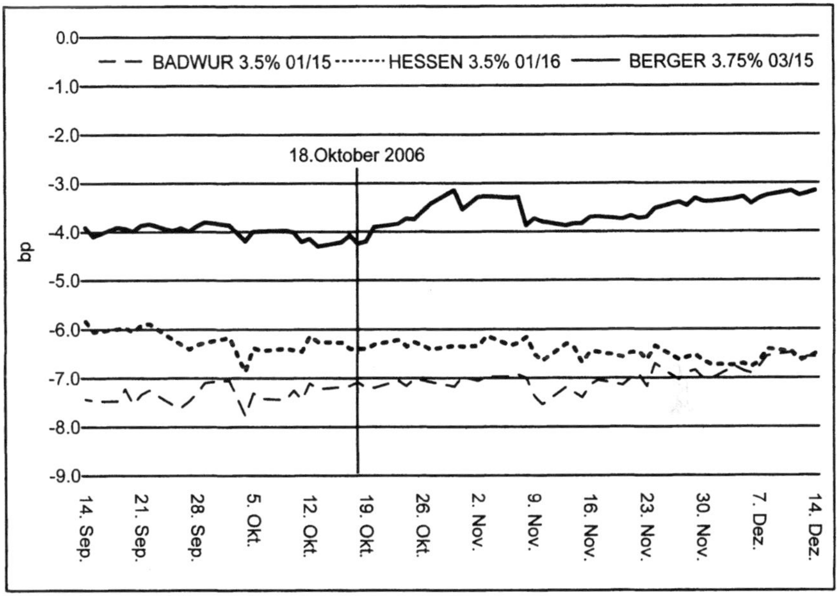

Quelle: Global Research (HVB)

Die relativ zurückhaltende Reaktion an den Kapitalmärkten wurde maßgeblich von der schnellen Reaktion der Ratingagenturen beeinflusst. Alle drei Ratingagenturen bestätigten ihre Ratingansätze am selben bzw. am nächsten Tag.

- Fitch: „... das Urteil wirkt sich nicht auf die Ratingfaktoren aus. Faktisch bestätigt es das Bundestreueprinzip, auf dem die 'AAA'-Einschätzung beruht... Es unterstreicht die starke Unterstützung im deutschen Finanzföderalismus, die einen der Haupteinflussfaktoren für das Rating darstellt ...".
- S&P: „... Das Konzept der Bundestreue wurde als 'ultima ratio' bestätigt. ... S&P sieht sich von diesem Urteil in seinem Ansatz bestärkt ... da die finanzielle Lage der einzelnen Länder ihre Kreditwürdigkeit bestimmt, die sich von der Bonität der Bundesregierung oder anderer Länder unterscheiden kann."
- Moody's sieht das Urteil als Erläuterung, wann Bundesfinanzhilfe in Anspruch genommen werden kann; eine Änderung der grundlegenden Unterstützungsmechanismen der Länder sei darin jedoch nicht begründet (FTD, 20. Oktober 2006). Auch die Ratingbegründung für Berlin wurde innerhalb weniger Tage bestätigt (27. Oktober 2006).

Auch die genaue Urteilsbegründung der Verfassungsrichter half, die Kapitalmarktreaktion relativ gering zu halten. Die Richter konnten den Investoren vermitteln, dass ihres Erachtens Berlin die Kriterien für eine Haushaltsnotlage nicht erfüllt, das Bundestreueprinzip jedoch weiterhin einem Land, welches die Kriterien erfüllen würde, Hilfe zusichert. Dadurch wurde /wird das Bundestreue- /Solidaritätsprinzip nicht in Frage gestellt. Das Ausbleiben der Reaktion von Anleihe-Spreads anderer Länder ist somit als Ausdruck des Vertrauens der Investoren in das deutsche Finanzsystem zu werten.

b) Reaktion im historischen Vergleich

Um das Ausmaß der Kapitalmarktreaktion einordnen zu können, lohnt ein Blick auf den historischen Verlauf der Refinanzierungsbedingungen Berlins. Abb. 11 zeigt, dass der Emissions-Spread von Berlin-Anleihen am Primärmarkt im Jahre 2003 – direkt nach der Krise um die Bankgesellschaft Berlin – +8 bp betrug, während dieser im Mai 2006 auf 0 bp abschmolz. Da sich in diesem Zeitraum das Rating Berlins nicht geändert hat, ist dies neben der allgemein günstigen Kapitalmarktentwicklung auch auf eine verbesserte *wahrgenommene Kreditwürdigkeit* Berlins zurückzuführen. Im Vergleich zu diesen Spreaddifferenzen, erscheint die Ausweitung der Anleihen als Reaktion auf das Verfassungsgerichtsurteil sehr gering.

Abb. 11: Emissions-Spreads von Benchmark-Anleihen im historischen Verlauf

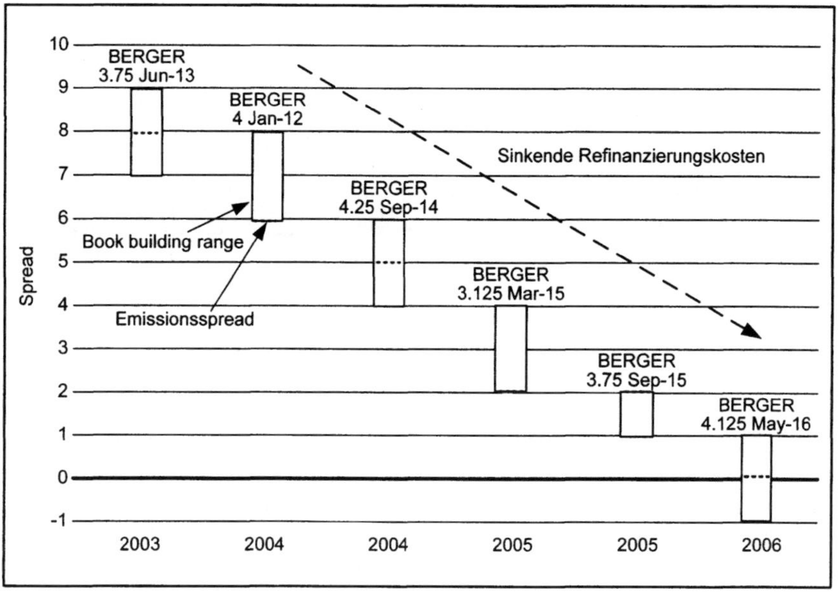

Quelle: Global Research (HVB)

Die verbesserte Einschätzung des Emittenten Berlin hat zu deutlich gesunkenen Refinanzierungskosten für das Land geführt. Ceteris paribus führt bei einer € 2 Mrd. großen, 10-jährigen Anleihe ein 8 bp Spreadunterschied zu einer Ersparnis von € 13,6 Mio. Daher ist für die deutschen Länder nicht nur eine solide Haushaltspolitik und ein gutes Rating wichtig, sondern auch die Wahrnehmung der Kapitalmarktteilnehmer des Emittenten. Eine positive Wahrnehmung kann somit zu beachtlichen Ersparnissen führen.

4. Zusammenfassung

Die Refinanzierungsbedingungen der Schulden der deutschen Länder auf dem Kapitalmarkt sind im Hinblick auf schwer abbaubare Haushaltsdefizite sowie hohe Schuldenstände wichtig. Diese sind von der Bonität der Länder abhängig. Je besser das Rating, je niedriger die Verschuldung, je positiver die Wahrnehmung der Investoren, desto günstiger können sich Länder am Kapitalmarkt refinanzieren. Günstigere Refinanzierungskonditionen bedeuten niedrigere Zinszahlungen und sind somit positiv für die Haushaltsentwicklung.

Trotz Ablehnung der Klage Berlins wird das deutsche Finanzierungssystem nicht in Frage gestellt. Die deutliche Begründung der Richter, sowie die schnelle Bestätigung durch die Ratingagenturen haben das Bundestreueprinzip und die Solidität des Systems bestätigt. Dies erklärt wieso die Anleihen der Länder keine Reaktion und die Anleihen Berlins nur eine geringe Reaktion auf das Urteil gezeigt haben.

Die weitere Entwicklung wird sich erst noch zeigen müssen. Bereits jetzt wird eine größere Achtsamkeit der Investoren beobachtet, es besteht ein erhöhter Erklärungsbedarf bezüglich des deutschen Finanzierungssystems auf der einen, sowie der Unterschiede zwischen den Ländern auf der anderen Seite. Der Blick des Kapitalmarktes richtet sich nun auf die weiteren Schritte, die bezüglich der Länderfinanzen diskutiert werden. Wird es ein Verschuldungsverbot bzw. eine Flexibilisierung der Einnahmeseite geben? Insofern sind sowohl die zweite Stufe der Föderalismusreform als auch die Ergebnisse der Verfassungsklagen von Bremen und Saarland von zentraler Bedeutung für die Wahrnehmung und die Refinanzierungsbedingungen der deutschen Länder am Kapitalmarkt.

Referenzen

Deutsche Bundesbank (2006), Neue rechtliche und regulatorische Rahmenbedingungen für den deutschen Verbriefungs- und Pfandbriefmarkt, Monatsbericht März 2006, 37–61.

– (2006), Monatsbericht Oktober 2006, Statistischer Anhang, 99–101.

Teil 2

Die Zukunft des Fiskalföderalismus

Nach der Föderalismusreform – Perspektiven einer Neuordnung der bundesstaatlichen Finanzbeziehungen

Stefan Korioth

1. Einführung

Jede Veränderung des bundesstaatlichen Gefüges ohne Überdenken und, wenn nötig, Anpassen der Finanzverfassung muss „Stückwerk bleiben“[1]. Die Finanzverfassung ist akzessorische Folgeverfassung (*Kirchhof* 1993, 71 ff., 80; *Korioth* 1997, 88 ff.) zur materiellen Aufgabenverteilung zwischen Bund und Ländern. Die Beschaffung und interne Verteilung von Geldmitteln soll die effektive staatliche Aufgabenerfüllung ermöglichen[2]. Der Finanzausgleich hat die Aufgabe, die verfügbaren Gesamteinnahmen so auf Bund und Länder zu verteilen, dass diese in die Lage versetzt werden,

> „die ihnen verfassungsrechtlich zukommenden Aufgaben auch wahrzunehmen; erst dadurch kann die staatliche Selbständigkeit von Bund und Ländern real werden, können sich Eigenständigkeit und Eigenverantwortlichkeit der Aufgabenwahrnehmung entfalten.“[3]

Ändert sich die Aufgabenverteilung, verlangt dies deshalb die Prüfung, ob und wie die Finanzverfassung weiterhin den nötigen Gleichlauf von Aufgaben, Ausgaben und Einnahmen wahren kann.

Gemessen daran stellt sich jetzt, nach den als Föderalismusreform I bezeichneten Grundgesetzänderungen des Sommers 2006[4], zwingend diese Überprüfungs- und vielleicht auch eine Reformaufgabe. Bereits der Vertrag zur Bildung der Regierungskoalition von CDU, CSU und SPD im Bund vom 11. November 2005 hat, im Zusammenhang der Ankündigung der inzwischen umgesetzten Überarbeitung der vertikalen Aufgabenverteilung, festgestellt:

---

1 Sachverständigenrat zur Begutachtung der gesamtwirtschaftlichen Entwicklung, Jahresgutachten 2004/2005, Tz. 789.

2 Die Bezeichnung als Folgeverfassung bedeutet allerdings nicht, dass die Festlegung der staatlichen Aufgaben ohne Rücksicht auf die zur Verfügung stehenden Finanzen erfolgen könne oder dürfe; in diese Richtung aber die Kritik der Formel des „dienenden Finanzrechts“ bei *Waldhoff*, Reformperspektiven im Finanzrecht – ein Überblick, in: Die Verwaltung 39 (2006), 155 ff., 156. Die Akzessorietät der Finanzordnung bringt zum Ausdruck, dass – als eine Art Gewaltenteilung in der Gesetzgebung – die Entscheidungen über Aufgaben, Ausgaben und Einnahmen getrennt voneinander erfolgen; die Finanzordnung muss dabei der Aufgabenverteilung Rechnung tragen.

3 BVerfGE 72, 330 (383); 86, 148 (214); zuletzt BVerfGE 113, 167 (204).

4 Gesetz zur Änderung des Grundgesetzes vom 28.8.2006 (BGBl. I S. 2034). Einen Überblick gibt *Häde* 2006b, 930 ff.

> „In einem weiteren Reformschritt in der 16. Wahlperiode sollen die Bund-Länder-Finanzbeziehungen den veränderten Rahmenbedingungen inner- und außerhalb Deutschlands, insbesondere für Wachstums- und Beschäftigungspolitik angepaßt werden."[5]

Ob es ausgerechnet die Wirtschaftspolitik ist, die zur Überarbeitung der Finanzverfassung zwingt, mag zu bezweifeln sein. Auch überging die Ankündigung des Koalitionsvertrags den jedenfalls verfassungsrechtlich einfachsten Weg bei einer Reform des Föderalismus, der darin besteht, die Aufgabenverteilung und die Finanzbeziehungen gleichzeitig zu überprüfen und zu novellieren. Mit Recht findet jedoch die Notwendigkeit klaren Ausdruck, nach der Veränderung der Aufgabenverteilung zwischen Bund und Ländern die Finanzverfassung ins Auge zu fassen. Deutliche, zugleich ermunternde und fordernde Worte enthält dazu auch das Urteil des Bundesverfassungsgerichts vom 19. Oktober 2006:

> „Erst in jüngster Zeit mehren sich die Anzeichen eines politischen Konsenses dazu, dass jedenfalls auf der so genannten zweiten Föderalismusreformstufe grundsätzliche Reformen der Finanzbeziehungen zwischen Bund und Ländern dringend erörterungsbedürftig sind [...]."[6]

Mit Bedacht formuliert das Gericht vorsichtig: Reformen bedürfen der Erörterung, es geht zunächst darum, ob sie nötig sind.

Die Fragen lauten also, wie sich die bundesstaatliche Ordnung des Grundgesetzes nach der Föderalismusreform präsentiert (dazu 2.) und welche Änderungen der Finanzverfassung der Artt. 104a ff. GG erforderlich oder jedenfalls wünschenswert sind (dazu 3.).

2. Die Föderalismusreform

a) Detailveränderungen statt umfassender Reform

Zunächst: Die Grundgesetznovellierungen des Jahres 2006 haben die bundesstaatliche Aufgaben- und Machtverteilung nicht grundlegend geändert. Zwar ist häufig davon die Rede, die erste Stufe der Föderalismusreform sei die bedeutendste Grundgesetzänderung seit 1949, aber dies kann – wenn überhaupt – allenfalls in quantitativer Hinsicht stimmen. Die inhaltliche Bedeutung der Novelle bleibt hinter der letzten großen bundesstaatlichen Verfassungsänderung zurück, der konsequenten Umsetzung des kooperativen Bundesstaates durch die Finanzreform 1967/69. In qualitativer Hinsicht ist der Unterschied frappierend. Waren die Verfassungsänderungen 1967/1969 aus einem Guss, so fällt es demgegenüber schwer, eine durchgehende konzeptionelle Idee der Reform des Jahres 2006 zu entdecken. Die immer wieder proklamierten Ziele der

---

5 Koalitionsvertrag zwischen CDU, CSU und SPD vom 11.11.2005, Abschnitt B V 1 (S. 93).

6 BVerfG, Urteil vom 19.10.2006 (2 BvF 3/03), Umdruck S. 83, Internetversion unter www.bundesverfassungsgericht.de/entscheidungen/fs20061019_2bvf000303.html, dort Rdnr. 104.

Entflechtung und Dezentralisierung spiegeln sich in den letztlich verabschiedeten Änderungen nur zum Teil.

Das grundlegende Bauprinzip des grundgesetzlichen Bundesstaates ist dasselbe geblieben. Nach wie vor richtet sich die vertikale Kompetenzverteilung zwischen Bund und Ländern nach den Staatsfunktionen, nicht nach einzelnen Sachbereichen der Politik. Die Gesetzgebung verbleibt weit überwiegend beim Bund, insbesondere im zentralen Bereich der Steuergesetzgebung hat die Föderalismusreform bislang nur eine marginale Änderung gebracht. Nach wie vor ist auch die Ausführung der Gesetze, die Bundesgesetze eingeschlossen, überwiegend Sache der Länder. Auch die Mitwirkung der Länder bei der Gesetzgebung des Bundes über den Bundesrat dürfte keine einschneidende Veränderung erfahren haben. Zwar wird mit der Änderung des Art. 84 Abs. 1 GG die Zahl derjenigen Bundesgesetze sinken, die wegen verwaltungsorganisatorischer Regelungen bislang Zustimmungsgesetze waren. Auf der anderen Seite aber hat die Reform einen neuen Zustimmungstatbestand bei Bundesgesetzen eingeführt, wenn diese Pflichten der Länder „zur Erbringung von Geldleistungen, geldwerten Sachleistungen oder vergleichbaren Dienstleistungen gegenüber Dritten“ begründen und „daraus entstehende Ausgaben von den Ländern zu tragen sind“ (Art. 104a Abs. 4 GG n.F.). Damit dürfte ein unbeabsichtigt weites Feld neuer Zustimmungsgesetze eröffnet sein.

Im Übrigen enthält die Grundgesetznovelle des Jahres 2006 im Kern ein neues und in den Einzelheiten sehr kompliziertes Arrangement der Gesetzgebungszuständigkeiten. Ob die Ziele einer vertikalen Zuständigkeitsentflechtung und Stärkung der Länder erreicht werden können, ist mehr als fraglich: Eine durchgehend sinnvolle, durchdachte und klare Verteilung der Materien und Gesetzgebungsrechte auf Bund und Länder ist nicht gelungen (dazu jetzt auch *Degenhart* 2006, 1209 ff.). Der Wegfall der Rahmenkompetenzen des Bundes und die teils mosaikartig zersplitterten Zuweisungen der Zuständigkeiten für die Hochschulen, das Beamtenrecht und das Umweltrecht innerhalb der konkurrierenden Gesetzgebungsbefugnisse von Bund und Ländern (insbesondere Art. 74 Abs. 1 Nr. 24, 27, 29 bis 33 GG n.F.) wirken teils beliebig; warum etwa, angesichts zunehmender europarechtlicher Vorgaben, wichtige Bereiche des Umweltrechts künftig dezentral geregelt werden können, erschließt sich nicht. Manche sachfremde Binnentrennungen zusammengehörender Materien und Zuständigkeiten lassen Streitigkeiten erwarten. Die Abweichungsbefugnis (vgl. Art. 72 Abs. 3 GG n.F.) dürfte zu Unklarheiten und ganz neuen Formen vertikaler Politikverflechtung führen. Die Beschränkung der Erforderlichkeitsklausel (Art. 72 Abs. 2 GG n.F.) hat sogar das Potenzial zur Zentralisierung im Bereich der konkurrierenden Gesetzgebung; der Wegfall der Rahmenkompetenzen (Art. 75 GG n.F.) und die Wanderung der meisten dort bisher erfassten Materien in den Katalog des Art. 74 GG ermöglichen es dem Bund, Vollregelungenen statt Rahmenregelung zu erlassen.

In die Frage, welche Änderungen der Finanzverfassung in einem zweiten Reformschritt erwogen werden müssen oder sollen, müssen auch diejenigen Teile der ersten Reformstufe einbezogen werden, die bereits unmittelbar die Bund-Länder-Finanzbeziehungen betreffen und im Übrigen diejenigen Normen, die eine veränderte Ausgabenbelastung des Bundes und der Länder erwarten lassen.

b) Änderungen der Finanzordnung

Es gibt drei[7] Teile der Novelle, die unmittelbar in die Bund-Länder-Finanzbeziehungen eingreifen.

(1) Mischfinanzierungen

Die Gemeinschaftsaufgaben und weiteren Mischfinanzierungen (Artt. 91a, 91b, 104b GG n.F.) sind in begrenzter Weise neu geordnet worden. Wenig befriedigend ist, dass sich die Reform weder zu einem klaren Ja oder Nein der Mischfinanzierungen hat durchringen können und stattdessen bei Modifikationen des bislang geltenden Rechts stehen geblieben ist. Seit langem kritisierte Wirkungen der Mischfinanzierungen sind ausgabensteigernde Effekte durch hohen Koordinierungs- und Verwaltungsaufwand, aber auch Mitnahmeeffekte infolge angebotener Bundesmittel, die eine ländereigene Präferenzenbildung verzerren (vgl. insbes. *Borell* 1981, 27 ff.; Sachverständigenrat zur Begutachtung der gesamtwirtschaftlichen Entwicklung 1990, Tz. 445). Abhilfe hätte hier nur – gerade bei einer Reform, die eine Entzerrung der Zuständigkeiten anstrebt – ein harter Schnitt durch ersatzlose Aufhebung der einschlägigen Verfassungsbestimmungen versprochen. Dies hätte mit einem ausdrücklichen Verbot von Mischfinanzierungen verbunden werden müssen, denn die Erfahrung, nicht zuletzt mit der vor 1969 üblichen Fondswirtschaft, zeigt, dass gemeinsame Finanzierungen ansonsten praeter constitutionem wuchern. Die bei einer kompletten Streichung der Mischfinanzierungen freiwerdenden Bundesmittel hätten dann den Ländern über den vertikalen Finanzausgleich, vorrangig die Umsatzsteuerverteilung, zur Verfügung gestellt werden müssen.

Die Grundgesetznovellierung 2006 hat stattdessen die Mischfinanzierungen grundsätzlich erhalten, lediglich die Tatbestände des Hochschulbaues, der Bildungsplanung, der Verbesserung der kommunalen Verkehrsverhältnisse und der sozialen Wohnraumförderung gestrichen. Daran überrascht, dass ausgerechnet die Gemeinschaftsaufgabe mit der stärksten gesamtstaatlichen Bedeutung und den bedeutendsten Spillover-Effekten, der Hochschulbau, nach Ablauf der Übergangsfristen ausläuft, während Aufgaben mit eher lokaler Bedeutung wie etwa der Küstenschutz und die Agrarstruktur erhalten blieben. Immerhin kann für die verbleibenden Gemeinschaftsaufgaben angeführt werden, dass dann, wenn die Verteilung der Mittel nicht nach dem Gießkannenprinzip geschieht, gesamtstaatlich problematische Unterschiede durch zentrale Steuerung ausgeglichen werden können. Im Bereich des neuen Art. 104b GG läuft es allerdings letztlich auf eine Lösung zu Lasten der Länder hin-

7 Die weitere Änderung der Finanzverfassung in Art. 104a Abs. 4 GG ist systematisch ein das Zustimmungserfordernis des Bundesrates auslösender Tatbestand.

aus, wenn zukünftig Investitionshilfen zwingend befristet und degressiv gestaltet sein müssen[8].

(2) Steuergesetzgebung der Länder

Wiederum halbherzig ist die zweite Novellierung der Finanzbeziehungen durch Änderung des Art. 105 Abs. 2a GG (mit der Folgeänderung bei den Maßstäben der horizontalen Umsatzsteuerverteilung in Art. 107 Abs. 1 S. 4 GG). Die neue Befugnis der Länder zur Steuersatzfestsetzung bei der Grunderwerbsteuer ist eine begrüßenswerte Dezentralisation, es hätten allerdings die weiteren gemäß Art. 106 Abs. 2 GG dem Ertrag nach den Ländern zustehenden Steuern in die Neuverteilung der Gesetzgebungskompetenz einbezogen werden sollen. Zwar erstreckt sich der Katalog des Art. 106 Abs. 2 GG auch auf Steuern wie die Kraftfahrzeug- und Vermögensteuer, die rechtspolitisch umstritten sind, Ausweichstrategien der Steuerschuldner offen stehen oder derzeit mit (bundes)steuerpolitischen Lenkungszwecken befrachtet sind. Das aber spricht, auch angesichts der fiskalischen Zweitrangigkeit dieser Steuern, nicht gegen eine Gesetzgebungskompetenz der Länder (so jedoch mit Blick auf die Grund- und Grunderwerbsteuer, *Kesper* 1998, 343 ff.). Hier könnten die Länder, ohne die notwendigen zentralen Festlegungen grundlegender Leitlinien der Steuerpolitik zu stören, unterschiedliche eigene Konzepte entfalten. Sie sollten daher die Gesetzgebungskompetenzen auch über die Kraftfahrzeug-, Vermögen-, Erbschaft-, und Schenkungsteuer erhalten. Art. 105 Abs. 2a GG hätte dann folgende Fassung: „Die Länder haben die Befugnis zur Gesetzgebung über die örtlichen Verbrauch- und Aufwandsteuern und über die Steuern, deren Aufkommen ausschließlich ihnen zusteht."

(3) Der „Nationale Stabilitätspakt"

Konzeptionslos, unvollständig, mit Detailfehlern und absehbaren Ungereimtheiten in der Anwendung belastet ist die dritte unmittelbar finanzbezogene Grundgesetzänderung. Der neue Art. 109 Abs. 5 GG samt Ausführungsgesetz widmet sich den von Bund und Ländern zu tragenden Folgen aus der Verpflichtung des Art. 104 EG, übermäßige Defizite zu vermeiden.

Zu begrüßen ist zunächst die Absicht des verfassungsändernden Gesetzgebers, die seit Entstehen des Europäischen Stabilitäts- und Wachstumspakts schwebende Kontroverse um die innerstaatliche Wirkung der Maastricht-Kriterien und die darauf bezogenen Regelungsbefugnisse des Bundes zu beenden (dazu *Häde* 1997, 269 ff.; *ders.* 2006a; *Henneke* 1998, 86 ff.). Bereits vor gut einem Jahrzehnt ist dazu der Vorschlag entwickelt worden, Art. 109 Abs. 2 GG um die Einfügung „[...] und der Verpflich-

---

8 Problematisch sind weiterhin die Übergangsregelungen für die beendeten Mischfinanzierungen (Artt. 125c, 143c GG n.F., Gesetz zur Entflechtung der Gemeinschaftsaufgaben und Finanzhilfen [Entflechtungsgesetz – EntflechtG]). Diese stellen den Ländern nicht dauerhaft die bisherigen Finanzierungsanteile des Bundes an den ausgelaufenen Gemeinschaftsaufgaben und die früheren Finanzhilfen zur Verfügung.

tung der Bundesrepublik Deutschland im Rahmen der Europäischen Union [...]" und Art. 109 Abs. 3 GG um die Wendung „[...] sowie Vorschriften zur Vermeidung eines übermäßigen öffentlichen Defizits erlassen [...]" zu ergänzen[9]. In einem zweiten Schritt hätte dann das auf Art. 109 Abs. 3 GG beruhende Haushaltsgrundsätzgesetz um die Festlegung starrer oder beweglicher Verschuldungsanteile von Bund und Ländern ergänzt werden müssen (*Korioth* 2004, B 89 ff., 120 f.). Merkwürdigerweise hat der verfassungsändernde Gesetzgeber diesen in der Systematik des Grundgesetzes folgerichtigen Weg nicht gewählt. Der neue Art. 109 Abs. 5 GG erwähnt in Satz 1 sehr vage die „gemeinsame" Verpflichtung von Bund und Ländern, die europäischen Vorgaben zur „Einhaltung der Haushaltsdisziplin" zu erfüllen. Im Übrigen widmet sich die neue Regelung ausschließlich den Haftungsanteilen bei Sanktionsmaßnahmen der Gemeinschaft gegen die Bundesrepublik Deutschland. Die wichtigeren und vorgelagerten Fragen einer vertikalen und horizontalen Verteilung des nach den Maastricht-Kriterien zur Verfügung stehenden Verschuldungsrahmens werden nicht einmal angesprochen.

Die weitere Problematik der jetzt getroffenen Regelung liegt nicht in der Verteilung der Sanktionsmaßnahmen zu 35 v.H. auf die Länder und zu 65 v.H. auf den Bund. Dies entspricht annähernd den Anteilen der beiden Ebenen am gesamtstaatlichen Defizit. Brisant ist vielmehr die horizontale Verteilung zwischen den Ländern, weil neben einem Anteil von 35 v.H. nach der Einwohnerzahl 65 v.H. des Länderanteils entsprechend dem jeweiligen „Verursachungsbeitrag" von den einzelnen Ländern zu erbringen sind; dabei bleiben nach § 2 Abs. 1 SZAG[10] Länder mit einem ausgeglichenen oder positiven Finanzierungssaldo unberücksichtigt. Wenn also von 16 Ländern nur ein einziges einen negativen Finanzierungssaldo hat, muss es den gesamten nach der Verursachung ermittelten Länderanteil tragen. Das mag angesichts der gegenwärtigen Situation der Länderhaushalte eine unwahrscheinliche Folge sein; die möglichen Finanzkraftverschiebungen zwischen den Ländern offenbaren aber den regelungssystematischen Missgriff. Sanktionsverteilungen sollten nicht in Finanzausgleichsregelungen umschlagen. Noch gravierender ist, dass nach § 2 Abs. 3 SZAG die nach den Grundsätzen der Absätze 1 und 2 ermittelten Zahlungspflichten eines Landes „für die Dauer einer vom Bundesverfassungsgericht festgestellten extremen Haushaltsnotlage im Rahmen eines abgestimmten Sanierungskonzeptes" vom Bund gestundet werden. Soll tatsächlich in Zukunft allein das Bundesverfassungsgericht nach einem mit hohem Aufwand verbundenen verfassungsgerichtlichen Streit eine Haushaltsnotlage rechtlich bindend feststellen können? Neben diesem verfahrensrechtlichen Missgriff nimmt die Regelung Fehlanreize für die Haushaltspolitik der Länder in Kauf: Eine Haushaltsnotlage soll durch Stundung belohnt werden. Schließlich

---

9 Vgl. Wissenschaftlicher Beirat beim Bundesministerium der Finanzen, Gutachten zur Bedeutung der Maastricht-Kriterien für die Verschuldungsgrenzen von Bund und Ländern (1994), 48.

10 Gesetz zur innerstaatlichen Aufteilung von unverzinslichen Einlagen und Geldbußen gemäß Art. 104 des Vertrags zur Gründung der Europäischen Gemeinschaft (Sanktionszahlungs-Aufteilungsgesetz – SZAG).

muss es selbst im Falle einer verfassungsgerichtlich anerkannten Haushaltsnotlage schwierig bleiben, deren Beginn und Ende festzustellen. Vielleicht ist es auch in diesem Zusammenhang hilfreich, dass die neueste Rechtsprechung des Bundesverfassungsgerichts die Anforderungen an eine extreme Haushaltsnotlage so verschärft hat, dass die Bezugnahme darauf bei der Sanktionshaftung leerlaufen dürfte.

Von diesen Einzelheiten abgesehen, fehlt Art. 109 Abs. 5 GG ein Regelungskonzept. Die innerstaatliche Defizitverteilung erscheint als quantitative Frage, obwohl sie tatsächlich ein qualitatives Problem ist. Staatsverschuldung in den Länderhaushalten hat teilweise andere Hintergründe als die Kreditfinanzierung des Bundes. Während dieser über die wesentlichen Befugnisse der Einnahmegesetzgebung verfügt, insbesondere über Steuern, können die Länder sich nur über eine erhöhte Verschuldung relevante Einnahmespielräume verschaffen. Sehr viel leichter als der Bund geraten gegenwärtig die Länder in den Zwang zur Kreditaufnahme, zumal die Aufgaben und Ausgaben der Länder vielfach bundesgesetzlich vorgegeben sind; daran ändert die Föderalismusreform I nichts. Die seit 1990 im Vergleich der Länderhaushalte auffallend gleichförmige Kreditaufnahme (Ausnahmen bilden vor allem Bayern und Berlin) deutet finanzielle Zwänge an, die nicht allein auf individuelle landespolitische Entscheidungen rückführbar sind. Diese qualitative Verschiedenheit von Bundeshaushalt und Länderhaushalten übergeht Art. 109 Abs. 5 GG. Die Regelung ergibt nur Sinn, wenn sie als Auftrag für eine veränderte Defizit- und Kreditaufnahmepolitik in den Landeshaushalten verstanden wird. Die starren bundesrechtlichen Quoten verweisen darauf, zukünftig die fiskalische Handlungsmöglichkeit der Staatsverschuldung vollständig oder überwiegend dem Bund zu übertragen, verbunden mit der Pflicht des Bundes, für eine aufgabengerechte Finanzierung der Länder Sorge zu tragen. Eine solche zentralistische Wende ist aber erklärtermaßen nicht das Ziel der Novellierung. Umso weniger passt Art. 109 Abs. 5 GG zu dem Programm der Entflechtung und Autonomiestärkung.

c) Finanzrelevante Verschiebungen der vertikalen Aufgabenverteilung?

Um den Ausgangspunkt für die Beantwortung der Frage nach notwendigen oder wünschenswerten Änderungen der Finanzverfassung zu gewinnen, ist neben der Betrachtung der bereits unmittelbar finanzrelevanten Vorschriften der Föderalismusreform I zu untersuchen, ob die veränderten vertikalen Zuständigkeitsverteilungen weitere Änderungen der Artt. 104a ff. GG fordern. Dabei ist zunächst festzustellen: Die Grundgesetzänderungen des Jahres 2006 könnten für sich stehen. Sie verlangen nicht zwingend eine Änderung der Finanzverfassung. Das kann als Bestätigung dafür gedeutet werden, dass im Kern keine Neugestaltung der Föderalordnung vorliegt, die den Namen Reform wirklich verdient. Es lässt sich aber auch als Bekräftigung des nach wie vor im Kern kooperativ angelegten Föderalismus verstehen. Dennoch gibt es Verschiebungen in der vertikalen Gewichtsverteilung und ungelöste Binnenprobleme der Finanzordnung, die es angezeigt sein lassen, die Finanzverfassung in einzelnen Aspekten zu überarbeiten.

Den stärksten Erörterungsbedarf löst die Verlagerung der Gesetzgebungskompetenz im Beamtenrecht auf die Länder aus. Weil Personalausgaben fast die Hälfte der Länderetats ausmachen, eröffnet die neue Befugnis der Länder, insbesondere das Besoldungsrecht ihrer Beamten (einschließlich der kommunalen Beamten) zu regeln (vgl. Art. 74 Abs. 1 Nr. 27 GG n.F. i.V.m. der Aufhebung des bisherigen Art. 74a GG), eine erhebliche Dispositionsbefugnis bei den Ausgaben, die Forderungen nach neuen Selbstständigkeiten bei den Einnahmen Nachdruck verleihen könnte. Bei allen hiermit angestoßenen Reformüberlegungen ist allerdings auch zu beachten, dass die Bundesrepublik in wichtigen Grunddaten des öffentlichen Finanzwesens noch immer ein zweigeteilter Bundesstaat ist; der im Jahre 2001 als Bestandteil der einfachgesetzlich neugeordneten Bund-Länder-Finanzbeziehungen geregelte „Solidarpakt II" (*Mediger* 2003, 17 ff.) soll den neuen Ländern bis 2019 finanzielle Planungssicherheit geben. Veränderungen der Finanzordnung – auf der Ebene des Verfassungsrechts wie des einfachen Rechts – müssen den damit geschaffenen Vertrauenstatbestand beachten. Auch wenn eine Verfassungsänderung nicht an die einfachen Gesetze gebunden sein kann, so darf nicht aus den Augen verloren werden, dass der „Solidarpakt II" zwingende Voraussetzung dafür ist, dass die nach wie vor steuerschwachen neuen Länder überhaupt in die grundgesetzliche Finanzverfassung einbezogen werden können, die auf der ungeschriebenen Grundlage finanzieller Vergleichbarkeit der Länder beruht.

d) Zwischenfazit

Damit lässt sich ein Zwischenfazit für die Ausgangslage einer in Angriff zu nehmenden Finanzreform ziehen. Die Föderalismusreform I enthält finanzrelevante Regelungen, die durchgehend klare Festlegungen zu dem jeweils betroffenen Regelungsbereich – Mischfinanzierungen, Steuergesetzgebung der Länder, Nationaler Stabilitätspakt – vermeiden. Schon hier gäbe es genügend Ansatzpunkte für eine Weiterführung der Reform. Im Übrigen sind die vertikalen Gewichtsverschiebungen in der Aufgaben- und Ausgabenbelastung nicht so gravierend, dass aus diesem Grund zwingend über eine grundlegende Neuordnung der Finanzen nachgedacht werden müsste. Die Föderalismusreform I hat den grundgesetzlichen Bundesstaat allenfalls in Randbereichen verändert. Unangetastet bleibt der durch eine vertikale Gewaltenteilung nach den Staatsfunktionen, im Übrigen durch Kooperation und Verschränkung gekennzeichnete Kern der föderalen Ordnung. Dieser Befund sollte nicht entmutigen. Im Grunde genommen gibt er bei den jetzt anzustellenden Überlegungen, wie eine Finanzreform aussehen sollte, mehr Freiheit. Vor allem lenkt er die Aufmerksamkeit auf ungelöste Binnenprobleme der Finanzordnung, vorrangig im Staatsschuldenrecht.

3. Programmpunkte einer Neuordnung der bundesstaatlichen Finanzbeziehungen

a) Keine Veränderung der Vollzugskausalität nach Art. 104a Abs. 1 GG

Nur eines kurzen Streiflichts bedarf die Verteilung der Ausgabenlasten[11], die inhaltliche Aufgabenzuordnungen mit der Finanzierung verknüpft. In Art. 104a Abs. 1 GG, der den Abschnitt über das Finanzwesen systematisch folgerichtig einleitet[12], enthält die Finanzverfassung eine nach wie vor sinnvolle Regelung. Zwar findet die Verknüpfung von Verwaltungskompetenz und Kostentragungspflicht nur noch wenig Unterstützung und Verständnis; die Vollzugskausalität nach Art. 104a Abs. 1 GG, nach der es für die Kostentragung irrelevant ist, welche Körperschaft die kostenverursachende Regelung erlassen hat, gilt als schwerer verfassungspolitischer Kunstfehler (*Gröpl* 2006, 1079 ff., 1083: „föderaler Aberwitz"). Die Reformforderung aber, den Bund nach dem Prinzip der Gesetzeskausalität unmittelbar an den Kosten seiner Gesetze zu beteiligen (vgl. *Kirchhof* 1996, 5 ff., 66 ff.; *Schoch / Wieland* 1995, 145 ff.; *Trapp* 1997), ist wenig sinnvoll. Das Prinzip der Gesetzeskausalität entspricht einer bundesstaatlichen Aufgabenverteilung nach Sachbereichen und nach dem Grundsatz der fiskalischen Äquivalenz. Der Grundsatz ist folgerichtig, wenn innerhalb einer Gebietskörperschaft der Zusammenhang zwischen gesetzgeberischer Entscheidung und ihren Kosten und Nutzen gewahrt ist. Das aber ist nach dem Grundgesetz nur dann der Fall, wenn Bundesgesetze vom Bund und Landesgesetze von Landesbehörden vollzogen werden. Im praktisch wichtigeren Fall der Ausführung der Bundesgesetze durch die Länder (Artt. 83 ff. GG.) gibt es zwei kostenverursachende Entscheidungen verschiedener Ebenen: das Gesetz, das mittelbar, und die Verwaltungsentscheidung, die unmittelbar die Zweckkosten verursacht. Gesetzeskausalität würde in diesem Fall bedeuten, die Verwaltung von den Kostenfolgen ihrer Entscheidung freizustellen – ein teurer Ländervollzug auf Kosten des Bundes wäre zu erwarten (*Selmer* 1996, 2062 ff., 2065 f.). Wenn dem entgegengehalten wird, nur die Gesetzeskausalität könne den auf Kosten der Länder spendablen Bundesgesetzgeber verhindern, dann beschreibt dies – völlig zurecht –die spiegelbildliche Gefahr, hiergegen wirken aber die systemimmanenten Mechanismen des Grundgesetzes: Die Länder können kostenintensive Bundesgesetze über den Bundesrat abwehren und tun dies auch. Beachtung sollte auch finden, was bereits in den 1960er Jahren, vor der Normierung des Art. 104a Abs. 1 GG, hervorgehoben wurde: Eine sinnvolle parlamentarische Kontrolle kann nur gegenüber der Verwaltung ausgeübt werden, die zugleich vollzieht und finanziert (Kommission für die Finanzreform 1966, 51).

---

11 Die Ausgabenlasten bezeichnen die Pflichten einer Gebietskörperschaft, die Kosten einer Aufgabenwahrnehmung aus dem eigenen Haushalt zu bestreiten. Demgegenüber meint die Finanzierungskompetenz die Finanzierungsbefugnis nach außen. Ausgabenlast und Finanzierungskompetenz fallen regelmäßig zusammen, müssen es aber nicht.

12 Weitere Lastentragungsregelungen finden sich in Artt. 91a und 91b, 106 Abs. 4 S. 2, 106 Abs. 8, 106a und 120 Abs. 1 GG.

b) Stärkung der Ländereigenständigkeit im Bereich der Steuergesetzgebung und Steuerertragsverteilung

Ein Dauerbrenner bei den Überlegungen zur Neuordnung der Finanzverfassung ist die Forderung nach einer Stärkung der Länderrechte bei der Bestimmung über ihre Einnahmen. Erste Reformüberlegungen reichen bis in die 1980er Jahre zurück (*Klatt* 1986, 3 ff.; *Münch / Zinterer* 2000, 657 ff.). Der Grund für diese Überlegungen ist bekannt: Die Verteilung der Steuergesetzgebungskompetenzen ist der zentralistische Scheitelpunkt der Finanzverfassung. Art. 105 GG verdrängt die Länder praktisch vollständig und stärker als die Gemeinden aus der Steuergesetzgebung. Das bundeseinheitliche Steuerrecht – ausgenommen sind nur die örtlichen Verbrauch- und Aufwandsteuern und jetzt die Grunderwerbsteuer – verhindert Wettbewerbsverzerrungen und regional verursachte, steuersystematisch aber ungerechtfertigte Ungleichbehandlungen. Die Dominanz des Bundes in der Steuergesetzgebung ist das Ergebnis einer kontinuierlichen Vereinheitlichung seit dem ausgehenden 19. Jahrhundert (*Waldhoff* 1997, 41 ff.).

Allerdings ist der Preis dafür hoch. Für eine eigenständige Einnahmenpolitik bleiben den Ländern nur die Kreditaufnahme und die Veräußerung von Vermögensgegenständen. Dieser Zustand ist ökonomisch, bundesstaatspolitisch, angesichts sich verengender Haushaltsspielräume vor allem aber unter dem Aspekt demokratischer Verantwortlichkeit der Staatsgewalt in den Ländern unbefriedigend. Die fehlende Steuerautonomie beschränkt die Länder, während die Landesregierungen über den Bundesrat an der Bundesgesetzgebung über Gemeinschaft- und Landessteuern teilhaben (Art. 105 Abs. 3 GG). Dieser allgemein geteilte Befund indes ist das eine. Das andere ist die Schwierigkeit der Abhilfe.

Die Reformoptionen sind bekannt. Die weitestgehende Forderung verlangt, den großen Steuerverbund aus Einkommen-, Körperschaft- und Umsatzsteuer (Art. 106 Abs. 3 GG), der rund 70 v.H. der gesamten Steuereinnahmen umfasst, aufzulösen (ausführlich *Sanden* 2005, 963 ff.; ferner *Tietmeyer* 2003; grundsätzliche Sympathie bei *Scholz* 2004, 471 ff., 487). Dieser Übergang zum (freien) Trennsystem müsste bedeuten, jeweils einer Ebene eine der ertragsstärksten Steuern zur Ausgestaltung und Ertragsziehung zuzuweisen. Typischerweise verfechten die Befürworter des Trennsystems die Variante, den Ländern die Regelung und den in ihrem Territorium erzielten Ertrag der Einkommen- und Körperschaftsteuer zu überlassen, dem Bund die entsprechenden Befugnisse bei der Umsatzsteuer. Solche Empfehlungen führen jedoch, abgesehen davon, dass angesichts des prognostizierten zukünftigen Aufkommens keine bundesstaatliche Ebene die Einkommensteuer für sich reklamiert, in die Irre[13]. Eine wirkungsvolle Einkommensteuerpolitik, insbesondere im Dienste. distributiver, sta-

[13] Interessant ist, dass der Sachverständigenrat zur Begutachtung der gesamtwirtschaftlichen Entwicklung, der in seinem Jahresgutachten 2003/2004 noch den Übergang zum freien Trennsystem empfohlen hatte (vgl. S. 305), jetzt, im Jahresgutachten 2004/2005 (Tz. 796), von dieser Forderung abgerückt ist.

bilisierender und strukturausgleichender Zwecke, ist nur als einheitliche aus der Hand des Bundesgesetzgebers möglich. Im Übrigen ist die regional wie auch in Abhängigkeit von der gesamtwirtschaftlichen Lage im Aufkommen stark schwankende Einkommensteuer (gleiches gilt für die Körperschaftsteuer) kein geeignetes Finanzierungsinstrument für wirtschaftlich ungleich starke Länder. Zwar gibt es keinen zwingenden Zusammenhang von Wirtschafts- und Steuerschwäche, aber wirtschaftlich schwache Länder hätten nur theoretisch die Möglichkeit, durch niedrige Steuersätze Unternehmen und Investitionen anzuziehen, wenn auf der Ausgabenseite die Folgen bundesgesetzlich weitgehend einheitlich vorgegebener Aufgaben zu tragen und die erforderlichen Einnahmen zu beschaffen sind. Der akzessorische Charakter der Finanzverfassung zeigt sich besonders deutlich: Einer einheitlichen Aufgaben- und Ausgabenstruktur kann nicht eine Einnahmenverteilung gleichsam angehängt werden, die auf Verschiedenheit und Dezentralisation setzt. Insbesondere mit Blick auf die neuen Länder wäre die Einführung eines Trennsystems nicht tragbar. Nur knapp 10 v.H. des (gesamten) Aufkommens der Einkommen- und Körperschaftsteuer wird in den neuen Ländern erzielt. Ein Trennsystem – bei unveränderten Ländersteuern (Art. 106 Abs. 2 GG) – würde bedeuten, dass dann die Steuerkraft der neuen Flächenländer nur etwa ein Fünftel der Steuerkraft der finanzstärksten alten Flächenländer betragen würde, wenn die Länder nur das bei ihnen vereinnahmte, örtliche Aufkommen der Einkommen- und Körperschaftsteuer erzielten, nicht aber das Aufkommen aus der Umsatzsteuer. „Bei einer solchen Divergenz wäre nicht einmal ein einheitliches Rechts- und Wirtschaftsgebiet in Deutschland aufrecht zu erhalten." (*Geske* 2003, 721 ff., 731).

Ein Trennsystem bei den Einnahmenkompetenzen setzt also eine Entflechtung der Sachaufgaben voraus. An eine Veränderung der nach Gesetzgebung und Vollzug, nicht aber nach Sachbereichen vertikal gegliederten Aufgabenverantwortung ist nicht zu denken.

Die andere Variante eines freien Trennsystems, die den Ländern die Besteuerung des Umsatzes, dem Bund die des Einkommens zuweisen möchte, begegnet darüber hinaus weiteren Problemen. Die besonderen Erhebungstechniken der Umsatzsteuer als Allphasen-Netto-Umsatzsteuer mit Vorsteuerabzug schließen eine wirtschaftskraftbezogene regionale Zuordnung weitgehend aus. Vorgaben des europäischen Rechts (vgl. Art. 93 EG) ziehen der Gestaltbarkeit dieser Steuer einen engen Rahmen. Insgesamt gilt nach wie vor: Ein bundeseinheitliches Steuerrecht, folgerichtig ergänzt durch einen großen Steuerverbund, hat neben steuerrechtspolitischen Vorzügen den Vorteil, Bund und Ländern eine gesicherte Grundfinanzierung zu verschaffen, verbunden mit der Möglichkeit, Anpassungen bei Belastungsverschiebungen zwischen den Ebenen vorzusehen. Die Auflösung des Steuerverbundes zugunsten eines Trennsystems wäre keine sinnvolle Reform.

Neben der bereits angesprochenen Ausdehnung der Steuergesetzgebungskompetenzen der Länder im Bereich der ihnen nach Art. 106 Abs. 2 GG zustehenden Steuern ist allerdings daran zu denken, den Ländern ein begrenztes Zuschlagsrecht zur Einkommen- und Körperschaftsteuer zu geben. Dies müsste technisch so ausgestaltet werden, dass der Bund die Bemessungsgrundlagen dieser Steuern und die Steuersätze bundeseinheitlich regelt, die Länder aber die Möglichkeit haben, in einem Korridor von etwa 5 v.H. des Steuersatzes nach oben oder unten abzuweichen. Diese begrenzte Autonomie der Länder im Bereich der Steuern könnte substanziell verstärken, was die Föderalismusreform I mit der Änderung des Art. 105 Abs. 2a GG nur sehr zaghaft angestoßen hat. Der Verantwortungszusammenhang zwischen politischen Entscheidungen und finanzwirtschaftlichen Folgen wäre deutlicher (*Rennert* 1993, 269 ff., 278).

c) Umverteilender Finanzausgleich (Art. 107 Abs. 2 GG)

Gerade im Falle der Beibehaltung des großen Steuerverbundes verdient die zukünftige Gestaltung der beiden Schritte des umverteilenden Finanzausgleichs, des Länderfinanzausgleichs nach Art. 107 Abs. 2 S. 1 und 2 GG sowie der Bundesergänzungszuweisungen nach Art. 107 Abs. 2 S. 3 GG, besondere Beachtung. Der große Steuerverbund verschafft allen Gebietskörperschaften im Rahmen der insgesamt erzielbaren Steuereinnahmen eine gesicherte Basisfinanzierung. Sie wird horizontal, bei der Verteilung der Steuererträge auf die einzelnen Länder, durch die einwohnerbezogene und mit steuerkraftbezogenen Vorausanteilen versehene Umsatzsteuerverteilung (Art. 107 Abs. 1 S. 4 GG, § 2 FAG) in der Weise komplettiert, dass bereits bei der Zuteilung der Steuerertragshoheitsrechte eine Angleichung der Länderfinanzkraft stattfindet. Auch dies sollte beibehalten werden, um die Grundanforderungen des bundesstaatlichen Finanzausgleichs zu erfüllen, allen Gebietskörperschaften eine aufgabenangemessene Finanzausstattung zu gewährleisten.

Dann allerdings stellt sich die Frage nach der Zukunft des im eigentlichen Sinne umverteilenden, gebende und nehmende Gebietskörperschaften unterscheidenden sekundären Finanzausgleichs. Zunächst: Kein Bundesstaat kommt ohne einen umverteilenden Finanzausgleich aus. Der Blick in die Geschichte des deutschen Bundesstaates und der internationale Vergleich zeigen, dass überwiegend die Umverteilungs- und Ausgleichsaufgabe durch vertikale Zuweisungen des Zentralstaates an die Länder wahrgenommen wird. Der grundgesetzliche Weg, einen obligatorischen Ausgleich zwischen den Ländern mit fakultativen Zuweisungen des Bundes zu verbinden, ist einzigartig. Daran sollte allerdings auch in Zukunft festgehalten werden. Die Erfahrungen mit vertikalen Zuweisungen des Bundes an die Länder, seien sie gebunden oder ungebunden, zeigen, dass solche Zuweisungen Abhängigkeiten schaffen. Sie können vermieden werden, wenn die Angleichungsaufgabe zunächst und vorrangig auf der Ebene der Länder stattfindet. Dabei ist im Grundsatz der Länderfinanzausgleich sicher nicht der beste aller denkbaren Wege. Schon die Unterteilung in gebende und nehmende Länder schafft erhebliche Probleme; sie strapaziert die Solidarität der abgebenden Länder und stuft die nehmenden Länder zum Empfänger fremder Mittel herab, was für das politische und rechtliche Miteinander der Länder im Bundesstaat alles andere als günstig ist. Allerdings hat der Länderfinanzausgleich den großen Vorteil, die Abhängigkeit der Länderebene insgesamt vom Bund zu vermindern. Auch die Kombination von horizontalen und vertikalen umverteilenden Zuweisungen hat ihre Vorzüge. Der Bund kann auf der letzten Stufe des Finanzausgleichs durch Bundesergänzungszuweisungen gezielt solche Finanzschwächen von Ländern mildern oder beheben, die trotz der Steuerverteilung und nach Durchführung des Länderfinanzausgleichs noch verblieben sind.

Dieses grundsätzliche Plädoyer für die Beibehaltung des umverteilenden Finanzausgleichs ändert jedoch nichts daran, dass die Ausgestaltung im Einzelnen der Überarbeitung bedarf. Die Reformfrage richtet sich an dieser Stelle nicht an die Verfassung, sondern an das einfache Recht. Die zahlreichen unbestimmten Rechtsbegriffe in den Vorgaben des Art. 107 Abs. 2 GG verschaffen dem Gesetzgeber bei seiner Aufgabe, die „Balance zwischen Eigenstaatlichkeit der Länder und bundesstaatlicher Solidargemeinschaft"[14] zu wahren, erheblichen Gestaltungsspielraum und bedürfen keiner Reform. Das auf der Grundlage des Maßstäbegesetzes (zur Problematik dieses Gesetzes vgl. *Korioth* 2002, 335 ff.) verabschiedete Finanzausgleichsgesetz, das seit 2005 gilt, geht insofern in die richtige Richtung, als es das Volumen der Finanzkraftauffüllung im horizontalen Ausgleich (§ 10 Abs. 1 und 2 FAG) und bei den finanzkraftstärkenden Bundesergänzungszuweisungen (§ 11 Abs. 2 FAG) im Vergleich zum früheren Recht leicht absenkt. Dieser Weg lässt sich in Zukunft noch weiter fortsetzen. Sollte es gelingen, die Steuergesetzgebungskompetenzen der Länder zu verstärken, wäre dieser Weg im Übrigen vorgezeichnet; Finanzkraftunterschiede, die auf eigenständigen Entscheidungen der Landesgesetzgeber beruhen, müssen der Angleichung im umverteilenden Finanzausgleich entzogen bleiben. Je mehr Steuergesetzgebungsrechte die Länder erhalten, umso mehr ist dann, schon aus technischen Gründen, eine Orientierung des Ausgleichs an den Bruttoinlandsproduktanteilen vorgezeichnet.

Nachdrücklich ist der weitverbreiteten Auffassung zu widersprechen, wonach ein die Finanzkraft stark nivellierender Länderfinanzausgleich den Ländern jeden Anreiz zu einer verantwortlichen Finanz- und Wirtschaftspolitik nehme (etwa *Homburg* 1994, 312 ff.; *Huber* 2001, 174 ff.). Zum einen gleicht der Länderfinanzausgleich nur die Steuereinnahmen an; gewillkürte besondere Ausgaben und damit auch besondere Ausgabefreudigkeit der Länder, die auf eigenen Entscheidungen beruht, bleiben unberücksichtigt und können in ihren Belastungswirkungen nicht auf andere Länder abgewälzt werden. Zum anderen entstehen wesentliche Anreize für eine erfolgreiche Landespolitik unabhängig von bundesstaatlichen Finanzzuteilungs- und Umverteilungsmechanismen aus dem demokratisch-parlamentarischen Willensbildungsprozess. Bei vorgegebener Aufgaben- und Ausgabenstruktur ist der Länderfinanzausgleich kein geeigneter Ort, Elemente eines finanziellen Wettbewerbs zwischen den Ländern einzuführen. Dies gilt umso mehr, als der Länderfinanzausgleich auch die bundesstaatliche Aufgabe regionaler Identitätswahrung widerspiegelt. Der Zuschnitt der Länder entspricht viel-

---

14 BVerfGE 101, 158 (222); 72, 330 (386 f., 397); 46, 148 (214, 255, 261, 264).

fach nicht den Kriterien der Effizienz und Leistungsfähigkeit. Als dienende Ordnung hat die Finanzordnung dies hinzunehmen und dafür zu sorgen, dass dennoch die Anforderung hinreichender Finanzausstattung erfüllt wird.

Eine Reform der Finanzbeziehungen sollte jedoch einige Schwachpunkte der einfachgesetzlichen Ausgestaltung des Länderfinanzausgleichs und auch der Bundesergänzungszuweisungen beseitigen. So wird nach wie vor bei der Ermittlung der Länderfinanzkraft als Ausgleichs- und Vergleichsdatum des Länderfinanzausgleichs die Finanzkraft der Gemeinden nicht vollständig, sondern lediglich mit 64 v.H. einbezogen (§ 8 Abs. 3 FAG). Diese Kürzung ist verfassungsrechtlich problematisch. Bei der Finanzkraftermittlung sind die tatsächlichen Einnahmen der Länder und ihrer Gemeinden zu berücksichtigen. Die pauschale Kürzung der Kommunaleinnahmen verzerrt die Ausgangsdaten und berücksichtigt systemwidrig den gemeindlichen Finanzbedarf schon bei der Finanzkraftberechnung. Begünstigt werden im Ergebnis diejenigen westlichen Bundesländer, die überdurchschnittlich finanzstarke Kommunen aufweisen. Bei den sonderlastbezogenen Bundesergänzungszuweisungen perpetuiert das neue Recht Bundeszahlungen für die Kosten „politischer Führung" in Ländern mit geringer Bevölkerungszahl (§ 11 Abs. 4 FAG). Ganz abgesehen davon, ob ein entsprechender Bedarf („Kosten der Kleinheit") überhaupt nachweisbar ist, erscheint es wenig sinnvoll, dass der Gesetzgeber die Eigenverantwortung kleiner Länder schwächt, statt diese effizientere Lösungen finden zu lassen, gegebenenfalls durch länderübergreifende gemeinsame Einrichtungen bei Behörden und Gerichten oder auch durch Neugliederungen. Die Abschaffung dieser Zahlungen, die keine Änderung des Maßstäbegesetzes voraussetzt, könnte die Länderautonomie sinnvoll stärken.

Insgesamt sollte der Bereich des sekundären umverteilenden Finanzausgleichs jedoch nicht überbewertet werden. Seine fiskalische Bedeutung steht im Gegensatz zur öffentlichen Beachtung insbesondere des Dauerstreitpunktes Länderfinanzausgleich. Das Volumen des umverteilenden Finanzausgleichs nach Art. 107 Abs. 2 GG beträgt weniger als 10 v.H. der nach Art. 106 und Art. 107 Abs. 1 GG zu verteilenden gesamten Steuereinnahmen. Die durch Absenkung der Umverteilung möglichen Stärkungen der Eigenverantwortung der Länder sind von vornherein begrenzt.

d) Begrenzung der Staatsverschuldung

Das derzeit drängendste Problem unserer Finanzordnung liegt in der bei allen Gebietskörperschaften aus dem Ruder gelaufenen Staatsverschuldung. Bekanntlich hat die Gesamtverschuldung aller öffentlichen Haushalte in Deutschland im Frühjahr 2006 die Marke von 1.500 Mrd. € überschritten. Die gegenwärtigen Regelungen zur Begrenzung und Kanalisierung der öffentlichen Kreditaufnahme, Art. 115 GG und die weitgehend gleichlautenden Bestimmungen der Länderverfassungen, haben offensichtlich versagt (*Wieland* 2006b, 751 ff., 752 f.). Die normative Steuerungskraft des Verfassungsrechts ist in diesem Bereich auffallend gering geblieben. Hier besteht dringender Reformbedarf, der einerseits das Haushaltsverfassungsrecht betrifft, andererseits aber auch auf die bundesstaatlichen Finanzbeziehungen ausstrahlt. Das Phänomen der Haushaltsnotlagen im Bundesstaat hat zumindest auch mit dem Versagen der verfassungsrechtlichen Begrenzungen der Kreditaufnahme zu tun.

Eine naheliegende Maximallösung zur Bewältigung des Problems der Staatsverschuldung erweist sich bei näherem Hinsehen nicht als sinnvoll. Dies wäre das völlige Verbot jeder staatlichen Kreditaufnahme. Kein Staat kommt ohne Verschuldung aus; die Furcht, zukunftsbegünstigende Vorhaben durch Kredite zu finanzieren, indiziert ein zu geringes Vertrauen in die Zukunftsfähigkeit des eigenen Systems. Lediglich die überbordende Staatsverschuldung bedarf der Begrenzung.

Ein neuerer Vorschlag zielt darauf ab, die Anseilung der regulären Kreditaufnahme an die gleichzeitig getätigten Investitionen, durchbrochen durch die Möglichkeit erhöhter Neuverschuldung bei einer Störung des gesamtwirtschaftlichen Gleichgewichts (so das Regelungskonzept des Art. 115 Abs. 1 GG), aufzugeben. Das Konzept der Konjunktursteuerung durch Haushaltspolitik und der Konnex von Zukunftsbelastung (Kredite) und -begünstigung (Investitionen) habe letztlich versagt; sinnvoller sei es, die zulässige Staatsverschuldung nach festen Quoten zu bestimmen, so wie dies mit den Kriterien des Stabilitätspaktes auf europäischer Ebene geschieht. In dieser Weite sollte dem Vorschlag nicht gefolgt werden. Zumindest dem Bund sollte die Möglichkeit belassen bleiben, durch eine expansive oder kontraktive Haushaltspolitik Konjunkturprozesse zu steuern. Allerdings ist das Regelungskonzept des Art. 115 Abs. 1 GG, das auf Bundesebene durchaus brauchbar ist, auf der Länderebene ohne Wert. Dies gilt insbesondere für die zulässige erhöhte Neuverschuldung im Falle einer Störung des gesamtwirtschaftlichen Gleichgewichts. Es ist wenig sinnvoll, in einem einheitlichen Wirtschaftsgebiet eine auf das Gebiet eines Bundeslandes sich beziehende Störung des gesamtwirtschaftlichen Gleichgewichts als Maßstab anzuerkennen; in der Praxis haben die Erfahrungen der letzten Jahre gezeigt, dass eine solche Störung auch nicht sinnvoll dargelegt werden kann. Es ist deshalb zu erwägen, die Verschuldungsregelungen in den Verfassungen des Bundes und der Länder grundsätzlich unterschiedlich zu konzipieren. Während auf der Bundesebene der Art. 115 Abs. 1 GG beibehalten werden könnte, verbunden allerdings mit einer nötigen Präzisierung und Verschärfung des Investitionsbegriffes, sollte auf der Ebene der Länder die zulässige Verschuldung durch einen bestimmten Prozentsatz des regionalen Bruttoinlandsprodukts bestimmt werden.

e) Abschied von Haushaltsnotlagen?

Das Urteil des Bundesverfassungsgerichts vom 19. Oktober 2006[15] hat Ansprüche des hochverschuldeten Landes Berlin auf Gewährung von Sanierungs-Bundesergänzungszuweisungen schroff zurückgewiesen: In einer extremen Haushaltsnotlage be-

---

15 2 BvF 3/03 (vgl. Fn. 6).

finde sich Berlin nicht. Gegenüber dem Urteil des Jahres 1992 zu den Notlagenfällen Bremen und Saarland[16] hat das Gericht die tatbestandlichen Anforderungen einer extremen Haushaltsnotlage in so erheblichem Maße verschärft und daraus folgende Hilfeleistungspflichten des Bundes begrenzt, dass die „extreme Haushaltsnotlage" als Anspruchsgrundlage im Finanzverteilungsstreit wohl keine Rolle mehr spielen wird. Welche Bedeutung die starke Betonung der finanzpolitischen Eigenständigkeit und Selbstverantwortung der Länder (und des Bundes) darüber hinaus für den bundesstaatlichen Finanzausgleich nach Artt. 106, 107 GG haben kann, ist daneben unklar. Zunächst unterstreicht die Aussage des Gerichts, der umverteilende Finanzausgleich könne kein Instrument zur Bewältigung von Finanzkrisen sein, Sanierungs-Bundesergänzungszuweisungen seien ein „Fremdkörper" im vierstufigen Finanzverteilungssystem, die lediglich ergänzende Funktion der Umverteilung. Daneben hat die deutliche Zurückstufung der bundesstaatlichen Solidarität das Potenzial, die Rufe nach einer Verstärkung der Steuerautonomie der Länder zu unterstützen. Wenn es zukünftig nicht mehr möglich sein wird, Schulden zum Bund zu exportieren, dann liegt es in der Logik dieser Restriktion, die finanzpolitischen Handlungsmöglichkeiten der Länder zu erweitern; so ließe sich auch die Abwehr von Haushaltsnotlagen internalisieren. Allerdings ist auch eine gegenläufige Folgerung möglich: Eine Zentralisierung der Finanzbefugnisse beim Bund, verbunden mit Ansprüchen der Länder auf bedarfsgerechte Finanzausstattungen durch vertikale Zuweisungen, ließe ebenfalls die Haushaltsnotlage zur Randerscheinung werden. In jedem Fall ist dem Gericht darin zuzustimmen, dass weder der Länderfinanzausgleich noch Bundesergänzungszuweisungen der richtige Ort sind, Haushaltskrisen zu bekämpfen. Die Begründung des Gerichts ist von bestechender Folgerichtigkeit: Falls eine krisenhafte Haushaltslage als Folge überhöhter Kreditaufnahme auf selbstbestimmte Entscheidungen des Landes zurückzuführen ist, dann ist das Land nicht „leistungsschwach" i.S.d. Art. 107 Abs. 2 S. 3 GG. Wenn aber die Notlage Folge einer dauerhaft unzureichenden Finanzausstattung ist, dann muss die Steuerverteilung, vorrangig die vertikale Umsatzsteuerverteilung, geändert werden. Dennoch will das Gericht – hier liegt ein Bruch mit der ansonsten kompromisslosen Beschränkung von Ansprüchen auf Hilfeleistung – Sanierungshilfen nicht vollständig ausschließen.

> „Solche Hilfen unterliegen einem strengen Ultima-Ratio-Prinzip und sind nur dann verfassungsrechtlich zulässig und geboten, wenn die Haushaltsnotlage eines Landes nicht nur relativ – im Verhältnis zu den übrigen Ländern – als extrem zu werten ist, sondern wenn sie auch absolut – nach dem Maßstab der dem Land verfassungsrechtlich zugewiesenen Aufgaben – ein so extremes Ausmaß erreicht hat, dass ein bundesstaatlicher Notstand im Sinne einer nicht ohne fremde Hilfe abzuwehrenden Existenzbedrohung des Landes als verfassungsgerecht handlungsfähigen Trägers staatlicher Aufgaben eingetreten ist."[17]

16 BVerfGE 86, 148 (258 ff.).

17 BVerfG, Urteil v. 19.10.2006 (Fn. 6), Umdruck, S. 61 bzw. Rdnr. 172.

Von einer solchen Existenzbedrohung, die sich nach zutreffender Auffassung des Bundesverfassungsgerichts nicht in bestimmten Zahlen und Quoten erfassen lässt, sind alle Haushalte weit entfernt; der „bundesstaatliche Notstand" ist eine Situation, in der wohl auch der Bund kaum zur Hilfeleistung in der Lage wäre. Die Verknüpfung von extremer Haushaltsnotlage und Notstand deutet an, dass das Bundesverfassungsgericht nicht länger an Sanierungen durch Finanzzuweisungen denkt, sondern ihm die Finanzkrise als Anlass zum Umbau der Ausgaben- und Einnahmenverteilung vorschwebt. Eine Fehldeutung des „Ultima-Ratio-Prinzips" wäre es sicherlich, wenn man daraus die Möglichkeit eines hochverschuldeten Landes ableiten wollte, die Verschuldung so lange weiter zu erhöhen, bis eine Handlungsunfähigkeit des Landes erreicht wäre. Ein solches Land müsste sich entgegenhalten lassen, nicht alles in seiner Kraft Stehende zur Bekämpfung der Notlage unternommen zu haben. Unterlassene Eigenanstrengungen schließen nach der Vorstellung des Gerichts bereits den Tatbestand einer extremen Haushaltsnotlage aus.

Die Tendenz des Bundesverfassungsgerichts, die Haftung des Bundes für eine übermäßige Verschuldung eines Landes praktisch ganz auszuschließen, verdient Zustimmung. Schon in quantitativer Hinsicht drohen Berufungen auf bundesstaatliche Solidarität wegen übermäßiger Verschuldung das Finanzverteilungssystem zu sprengen. Der vom Bundesverfassungsgericht im Jahre 1992 für die begrenzten Sanierungsfälle Bremen und Saarland eingeschlagene Weg der zeitweiligen vertikalen Unterstützung durch den Bund war nicht weiter gangbar. Jetzt wird es darauf ankommen, Regelungen zu schaffen, die in einer Kombination von Verfahrensbestimmungen und inhaltlichen Bestimmungen Frühwarnsysteme und Präventionsmaßnahmen vorsehen, zumal eine Sanierung im Falle der eingetretenen Notlage zu wenig Anreize enthält, eine unsolide Haushaltspolitik zu vermeiden. „Institutionelle Vorkehrungen, die zu einem Zeitpunkt greifen, an dem eine Haushaltskrise nicht mehr abwendbar oder bereits eingetreten ist, reichen nicht aus." (Wissenschaftlicher Beirat beim Bundesministerium der Finanzen 2005, 3).

Denkbar sind zunächst Verfahrensregelungen, die es ermöglichen, sich aufbauende Haushaltsnotlagen rechtzeitig zu erkennen und präventive Maßnahmen einzuleiten. Solche Verfahrensregelungen hatte das Bundesverfassungsgericht schon 1992 gefordert[18], allerdings ohne beim Gesetzgeber Gehör zu finden. Das Urteil vom Oktober 2006 wiederholt die Forderung in verschärftem Ton; der Gesetzgeber müsse „grundlegend neue [...] Lösungskonzepte zur Vorbeugung von Haushaltskrisen und deren Bewältigung" finden. „Das Bundesstaatsprinzip macht solche Bestrebungen angesichts der gegenwärtig defizitären Rechtslage erforderlich."[19] Inzwischen gibt es Vorschläge, die ein elaboriertes Diagnose- und Feststellungsverfahren für sich aufbauende Haushaltskrisen und Haushaltsnotlagen vorsehen (Wissenschaftlicher Beirat beim Bundesministerium der Finanzen 2005; sehr weitgehend *Schuppert / Rossi* 2006). Aller-

18 BVerfGE 86, 148 (266).

19 BVerfG, Urteil vom 19.10.2006 (Fn. 6), Umdruck, S. 83 bzw. Rdnr. 204.

dings: Solche Haushaltsnotlagenverfahren dürfen nicht dazu führen, Länder wie verschuldete kommunale Selbstverwaltungskörperschaften zu bevormunden. Das höbe ihre Staatlichkeit und damit letztlich das bundesstaatliche System auf. Ein Frühwarnsystem kann deshalb nur Hilfestellungen zur Notlagenabwehr bieten. Haushaltsnotlagen in jedem Fall ausschließen kann es nicht. Jede von außen einem betroffenen Land zwangsweise auferlegte Haushaltspolitik greift in die Haushaltsautonomie des Art. 109 Abs. 1 GG ein. Mit dem Ziel einer Stärkung der Selbstständigkeit der Länder ist es nicht vereinbar, wenn in Krisensituationen die wesentlichen Entscheidungen der Haushaltspolitik von außen getroffen werden. Schließlich sollte beachtet werden, dass nach der Verabschiedung der Haushaltsnotlage als Haftungsfall Präventionsregelungen nur noch einen stark begrenzten Sinn haben: Es gibt keinen Haftungsverpflichteten mehr, der gewarnt werden müsste; das betroffene Land selbst kennt seine Haushaltslage auch ohne Hinweise und Mahnungen.

Es sollte deshalb stärker darüber nachgedacht werden, die Anerkennung der finanziellen Selbstständigkeit der Länder in den Dienst der Haushaltsnotlagenabwehr und -bekämpfung zu stellen. Hierzu ließe sich etwa folgendes Verfahren vorsehen. Beruft sich ein Land darauf, dass es sich in einer Haushaltsnotlage befinde, so sollte – ermöglicht durch eine Verfassungsänderung im Bereich des Art. 109 GG – dieses Land zunächst auf der Einnahmenseite Rechtsetzungskompetenzen im Bereich des Steuerrechts erhalten. So könnte etwa dem Land, das erklärt, es befinde sich in einer Haushaltsnotlage, die Möglichkeit eröffnet werden, Zuschläge zur Einkommen- und Körperschaftsteuer bis zu 15 v.H. über dem bundeseinheitlichen Satz zu erheben. Zugleich sollte das Land, unabhängig davon, ob diese Möglichkeit für alle Länder vorgesehen ist, die Rechtsetzungsmöglichkeit über die nach Art. 106 Abs. 2 GG den Ländern zustehenden Steuern erhalten. Auf der Ausgabenseite muss das Land verpflichtet werden, sämtliche Konsolidierungspotenziale in Anspruch zu nehmen. Das betrifft nach den Änderungen des Grundgesetzes durch die Föderalismusreform I insbesondere die Beamtenbesoldung. Diese besonderen Gestaltungsmöglichkeiten auf der Einnahmen- und Ausgabenseite sollten dem Land für fünf Jahre zur Verfügung stehen. Wenn dem Land nach Ausrufung der Haushaltsnotlage in dem Zeitraum von fünf Jahren eine Konsolidierung aus eigener Kraft trotz Erhöhung der Einnahmen und Senkung der Ausgaben nicht gelungen ist, sollte der Weg offen sein, dass das Land von den anderen Ländern und dem Bund Verhandlungen über eine veränderte Steuerverteilung verlangt. Dann nämlich gibt es Gründe für die Vermutung, dass die Haushaltskrise nicht auf überhöhten selbstbestimmten Ausgaben beruht. Wichtig wäre, die Indienstnahme finanzieller Selbstständigkeit mit Automatismen zu versehen, die ein strategisches Verhalten des betroffenen Landes, aber auch der anderen Gebietskörperschaften ausschließen.

Die Kombination eines verfahrensrechtlichen Frühwarnsystems mit der Verpflichtung, dass ein Land erst nach selbstständiger selbstverantwortlicher Ausschöpfung aller Konsolidierungspotenziale Hilfe der anderen Gebietskörperschaften in Anspruch nehmen kann, sollte die Anreize zu einer soliden Haushalts- und Verschuldungspolitik stark erhöhen. Die Verpflichtung eines Landes, Einnahmen und Ausgaben zu konsolidieren, lässt die Bürger des betroffenen Landes die Haushaltsnotlage unmittelbar und erheblich stärker spüren, als dies in den bisher von Finanzkrisen betroffenen Ländern der Fall war. Auch dies dürfte einen starken Anreiz für die Landespolitik liefern, Verschuldungskrisen zu vermeiden.

Insgesamt ist der Auffassung zu widersprechen, dass allein normative Regelungen Verschuldungskrisen im Bundesstaat verhindern könnten. Die notorische Steuerungsschwäche des Staatsschuldenrechts ist bekannt; letztlich helfen kann nur eine selbstbestimmte verantwortungsvolle Finanzpolitik aller Gebietskörperschaften, die strikte Ausgabendisziplin wahrt.

4. Fazit

Das Ziel einer auf den Grundlagen des ersten Teils der Föderalismusreform zu konzipierenden Finanzverfassungsreform kann nicht die Totalrevision sein. Die Verfassungsänderungen des Sommers 2006 haben die grundlegenden Bauprinzipien des grundgesetzlichen Bundesstaates nicht verändert. Dies bedeutet vor allem, dass an der Vollzugskausalität für die Ausgabentragung im Bundesstaat, am großen Steuerverbund und an der weitgehend einheitlichen Steuerrechtsetzung durch den Bund festzuhalten ist. Maßvolle Autonomiestärkungen auf Seiten der Länder sind im Bereich der Steuerrechtsetzung über die Landessteuern und im umverteilenden Finanzausgleich möglich. Das Hauptaugenmerk der Finanzreform hat sich aber auf die Eindämmung der ausufernden Staatsverschuldung und der daraus folgenden Konsequenzen insbesondere für den Finanzausgleich zu richten. Den nötigen Antrieb hierzu sollte die Betonung der Eigenverantwortung der Länder für ihre Finanzpolitik im Urteil des Bundesverfassungsgerichts zum Fall Berlin geben.

Bei allen Reformüberlegungen ist zu beachten, dass in der deutschen bundesstaatlichen Kultur Vereinheitlichung und Einheit als sinnvoll und erstrebenswert gelten, Dezentralisierung dagegen mit dem Makel der Kleinstaaterei behaftet ist (aufschlussreich dazu *Wieland* 2006a, 79 ff.). Jede Föderalismusreform muss diesen festen Bestandteil unseres bundesstaatlichen Denkens, der auch in der Verfassungsrechtsordnung Niederschlag gefunden hat, beachten. Vorsicht ist dann geboten, wenn abstrakte Grundannahmen über die Funktionsweisen einer freiheitlichen Wirtschaftsordnung auf das dem Gemeinwohl verpflichtete Zusammenwirken von Gebietskörperschaften übertragen werden sollen. Schließlich wäre es eine gefährliche Selbsttäuschung, vielleicht sogar eine ganz neue „Föderalismusfalle“, wenn die Hoffnung erweckt würde, eine Veränderung der bundesstaatlichen Finanzordnung könne das Hauptproblem des Finanzstaats, die ausufernde Staatsverschuldung, lösen. Wer den öffentlichen Haushalten und der Politik Handlungsspielräume zurückgewinnen will, hat den Bestand der Staatsaufgaben einer kritischen Revision zu unterziehen. Das muss einer vertikalen Neuverteilung der Finanzkompetenzen vorgelagert sein, die nur in sehr begrenztem Umfang Effizienzreserven und Einsparmöglichkeiten zu mobilisieren vermag.

Referenzen

Borell, Rolf (1981), Mischfinanzierungen, Wiesbaden.

Degenhart, Christoph (2006), Die Neuordnung der Gesetzgebungskompetenzen durch die Föderalismusreform, Neue Zeitschrift für Verwaltungsrecht (NVwZ), 1209 ff.

Geske, Otto-Erich (2003), Erwartungen an eine Neuordnung des deutschen Föderalismus, Wirtschaftsdienst 83, 721 ff.

Gröpl, Christoph (2006), Finanzautonomie und Finanzverflechtung in gestuften Rechtsordnungen, Deutsches Verwaltungsblatt (DVBl.), 1079 ff.

Häde, Ulrich (1997), Gesamtwirtschaftliches Gleichgewicht und europäische Haushaltsdisziplin, Juristen-Zeitung (JZ), 269 ff.

– (2006a), Die innerstaatliche Verteilung gemeinschaftsrechtlicher Zahlungspflichten, Berlin.

– (2006b), Zur Föderalismusreform in Deutschland, JZ, 930 ff.

Henneke, Hans-Günter (1998), Landesfinanzpolitik und Verfassungsrecht, Heidelberg.

Homburg, Stefan (1994), Anreizwirkungen des deutschen Finanzausgleichs, Finanzarchiv 51, 312 ff.

Huber, Bernd (2001), Ökonomische Probleme des deutschen Finanzausgleichs, in: Henneke, Hans-Günter (Hrsg.), Verantwortungsteilung zwischen Kommunen, Ländern, Bund und EU, Stuttgart u.a., 174 ff.

Kesper, Irene (1998), Bundesstaatliche Finanzordnung, Baden-Baden.

Kirchhof, Ferdinand (1993), Grundsätze der Finanzverfassung des vereinten Deutschlands, Veröffentlichungen der Vereinigung deutscher Staatsrechtslehrer (VVDStRL) 52, 71 ff.

– (1996), Empfehlen sich Maßnahmen, um in der Finanzverfassung Aufgaben- und Ausgabenverantwortung von Bund, Ländern und Gemeinden stärker zusammenzuführen?, Gutachten D für den 61. Deutschen Juristentag Karlsruhe 1996, in: Verhandlungen des 61. Deutschen Juristentages Karlsruhe 1996, Bd. 1, München, 5 ff.

Klatt, Hartmut (1986), Reform und Perspektiven des Föderalismus in Deutschland, in: Aus Politik und Zeitgeschichte B 28/86, 3 ff.

Kommission für die Finanzreform (Troeger-Kommission) (1966), Gutachten über die Finanzreform in der Bundesrepublik Deutschland, 2. Aufl., Stuttgart.

Korioth, Stefan (1997), Der Finanzausgleich zwischen Bund und Ländern, Tübingen.

– (2002), Maßstabgesetzgebung im bundesstaatlichen Finanzausgleich – Abschied von der „rein interessenbestimmten Verständigung über Geldsummen"?, Zeitschrift für Gesetzgebung (ZG), 335 ff.

– (2004), Klarere Verantwortungsteilung von Bund, Ländern und Kommunen in der Finanzverfassung?, in: Verhandlungen des 65. Deutschen Juristentages Bonn 2004, München, Bd. II/I, B 89 ff.

Mediger, Jost (2003), Die Neuordnung des Länderfinanzausgleichs, in: Wallerath, Maximilian (Hrsg.), Kommunale Finanzen im Bundesstaat, Baden-Baden, 17 ff.

Münch, Ursula / Zinterer, Tanja (2000), Reform der Aufgabenverteilung zwischen Bund und Ländern: Eine Synopse verschiedener Reformansätze zur Stärkung der Länder 1985–2000, Zeitschrift für Parlamentsfragen (ZParl) 31, 657 ff.

Rennert, Klaus (1993), Der deutsche Föderalismus in der gegenwärtigen Debatte um eine Verfassungsreform, Der Staat 32, 269 ff.

Sachverständigenrat zur Begutachtung der gesamtwirtschaftlichen Entwicklung (1990), Jahresgutachten 1990/1991, Wiesbaden.

– (2003), Jahresgutachten 2003/2004, Wiesbaden.

– (2004), Jahresgutachten 2004/2005, Wiesbaden.

Sanden, Joachim (2005), Die Weiterentwicklung der föderalen Strukturen der Bundesrepublik Deutschland, Berlin.

Schoch, Friedrich / Wieland, Joachim (1995), Finanzierungsverantwortung für gesetzgeberisch veranlaßte kommunale Aufgaben, Baden-Baden.

Scholz, Rupert (2004), Zur Reform des bundesstaatlichen Systems, in: Michael Brenner u.a. (Hrsg.), Der Staat des Grundgesetzes. Festschrift für Peter Badura zum 70. Geburtstag, Tübingen, 471 ff.

Schuppert, Gunnar Folke / Rossi, Matthias (2006), Bausteine eines bundesstaatlichen Haushaltsnotlagenregimes, Hertie School of Governance – working papers, Nr. 3, Berlin, März.

Selmer, Peter (1996), Empfehlen sich Maßnahmen, um in der Finanzverfassung Aufgaben- und Ausgabenverantwortung von Bund, Ländern und Gemeinden stärker zusammenzuführen?, Neue Juristische Wochenschrift (NJW), 2062 ff.

Tietmeyer, Hans (2003), Föderalismus bedeutet Wettbewerb, Handelsblatt vom 12.9.2003, S. 9.

Trapp, Georg (1997), Das Veranlassungsprinzip in der Finanzverfassung der Bundesrepublik Deutschland, Berlin.

Waldhoff, Christian (1997), Verfassungsrechtliche Vorgaben für die Steuergesetzgebung im Vergleich Deutschland-Schweiz, München.

– (2006), Reformperspektiven im Finanzrecht – ein Überblick, Die Verwaltung 39, 155 ff.

Wieland, Joachim (2006a), Deutschlands Zukunft als Bundesstaat, in: Enders, Christoph / Masing, Johannes (Hrsg.), Freiheit des Subjekts und Organisation von Herrschaft, Der Staat, Beiheft 17, 79 ff.

– (2006b), Staatsverschuldung als Herausforderung für die Finanzverfassung, JZ, 751 ff.

Wissenschaftlicher Beirat beim Bundesministerium der Finanzen (1994), Gutachten zur Bedeutung der Maastricht-Kriterien für die Verschuldungsgrenzen von Bund und Ländern, Bonn.

– (2005), Gutachten: Haushaltskrisen im Bundesstaat, Bonn.

Konzeption eines Haushaltsnotlagenpräventionssystems

Helmut Seitz

1. Einleitung

Die Verschuldungsentwicklung in der Bundesrepublik ist schon seit Jahren besorgniserregend, ohne dass es der Politik bislang gelungen ist, sich in einem Selbstbindungsprozess solchen Regeln zu unterwerfen, die dieser Entwicklung nachhaltig Einhalt gebieten. Bedauerlicher Weise hat es auch das Bundesverfassungsgericht in seinem Berlin-Urteil vom November 2006 versäumt vom Gesetzgeber ein entsprechendes Handeln einzufordern. Letzteres ist insbesondere deshalb verwunderlich, da das Gericht im Urteil zur Haushaltsnotlage der Länder Bremen und Saarland im Jahre 1992 ein „Haushaltsnotlagenpräventionssystem" eingefordert hatte, einer Forderung, der der Gesetzgeber noch nicht einmal im Ansatz nachgekommen ist. Das jüngst ergangene Berlin-Urteil könnte nunmehr sogar im Hinblick auf die Schuldenbegrenzung im Bundesstaat eine gegenteilige Wirkungen haben, da das Gericht die Eigenverantwortung der Länder gestärkt hat und dort – zumindest in einigen Fällen – nunmehr die Auffassung genährt werden könnte, dass die Verschuldungspolitik der einzelnen Länder die Solidargemeinschaft „nichts angeht". Dieses Defizit an Klarheit und „Härte" des Berlin-Urteils kann man im Grund nur so interpretieren, dass das Gericht den „Ball" an die Politik „zurückgespielt" hat, hierbei aber verkennt, dass es in der Politik nur eine eingeschränkte Fähigkeit und Willigkeit gibt diesen Ball auch anzunehmen. Letzteres gilt insbesondere in der aktuellen Situation, da die steigenden Steuereinnahmen und die bereits beschlossenen Steuererhöhungen ab dem Jahr 2007 die Haushaltssituation aller Gebietskörperschaften deutlich entspannt, sodass der „Leidensdruck" und damit auch der Handlungsdruck sinkt.

Der vorliegende Beitrag beschäftigt sich mit der Frage, wie ein Haushaltsnotlagenpräventionssystem in der Bundesrepublik umgesetzt werden kann. Hierzu wird in Abschnitt 2 zunächst das Grundsatzproblem der Beschränkung der Verschuldungspolitik subnationaler Gebietskörperschaften diskutiert. Abschnitt 3 macht einen Vorschlag zur Formulierung eines indikatorgetriebenen Haushaltsnotlagenpräventionsmechanismus. Eine Zusammenfassung und finanzpolitische Bewertung wird im abschließenden Abschnitt 4 vorgenommen.

Weitgehend ausgeblendet wird bei unseren Betrachtungen der Bund, da der Bund eine stärkere konjunkturpolitische Verantwortung hat und auch behalten soll. Allerdings müssen auch für den Bund klare Regeln für die Begrenzung der Neuverschuldung formuliert werden, sodass für diesen ebenfalls das weiter unten skizzierte Haushaltsnotlagenpräventionssystem gelten sollte.

2. Verschuldung und Verschuldungsschranken im föderalen Staat

Wir haben in der Bundesrepublik schon seit Jahrzehnten die Erfahrung gemacht, dass die Verschuldung mehr und mehr als „reguläres" Finanzierungsinstrument von den Ländern aber auch dem Bund eingesetzt wird. Auch in Perioden mit guter konjunktureller Entwicklung haben es die Länder nur in wenigen Einzelfällen geschafft ihre Haushalte auszugleichen. Aus diesen Gründen muss man von einem fast systemimmanenten „Defizit-Bias" sprechen.

Abb. 1a: Der Defizit-Bias in Nordrhein-Westfalen: tatsächliches, durchschnittliches und geringstes Defizit in % der Gesamtausgaben und Einnahmenwachstumsrate in den Teilperioden 1980–1989, 1990–1995 und 1996–2004 (gleitende 3-Jahresdurchschnitte)

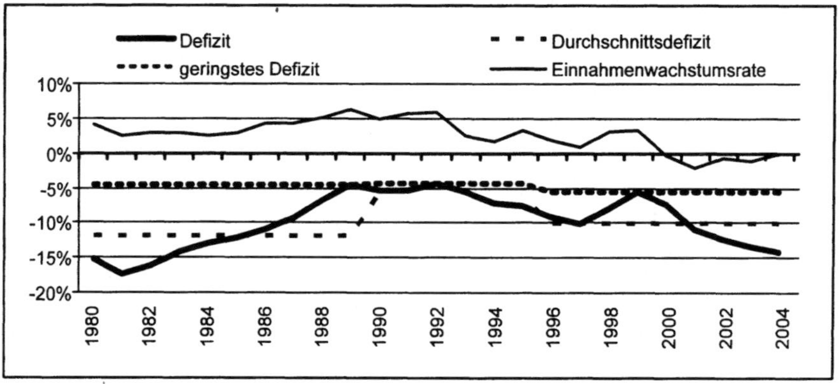

Quelle: Berechnet aus Angaben der Kassenstatistik.

So zeigt die Abb. 1 an zwei Beispielen (Nordrhein-Westfalen und Schleswig-Holstein) das Ausmaß der Defizitfinanzierung über einen Zeitraum von 25 Jahren. Dargestellt werden (jeweils in Form gleitender 3-Jahresdurchschnitte) das Defizit, das jahresdurchschnittliche Defizit in den drei Teilperioden 1980–1989, 1990–1995 und 1996–2005 und das in den jeweiligen Perioden erreichte geringste Defizit, wobei die Defizite jeweils auf die Gesamtausgaben bezogen wurden. Ferner wird die Wachstumsrate der Gesamteinnahmen ausgewiesen. Erkennbar ist zwar eine deutliche Korrelation zwischen Defiziten und der Einnahmenwachstumsrate, aber von einer konjunkturellen Ausgleichsfunktion der Defizite kann nicht die Rede sein, da auch in (relativ) „guten" Jahren die Landeshaushalte vom Budgetausgleich weit entfernt waren. Selbst über einen Zeitraum von 25 Jahren lagen die Haushaltsdefizite im Minimum bei 5% (und mehr) der bereinigten Gesamtausgaben; lediglich das Bundesland Bayern hat es in diesem Zeitraum geschafft den Landeshaushalt in einigen Jahren auszugleichen. Ursache für diesen „Defizit-Bias" können letztendlich nur strukturelle Ausgabenüberhänge und / oder strukturelle Einnahmendefizite sein, deren Beseitigung über den hier betrachteten 25-Jahreszeitraum nicht gelungen ist. Dies impliziert, dass Lasten auf die

Zukunft verschoben werden, da die gegenwärtig lebenden Generationen entweder zu gut versorgt oder zu gering besteuert werden.

Abb. 1b: Der Defizit-Bias in Schleswig-Holstein: tatsächliches, durchschnittliches und geringstes Defizit in % der Gesamtausgaben und Einnahmenwachstumsrate in den Teilperioden 1980–1989, 1990–1995 und 1996–2004 (gleitende 3-Jahresdurchschnitte)

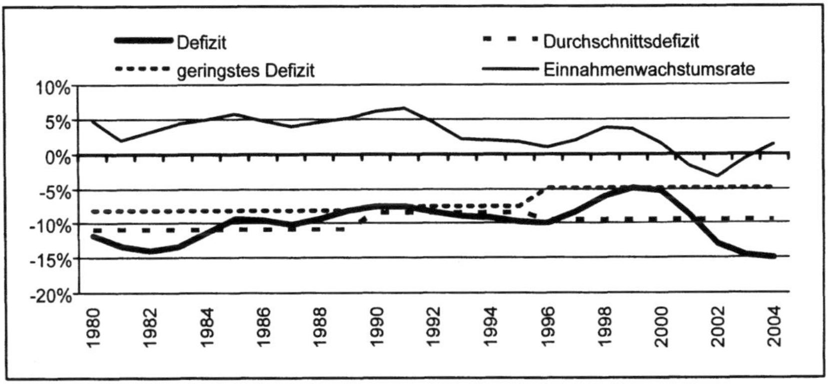

Quelle: Berechnet aus Angaben der Kassenstatistik.

Nunmehr stellt sich die Frage, wie im föderalen System der Bundesrepublik dieser offenkundige Defizit-Bias beseitigt werden kann. Die Erfahrung hat gelehrt, dass die Schuldenrestriktion des Grundgesetzes (Art. 115 GG), die in analoger Art und Weise auch in allen Länderverfassungen zu finden ist, keine wirksame Restriktion darstellt und womöglich diesen Defizit-Bias sogar fördert, da konjunkturunabhängig immer eine Nettokreditaufnahme zumindest im Umfang der investiven Ausgaben möglich ist. Wird diese Schranke aber bei „Normalkonjunktur" weitgehend ausgereizt, so ist es offenkundig, dass in Zeiten konjunktureller Schwächen oder bei Steuerausfällen die z.B. infolge von Steuerrechtsänderungen entstehen, die grundgesetzliche Schuldengrenze mit einer hohen Wahrscheinlichkeit verletzt wird.

Daher ist es erforderlich, dass man in der Bundesrepublik härtere Schuldenschranken insbes. auf der Länderebene implementiert, wobei dies nach unserer Einschätzung auch aus „Systemgründen" erforderlich ist, denn grundsätzlich sollte man darauf achten, dass man *systemkonforme Regeln* für den Umgang mit der Verschuldung auf der subnationalen Ebene installiert. Mit der Abb. 2 versuchen wir das „Systemproblem" zu verdeutlichen. Auf der horizontalen Achse werden die föderalen Systeme nach dem „Autonomiegrad" der subnationalen Gebietskörperschaften sortiert, während auf der horizontalen Achse die Härte der Verschuldungsrestriktion für die subnationale Gebietskörperschaft abgetragen wird.

Abb. 2: Verschuldungsrestriktionen und Autonomiegrad in föderalen Systemen

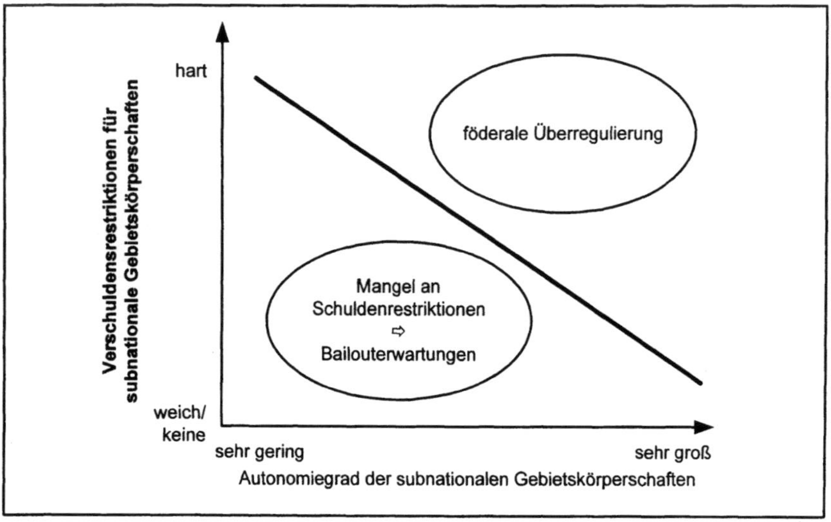

Quelle: Eigene Darstellung.

Föderale Systeme mit einem hohen Autonomiegrad benötigen keine Schuldenrestriktionen auf subnationaler Ebene, da das Handlungsinstrumentarium und die Handlungsfreiheit der subnationalen Regierungen hinreichend groß sind, sodass eine hohe Verschuldung aus eigener Kraft durch Steuererhöhungen und / oder Ausgabensenkungen bewältigt werden kann. Letzteres wäre nur dann einzuschränken, wenn das Land insgesamt, z.B. durch internationale Verträge (Maastricht-Vertrag), Verpflichtungen zur Begrenzung von Schulden und Defiziten eingegangen ist. In diesem Fall müssten die nationalen Grenzwerte horizontal und vertikal verteilt werden.

Ist hingegen der Autonomiegrad sehr gering, fehlt es den subnationalen Regierungen an ausreichenden Instrumenten und Entscheidungsfreiheiten durch Eingriffe bei Steuern und Ausgaben hohe Schuldenlasten zu bewältigen. Demzufolge kann in einem solchen Szenario die Solidargemeinschaft bzw. die Zentralregierung keine glaubwürdige „No-Bailout-Rule“ formulieren, was insbesondere auch dann gilt, wenn aufgrund der Zielvorgabe „Gleichwertigkeit der Lebensverhältnisse“ die Güterversorgung und damit auch die Pro-Kopf-Ausgaben der Länder einer starken Regulierung unterliegen.

Systemkonforme Verschuldungsregeln für subnationale Regierungen müssen sich entlang der in Abb. 2 eingetragenen fallenden Kurve orientieren. Hat man ein föderales System mit hoher Präferenz für den Solidargedanken (hoher Stellenwert für „gleichwertige Lebensverhältnisse“), einer hohen Ausgleichsintensität des Finanzausgleichs und einer geringen Einnahmendifferenzierung, so müssen sich die subnationalen Regierungen auch einem harten Regelwerk bei der Verschuldung unterwerfen, da hohe

Schulden subnationaler Regierungen negative Effekte auf das föderale System insgesamt haben können (sinkende Bonität am Kapitalmarkt und höhere Zinsaufschläge). Außerdem können Bailout-Erwartungen entstehen, da die Föderation insgesamt ein Bailout niemals glaubwürdig ausschließen kann, da dies dem Solidargedanke widersprechen würde. So hat auch das Bundesverfassungsgericht in seinem „Berlin-Urteil" letztendlich Haushaltsnotlagenhilfen nicht ausgeschlossen sondern lediglich die Hürde beim Einklagen solcher Hilfen wesentlich höher angesetzt. So spricht das Bundesverfassungsgericht von einer *absoluten Haushaltsnotlage*, wenn die Existenz eines Not leitenden Landes gefährdet ist.

Für sehr problematisch muss man es halten, wenn man – wie in der Bundesrepublik – nicht system-konforme Verschuldungsspielregeln hat, bzw. es zu einer inkonsistenten Mischung von Elementen verschiedener Systeme kommt. So ist die Autonomie der Länder auf der Ausgaben- und noch mehr auf der Einnahmenseite erheblich eingeschränkt, während es bei der Verschuldung eine weitgehende Länderautonomie gibt. In Termini der Abb. 2 wäre somit die Bundesrepublik links unten zu platzieren, sodass die Verschuldungsautonomie der Länder im Grunde genommen „systemfremd" ist. Ein föderales System mit einer hohen Gewichtung des Solidargedankens verträgt sich nicht mit einer „zügellosen" subnationalen Verschuldungsautonomie, da ein solches System immer einen impliziten Bailout-Mechanismus hat. An der begrenzten Länderautonomie hat auch die „Föderalismusreform 1" nichts verändert, da diese „Reform" aus weitgehend als kosmetisch zu betrachtenden Einzelmaßnahmen besteht. So entfällt auf die Grunderwerbssteuer, bei der nunmehr die Länder ein Hebesatzrecht haben, in den alten bzw. neuen Ländern lediglich 3% bzw. 2% des Steueraufkommens, sodass man – bei realistischer Einschätzung des politisch nutzbaren Spielraums bei den Hebesätzen – das Steueraufkommen auf der Länderebene in einer Streubreite von ± 1% unmittelbar beeinflussen kann.

Man steht somit in der Bundesrepublik vor einem grundsätzlichen Entscheidungsproblem: Entweder man belässt den Ländern ihre Verschuldungsautonomie[1] und stärkt erheblich den Autonomiegrad der Länder, in dem man eine weitgehende Steuer- und Ausgabenautonomie der Länder implementiert, oder aber man behält das Gebot der Gleichwertigkeit und damit auch die Begrenzung der Ausgaben- und Einnahmenautonomie einschließlich dem hohen Nivellierungsgrad des Finanzausgleichs bei und führt konsequenter Weise zusätzlich harte Verschuldungsschranken für die Länder ein. Die erste Option wäre mit einem erheblichen „Systemwechsel" in Deutschland verbunden, der zwar von vielen Ökonomen eingefordert wird, aber kaum politisch mehrheitsfähig sein dürfte. In diesem Fall wäre auch die Ausgleichsintensität der Finanzausgleichssysteme auf ein Minimum zu begrenzen und das grundgesetzliche Gebot der Schaffung gleichwertiger Lebensverhältnisse müsste aus

1 Allerdings wären die Maastricht-Restriktionen föderal umzusetzen. Dies ist jedoch eine völlig andere Fragestellung, da in diesem Fall die Verschuldungsspielräume des Gesamtstaates und damit auch seiner Teilglieder aufgrund von internationalen Verträgen begrenzt werden.

der Verfassung gestrichen werden. Im anderen Fall müssen die Länder dazu bereit sein, sich systemkonformen Schranken bei der Verschuldung zu unterwerfen. Eine „Mischung" von Systemelementen, wie dies gegenwärtig in der Bundesrepublik der Fall ist, kann nur schwerlich beibehalten werden, da dies zu den bekannten Problemen (Bremen, Saarland, Berlin, ...) führt. Auch das „harte" Berlin-Urteil des Bundesverfassungsgerichts hat daran im Grunde genommen nichts verändert.

Dass ein „Systemwechsel" in Richtung einer höheren Wettbewerbsintensität zwischen den Ländern in Deutschland nicht machbar ist, wurde beim Aushandeln des Maßstäbegesetzes und der „Reform" des Finanzausgleichs in Folge des „Maßstäbeurteils" des Bundesverfassungsgerichts im Jahre 1999 deutlich. So hatten die 16 Ministerpräsidenten die Vorgabe gemacht, dass eine Reform des Länderfinanzausgleichs die Restriktion erfüllen muss, dass die Verteilungswirkungen in den einzelnen Ländern die Grenze von ± 6 € je Einwohner nicht überschreiten („12-DM-Korridorbeschluss") dürfen, und damit monatelang eine Heerschar von Ministerialbeamten bei der Suche nach einer Rezeptur zur Quadratur des Kreises beschäftigt. Ein mehr an Wettbewerbsfähigkeit in einem solch engen Korsett zu schaffen ist natürlich nicht möglich.

In jüngster Zeit mehren sich außerhalb und innerhalb der Politik die Stimmen, die eine deutliche Verschärfung der verfassungsrechtlichen Schuldenrestriktionen verlangen. Diese Diskussion läuft insbesondere vor dem Hintergrund der Tatsache, dass in den letzten Jahren die Mehrzahl der Länder verfassungswidrige Haushalte hatte, drei Länder von der Solidargemeinschaft einen Bailout einklagen wollen bzw. wollten und ferner auch einige andere Länder (zumindest Schleswig-Holstein und Sachsen-Anhalt) mit einer weit überdurchschnittliche Verschuldung belastet sind, siehe *Tabelle 1*.

Härtere Schuldenschranken wären nach unserer Meinung am besten durch grundsätzliche *Null-Defizit-Vorschriften in den Länderverfassungen* zu realisieren, wobei diese so auszugestalten wären, dass entstehende Haushaltsfehlbeträge in einem Zeitraum von fünf bis sieben Jahren ausgeglichen werden müssen. Hierbei könnte man es durchaus zulassen, dass in konjunkturell besonders schwachen Jahren bzw. in Jahren in denen Steuerrechtsänderungen wirksam werden die mit Steuerausfällen verbunden sind, auch Defizit-Haushalte vorgelegt werden können. Aber auch hier muss die Restriktion eines Schuldenausgleichs binnen fünf bis sieben Jahren gelten. Entsprechend sollte denn auch der Finanzplanungszeitraum auf sieben Jahre ausgeweitet und der Stellenwert bzw. der Verbindlichkeitscharakter der Finanzplanung erheblich erhöht werden. In Überschusszeiten wären dann die in der jüngsten Vergangenheit aufgebauten Schulden zu tilgen bzw. „Rainy Day Funds", siehe z.B. *Knight* und *Levinson* (1999), für „schlechte" Zeiten aufzubauen.

Tab. 1: Pro-Kopf-Verschuldung (Kreditmarktschulden + Kassenkredite) in den Bundesländern nach Ebenen am 31. Dezember 2005

	Landesebene	Gemeindeebene	Land & Gemeinden
Flächenländer			
Bayern	1.878	1.210	3.088
Sachsen	2.821	1.197	4.019
Baden-Württemberg	3.685	643	4.328
Hessen	4.962	1.738	6.700
Deutschland insgesamt	5.716	1.309	7.025
Nordrhein-Westfalen	6.060	1.927	7.987
Niedersachsen	6.075	1.462	7.537
Rheinland-Pfalz	6.088	1.848	7.936
Mecklenburg-Vorpommern	6.290	1.366	7.656
Thüringen	6.715	1.226	7.942
Brandenburg	6.790	911	7.701
Schleswig-Holstein	7.394	955	8.350
Sachsen-Anhalt	7.747	1.647	9.395
Saarland	7.777	1.820	9.597
Stadtstaaten			
Hamburg	12.239	0	12.239
Berlin	16.919	0	16.919
Bremen	18.759	0	18.759

Quelle: Statistisches Bundesamt (FS 14 R. 2); eigene Berechnungen.

Solche Verfassungsvorschriften auf der Länderebene wären selbst im gegenwärtigen System in der Bundesrepublik möglich, d.h. es wäre nicht unbedingt erforderlich, dass zusätzlich zur Null-Defizit-Regel die Länder eine deutliche Steuerautonomie erhalten. Dies zeigen auch die beiden Abb. 1a und 1b, wobei die hier dargestellten Graphiken für alle anderen Länder ähnlich aussehen und sich die Länder im Wesentlichen nur durch die Höhe des „strukturellen" Defizits unterscheiden. Die unterschiedliche Höhe des strukturellen Defizits ist Ausdruck dessen, dass die Länder strukturell in unterschiedlichem Volumen über ihre Verhältnisse leben. Die Einnahmenentwicklung – sowohl im Hinblick auf das Pro-Kopf-Einnahmen-Niveau als auch auf die Wachstumsrate – ist systembedingt (vertikale Steuerverteilung und Finanzausgleich) zwischen den Ländern extrem hoch korreliert, sodass es kaum Unterschiede gibt. Demzufolge können alle Länder über den Konjunkturzyklus ihre Haushalte ausgleichen, sofern die strukturellen Ausgabenüberhänge abgebaut werden. Die Alternative würde darin bestehen, die Steuerlast um die Höhe des strukturellen Defizits anzuheben. Somit muss im politischen Prozess darüber entschieden werden, ob man dem Bürger eine höhere Steuerlast abverlangen will oder die Ausgaben reduziert werden sollen.

Allerdings muss man auch zur Kenntnis nehmen, dass in der Vergangenheit selbst die weichen Verfassungsregeln des Art. 115 des GG – bzw. die analogen Vorschriften in den Länderverfassungen – von der Politik einfach ignoriert wurden. Daher müssen sich die Bürger durch weitergehende verfassungsrechtlich verankerte Institutionen schützen. So könnte man z.B. ein automatisches Auflösen der Länderparlamente und damit Neuwahlen vorsehen, sofern es nicht gelingt, entstandene Defizite nach sieben Jahren wieder auszugleichen. Darüber hinaus müssen die Haushaltsrechnungen der Länder – die verpflichtend bis zum 1. März der Folgejahre vorzulegen wären – durch externe Kontrollorgane (z.B. Treuhandunternehmen, Rechnungshöfe anderer Länder, usw.) überprüft werden, um Akte von kreativer Buchhaltung und Rechentrickserei zu vermeiden. Zusätzlich könnte ein Teil der Besoldung der Politiker (alle Landtagsabgeordnete, Minister, Staatssekretäre) von der Höhe des Haushaltsdefizits in einer Legislaturperiode abhängig gemacht werden.

Eine (second-best) Alternative zu Null-Defizit-Regeln wäre ein harter *Haushaltsnotlagenpräventionsmechanismus*[2], den im Grunde genommen das Bundesverfassungsgericht bereits im Jahre 1992 in seinem Haushaltsnotlagenurteil zu Bremen und Saarland verlangt hat, der aber niemals von der Politik umgesetzt wurde. Hierzu sei nochmals eine zentrale Passage aus dem „Haushaltsnotlagenurteil" des Bundesverfassungsgerichts vom 27. Mai 1992 in Erinnerung gerufen (siehe BVerfGE 86)[3]:

> „Zuvörderst nötig und besonders dringlich ist es, dass Bund und Länder gemeinsam treffende Verpflichtungen und Verfahrensregelungen festlegen, die der Entstehung einer Haushaltsnotlage entgegenwirken und zum Abbau einer eingetretenen Haushaltsnotlage beizutragen geeignet sind .... Regelungsgegenstand könnten beispielsweise Grundsätze über die Obliegenheit von Bund und Ländern sein, in ihrer Haushaltsplanung – unter Berücksichtigung der Nebenhaushalte – gewisse durch finanz-wirtschaftliche Kennziffern bezeichnete Grenzen, etwa bei der Kreditfinanzierung und beim Schuldensockel zu beachten, und, sollten diese Grenzen überschritten sein, ein (verbindliches) Sanierungsprogramm aufzustellen, das die Haushaltswirtschaft in eine Normallage zurückführen soll."[4]

Dass das Bundesverfassungsgericht diesen Gedanken in seinem jüngst ergangenen Berlin-Urteil nicht wieder aufgenommen hat ist verwunderlich.

Im nachfolgenden Abschnitt wollen wir ein solches Haushaltsnotlagenpräventionssystem in Umrissen konzipieren. Die Konzeption geht davon aus, dass es zu keiner wesentlichen „Systemveränderung" in der Bundesrepublik im Hinblick auf die finanzföderalen Strukturen kommt. Letzteres bedeutet insbes. dass die Länder keine Steuerautonomie in einem signifikanten Umfang erhalten und daher auch die relativ hohe Ausgleichsintensität des Finanzausgleichs erhalten bleibt.

---

2 Auch der Wissenschaftliche Beirat beim Bundesministerium der Finanzen hat sich in einem Gutachten im Jahre 2004 mit einem solchen Haushaltsnotlagenpräventionssystem beschäftigt.

3 Siehe Entscheidungen des BVerfG, 86. Bd., Mohr-Siebeck Verlag, Tübingen (1993), 148 ff.

4 BVerfGE 86, 266–267.

Ein solches System muss natürlich „Zwangselemente" enthalten. Ein auf „Freiwilligkeit" basierendes Präventionssystem kann es nicht geben, weil dieses im politischen Prozess funktionsunfähig wäre. Daher muss dieses Regelwerk auch durch Automatismen geprägt sein, deren Überwachung weitgehend bzw. vollständig außerhalb der Politik angesiedelt sein muss. Die Politik muss sich darauf beschränken die allgemeinen Spielregeln zu formulieren, die Spielüberwachung aber außerhalb der Politik ansiedeln.

3. Ein Vorschlag zur Ausgestaltung eines einfachen indikatorgetriebenen Haushaltsnotlagenpräventionssystems

Das Ziel eines solchen Systems besteht darin, Haushaltsschieflagen einzelner Gebietskörperschaften schon im weiten Vorfeld zu verhindern und diese somit – abgesehen von Naturkatastrophen usw. – unmöglich zu machen. Darüber hinaus kann ein solches Verfahren zur innerstaatlichen Umsetzung der Maastricht-Kriterien verwendet werden. Aus der Sicht der Bürger bzw. der Steuerzahler dient ein solches System auch der Disziplinierung der Politik und soll auch ein Mehr an Transparenz schaffen.

Das im Nachfolgenden vorgestellte Haushaltsnotlagenindikatorsystem beruht auf einer Reihe von Grundgedanken:

- Das finanzföderale System der Bundesrepublik basiert sehr stark auf dem „Solidaritätsgedanken". Jedes Solidarsystem kann aber nur dann aufrecht erhalten werden, wenn es von seinen Mitgliedern nicht überstrapaziert wird und ferner, wenn nicht nur das Mitglied der Solidargemeinschaft Beistand einfordern darf, sondern auch umgekehrt die Solidargemeinschaft von seinen Mitgliedern ein entsprechendes Verhalten einfordern kann, darf und auch muss.
- Haushaltsschieflagen einzelner Mitglieder gefährden das Solidarsystem, da die Glaubwürdigkeit einer „No-Bailout"-Regel erheblich eingeschränkt ist und ferner die Haushaltsschieflagen einzelner Länder auch negative Spillover-Effekte auf die Gemeinschaft insgesamt haben.
- Da es keine „Exit-Option" und auch keine „Fire-Option" gibt, muss es der Solidargemeinschaft auch erlaubt sein, eine Kontrollfunktion und bei Bedarf auch Zwang auf Mitglieder der Gemeinschaft ausüben zu können.
- Die Konzeption geht ferner davon aus, dass es zu keinem Systemwechsel kommt, d.h. die Wettbewerbsintensität in unserem föderalen System bleibt begrenzt und die Ausgleichsintensität des Finanzausgleichs weitgehend erhalten.

In einem ersten Schritt gilt es aber die Frage zu klären, welche Kriterien ein Haushaltsnotlagenpräventionssystem überhaupt erfüllen sollte?

1. Die Spielregeln müssen vorab festliegen und dürfen ex post nicht verändert werden. Änderungen dürfen nur mit einem Zeitverzug von mehreren Jahren (z.B. fünf Jahren) wirksam werden, um der Politik nicht die Option zu geben, sich nach Gutdünken dem Sanktionsmechanismus zu entziehen.

2. Das System muss auf einfachen finanzwirtschaftlichen Kennziffern beruhen, damit diese leicht berechenbar und für Bürger und Politiker auch verständlich sind.
3. Die Sanktionen müssen vorab geregelt werden und sollen zunächst „die Politik" treffen. Mit zunehmender Verstoßintensität müssen aber auch die Bürger des jeweiligen Landes (und zwar Einkommens- und Transferbezieher) Sanktionen unmittelbar spüren.
4. Die Sanktionen müssen automatisch verhängt werden und dürfen keinesfalls in einem politischen Diskussionsprozess verwässert werden.
5. Letzteres impliziert, dass die Kontrolle des Systems und das Verhängen von Sanktionen weitgehend außerhalb der Politik erfolgen muss, wozu ein *Schuldenkontrollrat* einzurichten wäre.

Die Umsetzung des Systems erfolgt in einem mehrstufigen Prozess:

Schritt 1: Festlegung von Indikatorvariablen und deren kritische Grenzwerte in Verbindung mit der Formulierung von Frühwarnlinien.

Schritt 2: Vertikalisierung (Bund-Länder) und Regionalisierung (Verteilung auf die Länder) der Grenzwerte.

Schritt 3: Festlegung von Sanktionsmaßnahmen beim Überschreiten der „Frühwarnlinien" bzw. der Grenzwerte der einzelnen Gebietskörperschaft mit der Differenzierung „erstmalig" und „wiederholt".

Schritt 4: Implementierung weiterer systemunterstützender Maßnahmen.

Zu Schritt 1: Indikatorvariablenauswahl und Formulierung quantitativer gesamtwirtschaftlicher Zielwerte

Die einfachsten Zielvariablen sind das Haushaltsdefizit und der Schuldenstand. Hierzu muss ein *gesamtwirtschaftliches* quantitatives Ziel für die Höchstwerte des Haushaltsdefizits und die Schuldenquote formuliert werden. Nahe liegend wäre es hier an die Maastricht-Regeln (3% bzw. 60%) zu denken. Allerdings wäre es angesichts der zukünftigen fiskalischen Risiken in Deutschland (z.B. demographisch bedingter Anstieg der Zukunftslasten in den Haushalten der Gebietskörperschaften und der Sozialversicherungen) erforderlich, wesentlich härtere Schranken wie z.B. eine „(very)-close-to-balance-rule" für das Haushaltsdefizit (z.B. max. 1% bis 1,5%) zu fixieren.

Da es wenig Sinn macht erst dann „einzugreifen" wenn die kritischen Werte für Schulden und Defizite bereits verletzt sind, müssen *Frühwarnlinien* eingeführt werden die anzeigen, dass sich Gebietskörperschaften auf eine Problemlage zubewegen. So könnte man z.B. eine *Frühwarnlinie beim Schuldenstand* festlegen die erreicht wird wenn gilt:

> Schuldenbestand in Euro je Einwohner > „Maximalschuldenbestand" in Euro je Einwohner minus dreimal „Maximaldefizit" in Euro je Einwohner.

und eine *Defizitwarnmarke* in der Form:

> Defizit je Einwohner > 80% des „Maximaldefizits"

Es dürfte offenkundig sein, dass sowohl die Indikatoren als auch die festzulegenden Grenzwerte mit Hilfe von wissenschaftlichen Kriterien kaum begründbar bzw. quantifizierbar sind da auch normative Aspekte einfließen. Man steht somit vor dem Trade-Off zwischen dem Formulieren einer womöglich nicht ganz optimalen Entscheidungsregel auf der einen Seite und dem Risiko, sich den diskretionären und häufig von Opportunismus und Eigennutz geprägten Entscheidungen der Politik auszusetzen.

Zu Schritt 2: Vertikalisierung und Regionalisierung

Die in Schritt 1 formulierten Grenzwerte – einschließlich der Frühwarnlinien – gelten für die gesamtstaatliche Ebene, sodass diese in einem weiteren Schritt auf die einzelnen Ebenen (Bund vs. Länder einschließlich Gemeinden) sowie die einzelnen Länder aufgeteilt werden müssen.

Die *vertikale Verteilung* der Grenzwerte auf den Bund – Ländergesamtheit (einschl. kommunaler Sektor) könnte z.B. im Verhältnis von (mindestens) 50% Bund zu (maximal) 50% Länder und Gemeinden erfolgen, wobei wir sogar eher zu einem Verhältnis von 60 : 40 tendieren würden, da dem Bund eine höhere Stabilisierungsverantwortung zufällt. Für die Umsetzung einer zielkonformen Finanzpolitik auf der kommunalen Ebene sind die Länder verantwortlich und müssen das Einhalten der Spielregeln mit den Instrumenten der Kommunalaufsicht durchsetzen.

Schwierig ist auch die *horizontale Verteilung* der Grenzwerte auf die Länder. Hierbei wäre zu beachten, dass die Finanzkraft der Länder aufgrund des Finanzausgleichssystems mit der Wertschöpfung (BIP) nicht besonders hoch korreliert ist und ferner die Existenz der Stadtstaaten gegen eine reine Einwohnerverteilung spricht. Daher wird hier vorgeschlagen die Verschuldungs- und Defizitpotenziale auf die Länder entsprechend ihrem Anteil am *erweiterten Steueraufkommen* zu verteilen. Dieses erweiterte Steueraufkommen definieren wir wie folgt

Erweitertes Steueraufkommen = Steuereinnahmen (Land und Gemeinden)
+ LFA-Zahlungen – LFA-Beiträge + Fehlbetrags-BEZ

Die Verschuldungspotenziale sollten proportional zum „fiskalischen Einkommen" der Gebietskörperschaften sein und das erweiterte Steueraufkommen ist sicherlich der beste Indikator hierfür. Da sich der Verteilungsschlüssel von Jahr zu Jahr (leicht) verändert wäre es empfehlenswert diesen auf Basis des Durchschnitts über mehrere vergangene Jahre (z.B. fünf Jahre) über einen festen Zeitraum (z.B. fünf Jahre) zu fixieren. Für das Jahr 2005 haben wir in der Abb. 3 dargestellt, wie sich die Defizit- und Schuldengrenzen auf die Länder verteilen würden.

Abb. 3: Anteil der Länder am erweiterten Steueraufkommen, dem BIP sowie der Bevölkerung im Jahre 2005

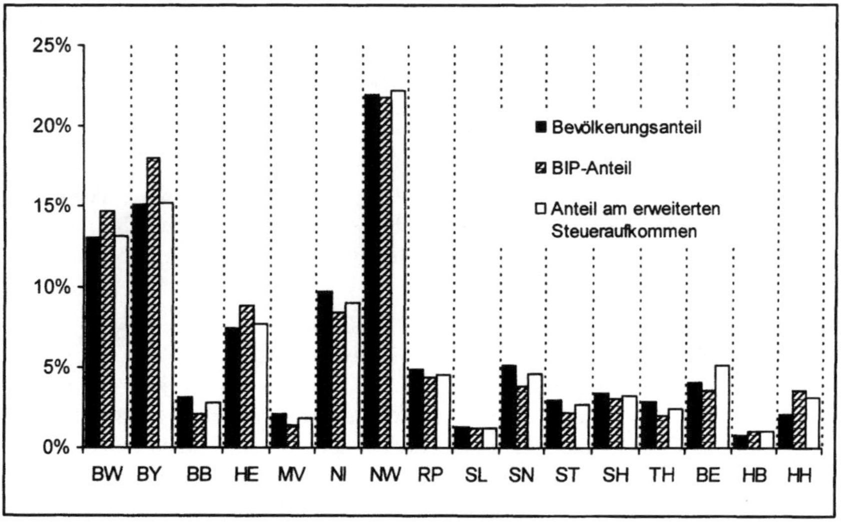

Quelle: Berechnet aus Angaben des Statistischen Bundesamtes.

In den finanzstarken Westflächenländern entspricht der Anteil am erweiterten Steueraufkommen in etwa dem Bevölkerungsanteil und ist natürlich geringer als der BIP-Anteil. In den finanzschwachen Westflächenländern und noch stärker in den Ostflächenländern ist der Anteil hingegen geringer als der Einwohneranteil aber höher als der Anteil am BIP. Bedingt durch die Einwohnerwertung im Finanzausgleich ist in den Stadtstaaten der Anteil am erweiterten Steueraufkommen wesentlich höher als der Bevölkerungsanteil.

Zu Schritt 3: Festlegung von Sanktionsmaßnahmen

Das System arbeitet mit einer zunehmenden Härte der Sanktionsmaßnahmen, wobei die „Grundphilosophie" lautet, dass harte Maßnahmen den Bürger treffen müssen, denn nur dann werden die Bürger unsolide Politik durch Abwahl abstrafen bzw. sich schon bei einer erkennbar unsoliden Politik von Politikern, die das zu verantworten haben, trennen. Ferner werden die Parteien und die Politiker dazu angeregt in einen Wettbewerb um solide Finanzpolitik einzutreten statt in einen Wettbewerb um unfinanzierbare Wahlversprechen. Im Einzelnen werden folgende Sanktionsmaßnahmen vorgesehen:

Weiche Maßnahmen: Die betreffenden Gebietskörperschaften werden unter öffentlichen Erklärungszwang gesetzt, was einem „öffentlichen Vorführen" der Politik im jeweiligen Land gleichkommt.

Harte Maßnahmen: Hier könnte man sich Abschläge von LFA-Zuweisungen bzw. Zuschläge zu LFA-Leistungen in Höhe von x Euro je Einwohner (dieser Betrag wird mit der Wachstumsrate des Steueraufkommens dynamisiert) vorstellen.

Sehr harte Maßnahmen: Solche könnten darin bestehen, dass ein Zuschlag zur Einkommensteuer für die Einwohner des betreffenden Landes in Höhe von y% und ein Abschlag bei sämtlichen Transferzahlungen in Höhe von z% erhoben bzw. in Rechnung gestellt wird. Die Minderausgaben bei den Transfersystemen sowie die Mehreinnahmen aus dem Steuerzuschlag werden in das Steuerverteilungssystem aufgenommen. Die „Sozialisierung" der Strafzahlungen ist deshalb erforderlich, da dann, wenn diese dem „Sünderland" zufallen würden, die Politik des betreffenden Landes darauf setzen könnten, dass die Solidargemeinschaft den Bürgern im betreffenden Land eine Sondersteuer auferlegt, mit deren Hilfe die Schieflage beseitigt werden kann, siehe hierzu auch das Gutachten des Wissenschaftlichen Beirats beim Bundesministerium der Finanzen(2004). Sofern der Bund der „Sünder" ist, würden die Mehreinnahmen bzw. Ausgabenersparnisse an die Ländergesamtheit fallen.

Wir gehen davon aus, dass in mehr als 90% der Fälle die Ursache für finanzpolitisches Fehlverhalten auf der Ausgabenseite zu suchen ist. Liegen die Ursachen auf der Einnahmenseite, so muss die Politik den Mut aufbringen den jetzt lebenden Generationen auch die Steuerlast aufzubürden bzw. die Versorgung mit öffentlichen Gütern zu beschränken.

Beim Einsatz der Sanktionen müsste man allerdings zwischen

- „Ersttätern" und „Wiederholungstätern" sowie
- dem Überschreiten der Grenzwerte beim Schuldenbestand und dem Überschreiten der Grenzwerte beim Defizit

unterscheiden. Ferner sollte das System mit einem „begrenzten Gedächtnis" ausgestattet sein, sodass man als Ersttäter gilt, wenn in den letzten drei bis fünf Jahren nicht gegen das Regelwerk verstoßen worden ist.

Bei der Systematik der Fallmöglichkeiten orientieren wir uns etwas an dem „Traffic-Light-Konzept", d.h. wir unterscheiden zwischen einem „grünen Bereich", bei dem keine Sanktionen erforderlich sind, einem „gelben Warnbereich" bei dem Sanktionen weitgehend aus der verpflichtenden Vorlage von Konsolidierungskonzepten bestehen und einem „roten Alarmbereich", bei dem die Solidargemeinschaft bereits zu Maßnahmen mit finanziellen Auswirkungen greift.

Die nachfolgende Übersicht zeigt die hier vorgeschlagene Fallsystematik und unterbreitet Vorschläge über die in den einzelnen Fällen zu ergreifenden Aktionen bzw. Sanktionen, wobei nach unseren Vorstellungen der „Schuldenkontrollrat" die Überwachung des Systems vornimmt und auch die konkret zu ergreifenden Aktionen bzw. Sanktionen feststellt, die dann bei Bedarf auch in gesetzliche Maßnahmen umzusetzen wären.

Warnstufe	Fallbeschreibung	Mögliche Aktion /Sanktion
	Grüner Bereich	
0	Warnmarken werden nicht erreicht	Bekanntgabe durch den „Schuldenkontrollrat“
1	Erstmaliges Überschreiten einer oder beider Warngrenzen	Bekanntgabe durch den „Schuldenkontrollrat“
	Gelber Bereich	
2	2-maliges Überschreiten der Defizitwarngrenze	Vorlage eines Konsolidierungsprogramms (konkrete Benennung der Maßnahmen)
3	erstmaliges Überschreiten der Defizit- und /oder Schuldengrenze	Vorlage eines Konsolidierungsprogramms (konkrete Benennung der Maßnahmen)
	Roter Bereich	
4	2-maliges Überschreiten der Defizitgrenze	Sanktionsmaßnahmen wie z.B. LFA-Strafzahlungen
5	2-maliges Überschreiten der Schuldengrenze	Sanktionsmaßnahmen wie z.B. LFA-Strafzahlungen die aber höher sein müssen als beim Warnbereich 4
6	2-maliges Überschreiten der Schulden- oder Defizitgrenze und erstmaliges Überschreiten der Defizit- oder Schuldengrenze	Erheben eines Steueraufschlags- und eines Transferabschlags

Die hier benannten „Konsolidierungsprogramme“ könnten eine Betrachtungszeit von z.B. fünf Jahren haben. Abweichungen zwischen den Ist-Daten und den in den Konsolidierungsprogrammen benannten Daten werden bei negativer Zielabweichung mit einer Abgabe belegt. Die Erträge hieraus könnten für spezifische Projekte außerhalb des Landes eingesetzt werden (Entwicklungshilfe, usw.). „Revidierte Finanzplanungen“ sollen die Ursachen für die Schieflagen aufzeigen und darlegen, durch welche konkreten Maßnahmen diese im Finanzplanungszeitraum beseitigt werden sollen.

Wichtig ist bei der obersten Warnstufe 6 der Umstand, dass sowohl Steuerzahler als auch Transferempfänger in den harten Sanktionsmechanismus einbezogen werden. Ein zunehmender Anteil der Bevölkerung lebt (ausschließlich) von Transferleistungen. Würde man diesen Personenkreis von den Sanktionen ausnehmen, so könnte sich diese Bevölkerungsgruppe zu Lasten der Einkommensbezieher mit Politikern verbünden, die ausschließlich am eigenen Machterhalt interessiert sind, und eine Finanzpolitik zu Lasten zukünftiger Generationen bzw. der Steuerzahler betreiben.

Zu Schritt 4: Weitere systemunterstützende Maßnahmen

Erforderlich wären ferner eine Reihe von systemunterstützenden Maßnahmen. Ohne unser föderales System in ein politisch nicht mehrheitsfähiges Wettbewerbssystem nach dem Vorbild der Schweiz oder den USA umzuformen, sollten die Länder in begrenztem Umfang ein Zuschlagsrecht bei der Einkommensteuer (ohne länderspezifische Steuergesetze!) erhalten. Darüber hinaus müssen bei allen Transfersystemen verwaltungstechnisch ebenfalls Zuschlagsätze (besser Abschlagsätze) vorgesehen werden und zwar sowohl bei regionalen Transfers (Sozialhilfe, usw.) als auch nationalen Transfers (Renten usw.), da ein solches Instrument im Rahmen von Sanktionsmechanismen eingesetzt werden muss. Erforderlich sind ferner fundamentale Reformen der Finanzstatistik um Ländervergleiche zu ermöglichen und mehr Transparenz bei den öffentlichen Haushalten zu schaffen. Darüber hinaus muss in den Ländern der Budgetprozess von einem „bottom-up"- in einen „top-down"-Ansatz umgewandelt werden. Bislang ist es weitgehend so, dass die Ressorts dem Finanzministerium ihre „Ausgabenbedarfe" melden und das Finanzministerium versucht in zähen Rückverhandlungen diese auf ein finanzierbares Maß zu reduzieren. Sinnvoll ist es deshalb, dass die Finanzminister die Budgethöhe fixieren und die Ressorts um ihren Anteil am Kuchen im Kabinett streiten, ohne dass es zu Rückverhandlungen bei der Größe des Kuchens kommt. Darüber hinaus muss durch die Einführung der Kosten- und Leistungsrechnung sowie einer verbesserten Ländervergleichbarkeit von Finanzdaten mehr Transparenz beim Ressourceneinsatz und benchmark-basiertes Controlling der Leistungs-Kosten-Relationen hergestellt werden.

Letztendlich muss ein weitgehend politikextern besetzter Schuldenkontrollrat implementiert werden, wobei hier die Rechnungshöfe, das Statistische Bundesamt mit seiner Datenkompetenz, externe Experten usw. eingesetzt werden sollten und keinesfalls Institutionen wie der Finanzplanungsrat, der sich in der Vergangenheit als weitgehend wirkungslos erwiesen hat.

4. Schlussbetrachtungen

Ein unbestreitbares Problem des hier vorgestellten Systems – und auch aller Analogsysteme – ist die Behandlung der Länder die bereits in einer extremen Haushaltsschieflage sind (insbes. Bremen und Berlin). Eine „systemkonforme" Lösung dieses Problems könnte darin bestehen, dass man für diese Länder einen „Anpassungspfad" mit einer entsprechenden „Anpassungszeit" für die Gültigkeit der Grenzwerte und Frühwarnlinien formuliert. Ein Lösungsansatz für die „Schuldenerbmassen" könnten im Zuge der Föderalismusreform 2 auch Länderneugliederungen sein. So könnte der Bund bzw. die Solidargemeinschaft diesen Prozess durch Übernahme der „Differentialschulden"[5] zwischen den fusionierenden Ländern begünstigen. Würde man die Pro-Kopf-Schulden der potenziellen Fusionspartner durch Übernahme der überdurchschnittlichen Schulden des höher verschuldeten Landes „sozialisieren", so wäre für den Fusionsprozess Rheinland-Pfalz – Saarland ein Betrag von ca. 1,7 Mrd. €,

5 Unterschiedsbetrag zwischen der Pro-Kopf-Verschuldung des höher verschuldeten Landes und des niedriger verschuldeten Landes, hochgerechnet auf die Einwohnerzahl des höher verschuldeten Landes.

für Berlin-Brandenburg ca. 35 Mrd. € und Niedersachsen-Bremen ca. 6,7 Mrd. € erforderlich.[6] Eine solche Lösung ist zwar sicherlich „nicht schön“, da man ex post eine unsolide Finanzpolitik belohnt, aber ohne ein solches „Angebot“ der Solidargemeinschaft ist eine grundlegende Länderneugliederung ohnehin nicht möglich. „Verteidigen“ kann man einen solchen Vorschlag mit dem Hinweis darauf, dass die Flächenländer dieses Instrument auch zur Beschleunigung von (freiwilligen) Gemeindefusionen einsetzen. Ferner kann man argumentieren, dass es die Solidargemeinschaft auch in der Vergangenheit sträflich versäumt hat, härtere Schuldengrenzen einzuziehen[7] und die Sanierungsprozesse in Bremen und im Saarland nicht wirksam überwacht hat. Für die Länder, die sich in der Vergangenheit solide verhalten haben, ist diese Lösung natürlich nicht attraktiv, aber ohne eine solche durchgreifende Lösung könnten die Zukunftslasten aus potenziellen (absoluten) Haushaltnotlagen einiger Länder sogar noch weiter ansteigen. Daher sollten gerade die „soliden“ Länder ein vitales Interesse daran haben, dass es zu harten föderalen Schuldenschranken kommt.

Darüber hinaus wären im Zuge eines solchen Prozesses auch die Rahmenbedingungen für Fusionen zwischen Stadtstaaten und Flächenländern zu klären. Im gegenwärtigen System des Finanzausgleichs würden Fusionsgebilde aus Flächen- und Stadtstaaten erhebliche Einnahmenverluste infolge des Wegfalls der Einwohnerwertung der Stadtstaaten erfahren. „Übergangslösungen“, wie sie für die geplante und dann gescheiterte Fusion zwischen Berlin und Brandenburg vorgesehen waren, lösen dieses Problem nicht (*Seitz* 2004). Wie andernorts überzeugend dargelegt wurde, siehe *Michalk* und *Möller* (2005), bedarf es hierzu noch nicht einmal neuer gesetzlicher Regelungen, wenn man das Maßstäbegesetz konsequent anwendet.[8]

Im Hinblick auf die Umsetzung härterer Schuldenschranken auf der Länderebene sind wir nicht optimistisch, da die Politik zwar sehr schnell dabei ist andere zu kontrollieren (angefangen von Managergehältern bis hin zur Kontrolle der Leistungen von Schulen und Hochschulen), sich aber selbst der Kontrolle und der Evaluation entzieht. Vielmehr ist zu befürchten, dass die gegenwärtig gut laufenden Steuereinnahmen sowie die (unnötige) Umsatzsteuererhöhung den Handlungsdruck von der Politik nehmen und das Thema bald von der politischen Agenda verdrängen.

---

6 Die Angaben wurden für 2005 berechnet, wobei bei den Stadtstaaten eine Schätzung des „Kommunalanteils“ der Schulden vorgenommen und bei der auszugleichenden Landesverschuldung in Ansatz gebracht wurde.

7 Siehe die Forderung des BVerfG in seinem Haushaltsnotlagenurteil von 1992 und die vollständige Inaktivität der Politik auf den dort formulierten Regelungsauftrag.

8 Vereinfachend würde dies darauf hinauslaufen, dass Länder die aus der Zusammenführung von Flächen- und Stadtstaaten entstehen eine bevölkerungsgewichtete Einwohnerwertung erhalten.

Referenzen

Bundesverfassungsgericht (1993), Entscheidungen des Bundesverfassungsgerichts, 86. Bd., J.C.B. Mohr, Stuttgart, Entscheidung Nr. 13, 148 ff.

– (2006), BVerfG, 2 BvF 3/03 vom 19.10.2006 (Berlin-Urteil).

Knight, Brian / Levinson, Arik (1999): „Rainy Day Funds and State Government Savings", National Tax Journal 52, 459–472.

Michalk, J. / Möller, A. (2005), Die Stadtstaatenwertung – ein Hindernis für Länderfusionen?, Wirtschaftsdienst, Heft 10/2005, 653 ff.

Seitz, Helmut (2004), Die finanzpolitischen Voraussetzungen einer Fusion der beiden Länder Berlin und Brandenburg, Studie für die Unternehmensverbände Berlin-Brandenburg, Berlin 2004.

Wissenschaftlicher Beirat beim Bundesministerium der Finanzen (2004), „Haushaltskrisen im Bundesstaat", Berlin, Bundesfinanzministerium.

Für einen Föderalismus mit zentralisierten Verschuldungskompetenzen

Heinz Grossekettler

1. Ursachen und Therapiemöglichkeiten für die pathologische Entwicklung der deutschen Staatsverschuldung

Auch wenn Deutschland eine der drei Beschränkungen des Europäischen Stabilitäts- und Wachstumspaktes (ESWP) – das Defizitkriterium – im Jahre 2006 endlich einmal wieder einhält, kann man sagen, dass sich die deutsche Staatsverschuldung vorerst weiterhin pathologisch entwickelt: Es „kann von einer Entwarnung in Bezug auf die Lage der öffentlichen Haushalte keinesfalls die Rede sein" (Sachverständigenrat 2006, Ziff. 389). Dies spiegelt sich darin, dass das Schuldenstandskriterium des ESWP mit einem Wert von 67,9% des BIP nach wie vor nicht erfüllt wird (Sachverständigenrat 2006, Ziff. 389), dass der geforderte und von der Bundesregierung auch erwartete Abbau des strukturellen Defizits in den nächsten Jahren unsicher erscheint (Sachverständigenrat 2006, Ziff. 389), dass die langfristige Entwicklung des Schuldenstandes selbst nach dem – wohl eher optimistischen – Tragfähigkeitsbericht des Bundesfinanzministeriums jedenfalls dann eine bedrohliche Größenordnung annehmen wird, wenn politisch nicht wesentlich mehr als bisher unternommen wird (Bundesministerium der Finanzen 2005, 27), und dass ohne deutliche Primärüberschüsse – ganz zu schweigen von Primärdefiziten, wie es sie in den letzten Jahren gab – mit einem Anstieg des Standes der expliziten Staatsverschuldung bis 2050 auf über 200% des BIP gerechnet werden müsste (*Ottnad* 2006, 142–144; *Schemmel* 2006, 51–55).

Vor diesem Hintergrund erscheint eine Erdrosselung der Handlungsfähigkeit des Staates insbesondere dann immer noch als eine realistische Gefahr, wenn trotz des ab 2020 drohenden Anstiegs der Alters- und Gesundheitssicherungsausgaben (Bundesministerium der Finanzen 2006a, 14) keine wirklichen Reformen unpopulärer Art bei diesen Ausgaben getroffen werden und wenn sich die Differenz zwischen Zinssatz- und Wachstumsrate längerfristig erhöht. Da beides nicht unwahrscheinlich erscheint, muss nach Möglichkeiten gesucht werden, neben der impliziten auch die explizite Staatsverschuldung wirksam einzudämmen, und zwar so, dass dauerhafte Primärüberschüsse erzielt werden:

> „Eine dauerhafte Verringerung der Summe aus explizitem und implizitem Schuldenstand des Staates, d.h. eine Verringerung der Tragfähigkeitslücke in den öffentlichen Haushalten, setzt die Erzielung struktureller Primärüberschüsse voraus" (Sachverständigenrat 2006, Ziff. 382).

In der Mittelfristforderung des ESWP ist man sogar noch weiter gegangen: Man hat Abschied von der so genannten „Goldenen Regel" des Art. 115 GG als Leitlinie für die Haushaltsentwicklung genommen und fordert, dass konjunkturbereinigt ein wenigstens ausgeglichener Haushalt angestrebt werden soll (*Gandenberger* 2004, 54 f.).

Dies wird von manchen Ökonomen als zu weitgehend angesehen, weil es zu Wohlfahrtsverlusten führt, die im Prinzip unnötig wären; statt dessen wird eine Defizitbegrenzung auf „produktive" (d.h. angebotsvergrößernde) Investitionen gefordert (*Neumann* 2006, 151–154). Auch die Tatsache, dass spätere Generationen aufgrund des technischen Fortschritts reicher sein werden, ist als Grund für eine beschränkte Kreditfinanzierung angeführt worden (Sachverständigenrat 2006, Ziff. 405). Der Sachverständigenrat (2006, Ziff. 406) hat einen Vorschlag dafür gemacht, wie man den Investitionsbegriff vor diesem Hintergrund sinnvoll operationalisieren könnte. Eine nähere Inspektion dieses Operationalisierungsvorschlags macht allerdings gleichzeitig deutlich, dass eine politische Umsetzung mit hoher Wahrscheinlichkeit dazu führen würde, dass auch ein durch Auslegungsregeln ergänzter Art. 115 GG materiell verletzt würde: Komplizierte Auslegungsvorschriften stellen immer auch einen Nährboden für „kreative Buchführung" dar. Unter Berücksichtigung der dysfunktionalen Verschuldungsanreize der Politiker erscheint die leichter kontrollierbare ESWP-Forderung nach einem mittelfristig auszugleichenden Budget deshalb als durchaus angemessen.

Als Hauptursachen für die pathologische Entwicklung der Staatsverschuldung kann man zwei Schwachstellen ausmachen: Zum einen sind die (heutigen) rechtlichen Beschränkungen der Kreditfinanzierung von Bund- und Länderhaushalten zu wenig wirksam, und zum anderen wird das Verschuldungsverhalten von Bund und Ländern zu schlecht koordiniert. Deshalb bieten sich zwei Ansatzpunkte zur Problemlösung an:

- die verfassungsmäßige Verankerung eines Haushaltsrechts, das zu einer effektiven Schuldenbegrenzung in der Lage ist, und
- eine Aufteilung der Verschuldungsbefugnisse im Bundesstaat, die den Erkenntnissen der finanzwirtschaftlichen Föderalismustheorie und der Ökonomischen Theorie der Politik entspricht.

Dass das heutige Haushaltsrecht nicht in der Lage ist, die Verschuldungstätigkeit des Staates effektiv zu beschränken, ist in der Literatur und wohl auch unter (Fach-)Politikern herrschende Meinung. Der Sachverständigenrat (2006, Ziff. 405–408) hat deshalb mit Blick auf die negativen Wachstumswirkungen der öffentlichen Verschuldung und die Benachteiligung späterer Generationen wie gesagt eine Neuinterpretation des Art. 115 GG und eine Erleichterung seiner verfassungsgerichtlichen Überprüfung angeregt. Im Folgenden wird ein anderer Weg vorgeschlagen: Bis zum Ende der 1960er Jahre war die deutsche Staatsverschuldung ausgesprochen maßvoll. Die Schuldenstandsquote betrug 1970 nur 18,6% (Sachverständigenrat 2006, 542). Deshalb wird im nächsten Abschnitt vorgeschlagen, in modifizierter Form für die Länder und Gemeinden zu den Haushaltsvorschriften zurückzukehren, die bis 1969 gegolten und sich als „Schuldenbremsen" erwiesen haben.

Die Aufteilung der Verschuldungskompetenzen zwischen dem Bund und den Ländern wirkt in Deutschland ebenfalls schuldentreibend. Das wird deutlich, wenn man

Deutschland einmal mit anderen föderalistischen Staaten in der EWU vergleicht. Dies wird im Kasten 1 näher erläutert.

Kasten 1

Stabilitätsperformance in Abhängigkeit vom Dauerbeherrschungsgrad

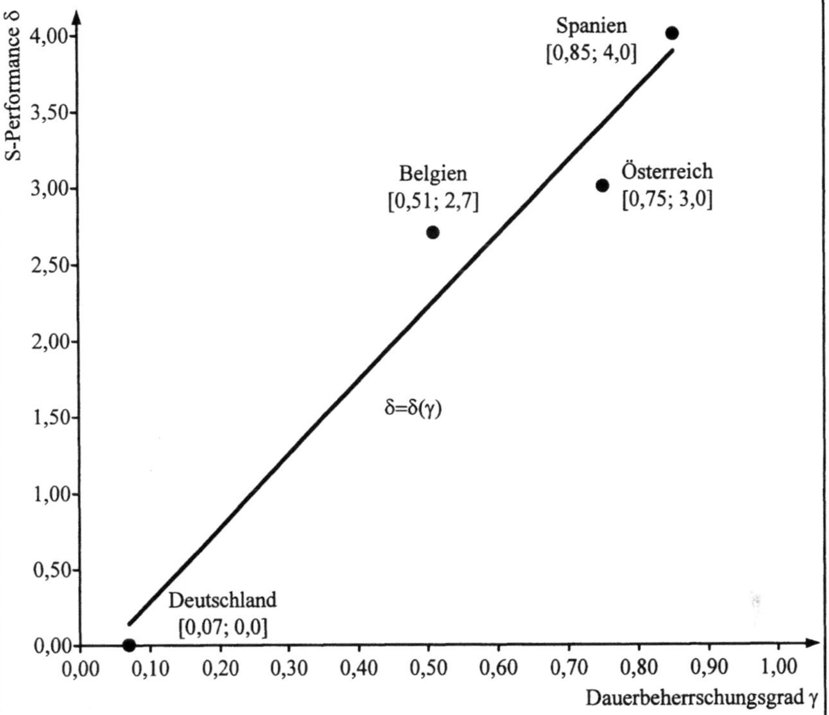

Staat	γ	δ	Regression $\delta = \hat{a} + \hat{b}\gamma$
Belgien	0,51	2,7	δ = -0,20 + 4,81γ
Deutschland	0,07	0,0	(p = 0,71) (p = 0,02)
Österreich	0,75	3,0	R^2 = 0,95
Spanien	0,85	4,0	

Quelle: in Anlehnung an Grossekettler (2005, 75)

Man sieht hier das Ergebnis eines Vergleichs der Erfolge föderalistischer EWU-Staaten bei der Einhaltung des ESWP. Erklärte Größe ist die Performance-Variable δ. Diese ergibt sich aus einer von 1–5 reichenden Kategorienskala für die Erfüllungsgrade der Kriterien des ESWP seit 1999 und zeigt den Sicherheitsabstand zur Notenklasse 5 (ungenügend). Der Maximalwert von δ beträgt deshalb 4. Als erklärende

Variable fungiert der Dauerbeherrschungsgrad γ. Diese Variable beschreibt die Ergebnisse von Schätzungen darüber, wie groß die Wahrscheinlichkeit dafür ist, dass der Zentralstaat die nationale Gesamtverschuldung unter seiner Kontrolle halten kann, oder – anders ausgedrückt – wie groß der Konzentrationsgrad der Verschuldungsmacht im jeweiligen EWU-Land ist.

Die δ-γ-Funktion zeigt, dass in föderalistischen Staaten, in denen der Zentralstaat die Gesamtverschuldung über einen nationalen Stabilitätspakt und / oder über verfassungsmäßige Verschuldungsverbote für die Gliedstaaten beherrscht, eine eindeutig bessere Verschuldungsperformance erreicht wurde als in Staaten wie z.B. Deutschland, in denen das nicht der Fall ist. Ein solches Ergebnis konnte man sowohl auf der Basis der finanzwirtschaftlichen Föderalismustheorie erwarten als auch auf der Basis politikökonomischer Überlegungen (detailliert hierzu *Grossekettler* 2005, 70 f.): Erstere spricht nur dem Zentralstaat die Fähigkeit zu einer wirksamen Stabilitätspolitik zu; letztere knüpft an der Tatsache an, dass die Öffentlichkeit stets allein den Bundesfinanzminister für eine schlechte Verschuldungsperformance verantwortlich macht, nicht aber die Ministerpräsidenten und Landesfinanzminister. Es ist zwar richtig, dass der Schuldenstand der Länder nur halb so hoch ist wie der des Bundes (*Schemmel* 2006, 45) und dass der Anteil der Nettoneuverschuldung der Länder und Gemeinden am gesamtstaatlichen Defizit 2006 auf fast 25% gefallen ist (Sachverständigenrat 2006, Ziff. 383); aber auch diese Werte stellen ganz offensichtlich keine Quantité négligeable dar. Die Beteiligung sowohl des Bundes als auch der Länder an der pathologischen Entwicklung spiegelt sich auch in den Zahlen der Überschreitungen der Normalverschuldungsgrenze des Art. 115 GG: In den Jahren 2002 bis 2004 haben nicht nur der Bund, sondern jeweils auch zwischen 7 und 10 Bundesländer diese Grenze überschritten, und bei manchen Ländern wie z.B. Berlin können solche Überschreitungen geradezu als chronisch angesehen werden (*Schemmel* 2006, 42–45). Dies geschieht natürlich stets mit der Ausrede, eine Störung des gesamtwirtschaftlichen Gleichgewichts abwehren zu wollen, einer Standardausrede, die von Politikern in beliebigen Situationen vorgebracht wird und die in den meisten Fällen theoretisch und empirisch abgestützten Erkenntnissen widerspricht (Sachverständigenrat 2006, Ziff. 396 f.). Vor dem Hintergrund dieser Erfahrungen hat der Wissenschaftliche Beirat beim Bundesministerium der Finanzen (2003) Vorschläge für einen wirkungsvolleren nationalen Stabilitätspakt gemacht, die bis heute allerdings noch nicht aufgegriffen wurden. Während der Beirat sich stark am rechtlichen Status quo orientiert hat, soll im Folgenden eine Lösung präsentiert werden, die auf eine radikale Neuordnung des Haushalts- und Verschuldungsrechts hinausläuft und auf eine effektive Verschuldungsbegrenzung und eine klare Verantwortungsstruktur zielt. Diese Lösung wird in zwei Schritten vorgestellt: Zunächst wird der angestrebte Zielzustand geschildert; anschließend wird dann gefragt, wie dieser Zielzustand in einer Weise erreicht werden könnte, die im Prinzip allen Beteiligten als ökonomisch und politisch vorteilhaft erscheinen könnte.

2. Der Zielzustand: Zentralisation und Beschränkung der Verschuldungskompetenzen bei verstetigten Länder- und Gemeindeeinnahmen

Nimmt man in einem Gedankenexperiment für einen Moment einmal an, man wollte die Verschuldungskompetenzen für einen noch schuldenfreien Bundesstaat im Licht der finanzwissenschaftlichen Föderalismustheorie und der politikökonomischen Erfahrungen in einem Verfassungsvertrag ordnen, böte sich die folgende Lösung an:

1. Länder- und Gemeindeetats sollten vorwiegend Allokationshaushalte sein: Sie benötigten deshalb
   - Einnahmen, die sich frei von Konjunkturschwankungen entwickeln, und
   - das Recht, die Finanzierung größerer Investitionsvorhaben über eine objektorientierte Schuldaufnahme zeitlich zu strecken.

   Ein Recht zur konjunkturellen Verschuldung ist dagegen nicht erforderlich und wäre sogar unsachgemäß.
2. Der Bundesetat ist dagegen auch Stabilisierungshaushalt. Sieht man das Konzept der antizyklischen Stabilisierungspolitik aufgrund der weltweit schlechten Erfahrungen als überholt an, benötigt er deshalb die gleichen Verschuldungsrechte wie die Länder, muss darüber hinaus aber auch die konjunkturellen Schwankungen des Steueraufkommens im Wege einer Verstetigungspolitik auffangen können.

Diesen Funktionserfordernissen kann man folgendermaßen Rechnung tragen:

1. Die Länderhaushalte werden in Anlehnung an die heutige Gestaltung der Gemeindehaushalte als zweigeteilte Budgets geführt, d.h. das Gesamtbudget wird in einen Verwaltungs- und einen Vermögenshaushalt aufgeteilt. Anders als es heute bei den Gemeinden üblich ist (*Zimmermann* 1999, 271–276), sollten die Zinsen dabei jedoch bei allen Gebietskörperschaften im Vermögenshaushalt verbucht und den zugehörigen Investitionsobjekten zugeordnet werden, um die Objektorientierung der Verschuldung und damit deren Einnahmen-Glättungscharakter besser überprüfen zu können. Im Vermögenshaushalt ist sodann solange eine objektorientierte Verschuldung zur Finanzierung größerer Investitionsvorhaben erlaubt, wie der Verwaltungshaushalt mit einem Überschuss abschließt, der wenigstens zur Bedienung der aufgelaufenen Kapitaldienstpflichten ausreicht. Der Gesamthaushalt darf bei Ländern und Gemeinden folglich nicht defizitär sein.
2. Auch das Budget des Bundes wird in Teilhaushalte zerlegt. Zum Verwaltungs- und zum Vermögenshaushalt tritt hier jedoch noch ein Stabilisierungshaushalt hinzu. Dieser hat die Aufgabe, dem Bund eine Verstetigungspolitik zu erlauben, die seinen Gesamthaushalt nicht jährlich, sondern nur über einen Konjunkturzyklus hinweg ausgleicht oder – anders ausgedrückt – die in konjunktureller Hinsicht einzig und allein die automatischen Stabilisatoren wirken lässt. Bei der Bestimmung des Haus-

haltsumfangs und seiner Entwicklung sollte man sich am Schweizer Modell einer Schuldenbremse orientieren (Sachverständigenrat 2006, 312 f.).

3. Um sicher zu stellen, dass Länder und Gemeinden über stetige, von Konjunkturschwankungen freie Einnahmen verfügen können, muss der Bund alle Konjunkturschwankungen alleine abfedern. Dies bedeutet, dass das Steueraufkommen zwischen Bund und Ländern trendorientiert aufgeteilt werden muss und dass die Länder die Gemeindefinanzierung in vergleichbarer Weise stabilisieren müssen, etwa nach dem Vorbild des rheinland-pfälzischen Stabilisierungsfonds (*Deubel* 2004; *Müller / Meffert* 2005). „Trendorientierte Aufteilung des Steueraufkommens" heißt, dass der Bund den Ländern jeweils diejenigen Einnahmen garantiert, die ihnen bei gegebener Verteilung der Steuerertragsrechte in einer Wirtschaft ohne Konjunkturschwankungen zugeflossen wären.

Die trendorientierte Aufteilung des Steueraufkommens ließe sich im Prinzip schon auf der Basis der heutigen Verteilung der Ertragskompetenzen erreichen. Diese Verteilung der Steuererträge über die primären Steuereinnahmen und den Bund-Länder-Finanzausgleich gewönne dann aber sehr stark den Charakter eines Zuweisungssystems, das einem vertikalen Finanzausgleich mit horizontalem Effekt gleicht. Deshalb liegt die Idee nahe, den horizontalen Finanzausgleich gemäß Art. 107 Abs. 2 GG abzulösen, den es in dieser Art sonst nirgends auf der Welt gibt (*Schneider* 2006, 31) und mit dem sich Deutschland ein einmalig kompliziertes, undurchschaubares und streitanfälliges Verteilungssystem geschaffen hat. Das wird auch von manchen Vertretern der Finanzpolitik und der Finanzverwaltung so gesehen. So hat der ehemalige Finanzstaatssekretär *Halsch* (2006) den Gedanken ins Spiel gebracht, dass man dem Bund die vollen Gesetzgebungs-, Verwaltungs- und Ertragskompetenzen über die Einkommen-, Körperschaft-, Gewerbe- und Umsatzsteuer mit der Auflage zuteilen könnte, Länder und Gemeinden quotal zu beteiligen, und dass man den Ländern die Gesetzgebungs- und Verwaltungskompetenzen über die übrigen Länder- und Gemeindesteuern übertragen und sie zu einer Beteiligung der Gemeinden an den Erträgen verpflichten könnte. Und der Berliner Finanzsenator *Sarrazin* (2006) hat mit Verweis auf die Reichsfinanzreform zu Beginn der Weimarer Republik darauf hingewiesen, dass man sämtliche Besteuerungskompetenzen für alle Steuern außer den kleineren Kommunalsteuern dem Bund mit der Verpflichtung übertragen könnte, die Länder mit ihren Gemeinden quotal an den Steuereinnahmen zu beteiligen.

Ist man bereit, solche Gedanken aufzugreifen, liegt es nahe, sich nach internationalen Vorbildern für einen solchen vertikalen Finanzausgleich mit horizontalem Effekt umzusehen. Tut man dies, stößt man auf Australien, das über ein solches System verfügt und wo alle Besteuerungskompetenzen beim Bund (Commonwealth) zentralisiert sind (*McLean* 2002; *Schneider* 2006, 32; *Spahn / Shah* 1995). Man müsste ein solches System nur noch mit der Idee einer Konjunkturstabilisierung der Transfers für die Länder und Gemeinden kombinieren.

Da die Länder- und Gemeindehaushalte im Zielzustand ausgeglichen sein sollen, wäre es im Prinzip systemfremd, sie mit Zinsausgaben zu belasten, die aus einer Vergangenheit mit anderen Regelungen stammen. Deshalb wäre es sinnvoll, eine weitere Idee von *Halsch* (2006) aufzugreifen und dem Bund alle Altschulden und Zinslasten zu übertragen. Sie könnten zusammen mit seinen eigenen Lasten in einem Bundesschuldenfonds zusammengefasst werden, auf dessen Finanzierung noch einzugehen ist (vgl. Abschnitt 3). Realisierte man diesen Vorschlag, entstünde eine Kompetenzverteilung, die exakt der geforderten entspricht: Die Länder verfügten dann über Einnahmen, die von Konjunkturschwankungen befreit wären und an denen sie ihre Kommunen über jeweils individuelle schwankungsfreie Zuweisungen beteiligen könnten, und der Bund wäre Herr der Stabilitätspolitik. Er müsste diese Kompetenz aber im Sinne einer Verstetigungspolitik nutzen und sein Budget folglich über einen Konjunkturzyklus hinweg ausgleichen. Dies wäre ein ausgesprochen Maastricht-freundliches institutionelles Arrangement.

Das bisher skizzierte Kernmodell hätte im Vergleich zu heute außer der sinnvollen Zuordnung und Finanzierung von Allokations- und Stabilisierungsaufgaben eine Reihe von weiteren Vorteilen:

- Der für Bürger und wohl auch Parlamentarier undurchsichtige und zum Teil in sich widersprüchliche Bund-Länder-Finanzausgleich könnte zugunsten eines vertikalen Zuweisungssystems mit horizontalen Effekten entfallen, das einsichtigen Kriterien genügt, die in einem Maßstäbegesetz formuliert werden könnten. Solch ein Zuweisungssystem wäre viel einfacher zu durchschauen und damit weniger missbrauchsanfällig als der heutige Finanzausgleich. Hinzu käme, dass die Länder in diesem System nichts aus „eigenen“ Steuereinnahmen abgeben müssen – finanzpsychologisch sicher ein großer Vorteil.
- Ein Haushaltsnotlagenverfahren – etwa das von *Fiedler* et al. (2006) vorgeschlagene – könnte in dieses System integriert werden. Es würde sich in einer Änderung der Zuweisungsstruktur niederschlagen, verlöre aber an Bedeutung, denn das Verschuldungsverbot würde die wichtigste Ursache für Haushaltsnotlagen beseitigen. Über Änderungen der Zuweisungsstruktur könnte man auch verhindern, dass es zu institutionell bedingten Fehlprogrammierungen wie etwa zu der momentan durchaus drohenden Gefahr kommt, dass in Deutschland ausgerechnet bei den für die Wettbewerbsfähigkeit in der Zukunft so wichtigen Bildungsausgaben gespart wird.
- Der Bund gewönne die volle Verfügungsgewalt über die Struktur und das Niveau des Steueraufkommens und könnte rasch auf äußere Herausforderungen im Zuge der Globalisierung und des internationalen Steuerwettbewerbs reagieren.
- Der Mogelwettbewerb zwischen den Ländern mit zum Teil gewollten Effektivitätsmängeln bei der Steuerprüfung entfiele. Das heutige Anreizdilemma der Gebietskörperschaften mit der Prämierung einer strategischen Verschuldung (*Jochimsen / Konrad* 2006, 21–23) entfiele ebenfalls und damit auch die dysfunk-

tionale Nutzung der Staatsverschuldung durch manche Länder zur unsoliden Finanzierung von Leistungen, auf die solidere Länder verzichten.

- Und die Schuldenstrukturpolitik des Bundesschuldenfonds könnte schließlich so angelegt werden, dass aus der Sicht der Bürger eine sichere und jederzeit verfügbare Anlagemöglichkeit für Altersruhegeldrücklagen entsteht, eine Kapitalanlagemöglichkeit, wie sie in Deutschland noch weitgehend fehlt. Auch die Rücklagen, die Bund und Länder neuerdings für ihre Beamten bilden, könnten in Papieren dieses Fonds angelegt werden.

Das Kernmodell hätte auch Nachteile; diese sind jedoch beseitigbar:

- Mit dem Zuweisungssystem könnte der Mangel verbunden sein, dass Länder und Gemeinden weniger stark an der Ansiedlung von Unternehmen interessiert sind. Dem ließe sich abhelfen, indem man in den Zuweisungsschlüssel neben der Einwohnerzahl auch die Zahl der Arbeitsplätze als Zuweisungskriterium aufnähme.
- Aus der Sicht der Länder entfiele mit dem Wegfall der Verschuldung ein autonomer Gestaltungsspielraum auf der Einnahmenseite ihrer Budgets – und das, obwohl auf der Ausgabenseite doch schon Vieles vom Bund vorgegeben wird. Als Abhilfe käme insbesondere ein begrenztes Steuerzuschlagsrecht bei der Einkommensteuer in Frage (Sachverständigenrat 2003, Ziff. 513; Wissenschaftlicher Beirat beim Bundesministerium der Finanzen 2000, 25–27). Solche Zuschläge entsprächen dem sog. Kongruenzprinzip, d.h. der Forderung nach fiskalischer Äquivalenz und ungeteilter demokratischer Nutzen-Kosten-Verantwortung (*Grossekettler* 2006, 17; *Zimmermann* 1999, 41 u. 89 f.). Gleichwohl haben sich die Gemeinden bisher mit dem Verweis auf die Stadt-Umland-Problematik gegen die Einführung solcher Zuschläge gewandt, und bei den Stadtstaaten spielte dieses Argument ebenfalls eine Rolle. Hierauf wird gleich eingegangen. Dass auch viele Landespolitiker gegen die Einführung von Zuschlagsmöglichkeiten plädiert haben, dürfte dagegen weniger auf Sachproblemen als auf Fehleinschätzungen und einer Scheu vor Wettbewerb beruhen. Jedenfalls gibt es keine Erfahrungen, welche die These stützen, dass ein innerstaatlicher Steuerwettbewerb ruinös wäre, und die Schweizer Erfahrungen sprechen auch dagegen (*Schneider* 2006, 34 f.).
- Bei den Stadtstaaten spielen wie gesagt positive Spillover-Effekte eine Rolle. Diesen könnte jedoch über Ergänzungszuweisungen Rechnung getragen werden. Das Stadt-Umland-Problem in den Flächenländern könnte in vergleichbarer Weise im Kommunalen Finanzausgleich gelöst werden.
- Ein besonders gewichtiger Nachteil wäre es, wenn der Bund die Zuweisungen an die Länder (einschließlich ihrer Kommunen) völlig autonom gestalten könnte; vermutlich wäre dies sogar ein Verstoß gegen das Föderalismusgebot des Grundgesetzes. Dem ließe sich jedoch dadurch entgegenwirken, dass die Quote der Zuweisungen am BIP und die Struktur von Schlüssel- und Ergänzungszu-

weisungen nach Maßgabe eines Maßstäbegesetzes über ein zustimmungsbedürftiges Bundesgesetz festgelegt werden müssen. Damit es hier nicht zu Blockaden kommt, könnte man vom Status quo als Startwert ausgehen und die Aufteilungsregeln so lange beibehalten, wie weder der Bund noch eine Bundesratsmehrheit Einwände erhebt. Kann man sich bei Einwänden weder im Finanzplanungsrat noch im Vermittlungsausschuss einigen, sollte – analog zur Tätigkeit der Grants Commission in Australien – ein Schlichtungsverfahren greifen. Dies könnte nach der Methode der so genannten Pendelschlichtung ausgestaltet werden. Hierbei müssen beide Parteien einem Schiedsgremium einen Kompromissvorschlag vorlegen, und dieses Gremium wählt dann einen Vorschlag aus. Das Schlichtungsgremium könnte nach Kriterien zusammengesetzt werden, wie sie der Wissenschaftliche Beirat beim Bundesministerium der Finanzen (1992, 64) vorgeschlagen hat. Eine Pendelschlichtung würde sowohl der rechtlichen Gleichwertigkeit von Bund und Ländern als auch der Forderung gerecht, dass der letztlich realisierte Aufteilungsvorschlag von einem politisch legitimierten Gremium stammen sollte. Die Schlichtungsmethode würde beide Seiten dazu anhalten, die Interessen der Gegenseite in ihren Vorschlägen zu berücksichtigen, weil man sonst damit rechnen müsste, dass die Schlichter den jeweils anderen Vorschlag als objektiv vorziehenswert aussuchen.

Nach Berücksichtigung der Einwände ergäbe sich damit insgesamt ein Zielzustand, dessen Hauptmerkmale in dem folgenden Kasten 2 (auf folgender Seite) beschrieben werden. Die Realisation dieses Zustandes wäre aus volkswirtschaftlicher Sicht eindeutig eine Verbesserung im Vergleich zum Status quo. Aus der Sicht der Landespolitiker könnte der volkswirtschaftliche Vorteil jedoch weniger wiegen als der Verlust der heutigen Verschuldungsmöglichkeiten. Deshalb soll nun überlegt werden, ob es einen Weg zur Realisation des Zielzustandes gibt, der aus der Sicht aller Beteiligten subjektiv vorziehenswert erscheinen könnte.

3. Ein potenzieller Weg zum Ziel

Mit Hilfe des im Kasten 2 beschriebenen Zuweisungssystems kann die heutige Verteilung der Primärhaushaltsmittel des Bundes und aller einzelnen Länder für einen konjunkturellen Normalhaushalt im Prinzip annähernd repliziert werden. Hierzu müsste man in drei Schritten vorgehen:

- Man legt – am besten in Abstimmung mit dem Sachverständigenrat – zunächst Werte für ein Jahr fest, in dem der Auslastungsgrad des Produktionspotenzials als normal betrachtet werden konnte und das Steueraufkommen deshalb keine konjunkturellen Über- oder Untereinnahmen aufwies.
- Anschließend stellt man fest, was dem Bund und den einzelnen Ländern in diesem Jahr im heutigen System jeweils an Steuermitteln zugeflossen ist, was sie an Zinsen auf ihre Staatsschuld gezahlt haben und was ihnen nach der Elimi-

nierung von Einmaleffekten jeweils an Primärhaushaltsmitteln tatsächlich verblieben ist.

- Die Zinsverpflichtungen blieben bei Überführung der jeweiligen Schulden in den Bundesschuldenfonds in etwa erhalten; ihre Summe müsste folglich für den Bundesschuldenfonds abgezweigt werden, bevor die restlichen Steuern – nunmehr als reine Primäreinnahmen – auf den Bund und die einzelnen Länder rechnerisch verteilt werden können. Diese Verteilung könnte so gestaltet werden, dass die im Startjahr gültige Verteilung der Primärsalden erhalten bleibt. Diese Verteilungsstruktur könnte dann trendmäßig fortgeschrieben und jahresweise ex post immer wieder um evtl. Prognosefehler korrigiert werden.

Kasten 2

Hauptcharakteristika des Zielzustandes

Der Zielzustand ist durch die folgenden Hauptmerkmale gekennzeichnet:

(1) *Haushaltsgestaltung der Länder und Gemeinden:*
Zweiteilung der Haushalte in einen Verwaltungs- und einen Vermögenshaushalt, objektorientierte Verschuldung im Vermögenshaushalt bei ausreichender Zuführung aus dem Verwaltungshaushalt, d.h. (wenigstens) ausgeglichener Gesamthaushalt

(2) *Haushaltsgestaltung des Bundes:*
Ergänzung des Verwaltungs- und Vermögenshaushalt durch einen Stabilisierungshaushalt zur Glättung der Steuereinnahmen; Verpflichtung zum Ausgleich des Stabilisierungs- und damit auch des Gesamthaushalts über einen Konjunkturzyklus hinweg

(3) *Gestaltung der Steuerfinanzierung:*
Zentralisierung aller Besteuerungskompetenzen beim Bund mit der Verpflichtung, die Länder (einschließlich ihrer Gemeinden) mit einer Quote zu beteiligen, die einem vorgegebenen Anteil am Trendwert des BIP entspricht. Verpflichtung der Länder, ihre Gemeinden trendorientiert zu beteiligen

(4) *Quotengestaltung:*
Start mit der jetzigen Quote, Änderungen jeweils nach Diskussion im Finanzplanungsrat mit Bundestags- und Bundesratsmehrheit; bei erfolglosem Vermittlungsverfahren erfolgt eine Pendelschlichtung

(5) *Zuweisungsgestaltung:*
Aufgliederung der Zuweisungen an die Länder (einschließlich Gemeinden) in an Einwohnerzahlen und Arbeitsplätzen orientierte Schlüsselzuweisungen und Ergänzungszuweisungen, die auf die Abgeltung externer Effekte (insbesondere bei den Stadtstaaten) und besonderer Bedarfe gerichtet sind (z.B. Solidarpaktmittel)

(6) *Flexibilisierung der Länder- und Gemeindehaushalte:*
Recht zur Erhebung von begrenzten Zuschlägen zur (Bundes-)Einkommensteuer, die analog zur Kirchensteuer von den jeweiligen Einwohnern zu zahlen sind

(7) *Bundesschuldenfonds:*
Zusammenfassung der aufgelaufenen Schulden des Bundes und der Länder in einem Bundesschuldenfonds, der auch als Reservoir für die Verstetigungspolitik des Bundes dient und dessen Zinsaufwand in noch zu beschreibender Weise finanziert wird

Das eben geschilderte Verfahren erlaubte wie gesagt eine Replikation der heutigen Verteilung der Primärsalden von Bund (einschließlich Sozialversicherung) und Ländern (einschließlich Gemeinden). Damit ist aber noch nicht geklärt, wie den Beteiligten der Weg zum Ziel ermöglicht und schmackhaft gemacht werden könnte. Hiermit sind drei Probleme verbunden: 1. das Saldensummen-, 2. das Saldenverteilungs- und 3. das Veränderungsanreiz- und Zinsfinanzierungsproblem.

1. Das Saldensummenproblem besteht darin, dass der Übergang zum Zielzustand voraussetzt, dass die konsolidierte Summe aller strukturellen (d.h. konjunkturbereinigten und um Einmaleffekte korrigierten) Primärsalden nicht negativ ist, d.h. dass der gesamtstaatliche strukturelle Primärsaldo wenigstens ausgeglichen ist. Dass dies der Fall ist, kann als relativ sicher gelten: Deutschland wird im Jahre 2007 vermutlich einen Primärüberschuss realisieren (Bundesministerium der Finanzen 2006a, 29; Sachverständigenrat 2006, Ziff. 382). Er wird vom Bundesfinanzministerium auf 1% geschätzt (ebd.). Da 2007 kein Normalhaushaltsjahr, sondern ein konjunkturell begünstigtes Jahr sein dürfte, wird der strukturelle Primärüberschuss niedriger als der tatsächliche liegen; auch er dürfte aber positiv sein. Mit einem positiven Primärüberschuss ist eine wichtige Basis für die Realisierung des Zielzustandes gelegt: Es ist sichergestellt, dass sich eine Verteilung der Primärhaushaltssalden über den Bund und die einzelnen Länder herstellen lässt, die jedenfalls dann für ausgeglichene Haushalte in einem Normalhaushaltsjahr sorgen würde, wenn die Zinsen für die gesamtstaatliche Schuld aus (noch zu diskutierenden) zusätzlichen Mitteln finanziert würden.
2. Das Saldenverteilungsproblem resultiert daraus, dass auch ein nicht negativer struktureller Primärsaldo Deutschlands nicht garantiert, dass sowohl der Bund als auch jedes einzelne Land einen nicht negativen strukturellen Primärsaldo aufweisen, denn die finanziellen Situationen der einzelnen Gebietskörperschaften unterscheiden sich stark. Die Beantwortung der Frage wird dadurch erschwert, dass es in Deutschland keine offizielle Statistik der Primärsalden des Bundes und der einzelnen Länder und erst recht keine Statistik der strukturellen Primärsalden gibt. Das Bundesverfassungsgericht (2006, Abs. 155) hat in seinem Berlin-Urteil die (nicht konjunkturbereinigten) Primärsalden der Länder bis zum Jahr 2004 aufgelistet. Diese Liste ist ein Beweis dafür, dass sich die Primärsalden der einzelnen Länder stark unterscheiden. Angesichts der Einnahmenverbesserungen für den Staat insgesamt, sonstiger Konsolidierungserfolge und der Umverteilung der Staatseinnahmen zugunsten der Länder wird man aber davon ausgehen können, dass die strukturellen Primärsalden aller Länder positiv sind. Für den Bund wird man wohl mit einer „roten Null“ rechnen können.
3. Nun zum Veränderungsanreiz- und Zinsfinanzierungsproblem. Entlastete man alle Länder von ihren Zinszahlungen und finanzierte man die vom Bundesschuldenfonds für die Länder zu zahlenden Zinsen vorab aus dem Steueraufkommen, würde dies dazu führen, dass z.B. Bayern nach Entlastung per Saldo schlechter gestellt wäre als im Status quo, während es sich etwa mit Bremen umgekehrt verhielte. Die zuletzt veröffentlichte Zinsausgabenquote beträgt in Bayern nämlich 3,5% und in Bremen 12,1%, was natürlich mit der Pro-Kopf-Verschuldung korrespondiert:

3.333 € in Bayern, 18.517 € in Bremen (Bundesministerium der Finanzen 2006b, 162 f.). Rechnet man mit Zinszahlungen der Länder (einschließlich Gemeinden) in Höhe von etwa 27 Mrd. € (s.u.), so beträgt die durchschnittliche Pro-Kopf-Belastung bei 82,5 Mio. Einwohnern momentan etwa 327 €. Geht man von Zinszahlungen in Bayern (Land und Gemeinden) in Höhe von etwa 1.750 Mio. € aus, ergibt dies bei 12,5 Mio. Einwohnern eine Pro-Kopf-Belastung in Höhe von rund 140 € (grobe Schätzwerte nach Auskunft des Statistischen Bundesamtes). Bayern müsste bei einer Vorab-Bedienung des Bundesschuldenfonds also auf Pro-Kopf-Einnahmen in Höhe von 327 € verzichten und gewönne eine Zinsentlastung von 140 €, was auf einen Pro-Kopf-Verlust von 187 € hinausliefe. Nun könnte man sich natürlich eine Verteilung der Steuereinnahmen nach Zinszahlungen vorstellen, die dazu führt, dass solche Verluste nicht auftreten. Gleichwohl könnten die Länder durch die Übernahme der Zinsen durch den Bundesschuldenfonds ceteris paribus nichts gewinnen, und die Landespolitiker würden den geschilderten Verzicht auf Verschuldungsmöglichkeiten sicher als Nachteil betrachten. Da die Ministerpräsidenten sich typischerweise der Lösung gesamtstaatlicher Probleme nur nachrangig verpflichtet fühlen und sich meist eher als „Landesfürsten" gerieren, wäre es deshalb mehr als fraglich, ob die Einführung des Zielzustandes und die zugehörige Umverteilung die erforderliche Mehrheit im Bundesrat fände.

Wäre dies nicht der Fall, würde die gesamtwirtschaftlich objektiv vorteilhafte Möglichkeit, die Situation Deutschlands durch den Übergang zum Zielzustand zu verbessern, daran scheitern, dass – subjektiv gesehen – nicht alle Beteiligten davon angemessen profitierten. In solch einer Dilemmasituation wäre es hilfreich, wenn auf Zeit Mittel zur Finanzierung von Sonderzuweisungen zur Verfügung stünden. Mit diesen könnten – z.B. im Rahmen eines Systems von Staatsverträgen zwischen dem Bund und den einzelnen Ländern – vom Bund selektive Anreize mit dem Ziel gesetzt werden, alle Länder auf den Verzicht auf ihre Rechte zur konjunkturellen Verschuldung und auf Anpassungspfade einzuschwören, die in vertretbaren Zeiträumen zur Erreichung des Zielzustandes führen.

Wie könnte man sich unter diesen Umständen die Finanzierung der Zins- und Anreizzahlungen vorstellen? Bei den Zinszahlungen muss man momentan mit einem Volumen von etwa 65 Mrd. € rechnen, von denen etwa 38 Mrd. € auf den Bund (einschließlich Sozialversicherung) und etwa 27 Mrd. € auf die Länder (einschließlich Gemeinden) entfallen (Bundesministerium der Finanzen 2006b, 124–126).

Wie am Anfang dieses Aufsatzes festgestellt wurde, muss der Primärhaushalt Deutschlands positiv werden. Dies bedeutet, dass Bund und Länder auch nach der vorgeschlagenen Haushaltsrechtsreform per Saldo einen Teil ihrer Zinsen indirekt tragen müssten – „indirekt", weil diese Zinsen in einer Vorabverteilung aus den Steueraufkommen an dem Bundesschuldenfonds überwiesen würden und nur noch der Rest zur Verteilung auf die Gebietskörperschaften zur Verfügung stünde. Wie groß müsste dieser Teil sein? Beim Bund kann man davon ausgehen, dass er ohne eine Zinsentlastung motiviert ist, in absehbarer Zeit einen ausgeglichenen Normalhaushalt und einen positiven Primärhaushalt zu realisieren. Er sollte deshalb bei der Aufteilung des Steueraufkommens auf die Gesamtheit der Zinszahlungen verzichten, die der Schuldenfonds für ihn übernimmt (ca. 38 Mrd. €). Bei den Ländern wäre dagegen wie gesagt eine echte Zinsentlastung erforderlich, um alle Länder beim Übergang auf den Zielzustand besser als heute zu stellen (von zusätzlich eventuell notwendigen Haushaltsnotlagensanierungen wird hier abgesehen). Bei einer Entlastung von anfänglich etwa 5–10 Mrd. € für die Länderebene insgesamt müsste es möglich sein, jedes einzelne Land auch subjektiv besser als heute zu stellen. Den Ländern würden bei der Vorabverteilung dann z.B. 22 statt 27 Mrd. € zugunsten des Bundesschuldenfonds abgezogen, und sie könnten per Saldo 5 Mrd. mehr ausgeben. Momentan haben die Länder ein Defizit in Höhe von rund 0,5% des BIP (Bundesministerium der Finanzen 2006a, 22.). Das strukturelle Defizit muss höher sein, da sich Deutschland 2006 deutlich oberhalb des Trendwachstums bewegt hat. Die vorgeschlagene Entlastung der Länder würde deren strukturelles Defizit um wenigstens 0,2% reduzieren. Dies bedeutet, dass auf der Länderebene – ebenso wie beim Bund – weiterhin Konsolidierungsanstrengungen in Form eines Ausgabenwachstums unterhalb des Wachstums der Steuereinnahmen erforderlich wären, um eine Haushaltssituation zu realisieren, die sowohl mit strukturellen Primärüberschüssen als auch einem strukturell ausgeglichenen öffentlichen Gesamthaushalt (einschließlich Bundesschuldenfonds) verbunden ist.

Es erhebt sich nun die Frage, wie die eben genannten 5–10 Mrd. € finanziert werden sollten. Zusätzliche Konsolidierungsanstrengungen wären sicher angemessen, sollten – politikökonomisch gesehen – aber nicht speziell mit der Föderalismusreform verknüpft werden, weil dies die Reform blockieren könnte. Auf zusätzliche Steuererhöhungen sollte man wegen der damit verbundenen Fehlanreize und der nachhaltigen Minderung des Konsolidierungsdrucks auf der Ausgabenseite verzichten. Es wäre aber möglich, für eine begrenzte Zeitspanne zu zinslosen Stabilitäts-Zwangsanleihen zu greifen. Diese könnten in Analogie zum Solidaritätszuschlag von natürlichen Personen erhoben werden und müssten handelbar sein (Aufkommen des Solidaritätszuschlags 2006 gemäß Bundesministerium der Finanzen 2006b, 291: ca. 10,5 Mrd. €). Sie könnten also z.B. in Anleihen des Bundesschuldenfonds bestehen, die jährlich neu zu beschließen und von den Bürgern in Abhängigkeit vom Einkommen zu erwerben sind. Da solche Anleihen in Deutschland entgegen der Ansicht von *Barro* (1974) als individuelles Vermögen betrachtet werden dürften, entfiele eine wachstumsschädigende Wirkung (zur Kritik an Barros These vgl. *Neumann* 2006, 141 f.). Eine eventuell mit ihnen verbundene Reduktion anderer Ersparnisse hätte angesichts der Verbundenheit der Welt-Kapitalmärkte nämlich vermutlich weder fühlbare Verknappungserscheinungen beim Kreditangebot noch Zinswirkungen zur Folge. Die Ausgleichsverpflichtung der öffentlichen Haushalte würde außerdem ein Erwartungs-Crowding-out verhindern. Es wäre ja abzusehen, dass die Volkswirtschaft auf einen Zustand zusteuert, in dem der Bundesschuldenfonds absolut nicht mehr wächst und in dem folglich die Schuldenstandsquote am BIP und die Zinslastquote entsprechend der BIP-Wachstumsrate fallen. Damit der Konsolidierungsdruck aufrecht erhalten bleibt und die Länder ihre Anpassungsverpflichtungen einhalten, sollten die jeweiligen Entlastungszahlungen nur an solche Länder erfolgen, die sich auf dem ausgehandelten Konsolidierungspfad befinden; aus eventuellen Strafen resultierende Überschüsse sollten als Tilgungszahlungen an den Bundesschuldenfonds fließen. Das Volumen der Stabilitätsanleihen sollte sich nach einem ex ante festgelegten Zeitmuster degressiv entwickeln.

Die vorstehende Lösungsstrategie dürfte sich so ausgestalten lassen, dass sie aus Sicht aller Beteiligten einer Win-Win-Situation entspricht. Die heute besser gestellten Länder würden zwar immer noch relativ weniger begünstigt; sie erhielten aber immerhin Zusatzzahlungen aus den Stabilisierungsanleihen. Die Landespolitiker müssten außerdem berücksichtigen, dass auch über ihren Haushalten und nicht nur über dem Bundeshaushalt im Status quo immer noch das Damoklesschwert einer Inflation von Haushaltsnotlagenfällen hängt und dass diese Gefahr beim Einschwenken auf den Zielzustand entfiele. Außerdem dürfte die Stabilisierung der Länder- und Gemeindeeinnahmen auch aus ihrer Sicht von Wert sein. Die Gestaltung des entsprechenden Systems von Staatsverträgen erforderte zugestandenermaßen einen komplizierten Aushandlungsprozess; der Grad der Kompliziertheit dürfte aber nicht wesentlich höher sein, als er es z.B. bei der Aushandlung des Solidarpakts II war.

Referenzen

Barro, Robert J. (1974), Are Government Bonds Net Wealth?, in: Journal of Political Economy, Vol. 89, 1095–1117.

Bundesministerium der Finanzen (2005), Bericht zur Tragfähigkeit der öffentlichen Finanzen, Berlin.

– (2006b), Finanzbericht 2007, Berlin.

Deubel, Ingolf (2004), Vom Beistandspakt zur Stabilisierungsfonds – Ein Beitrag zur Verstetigung der Kommunalen Einnahmen, in: Milbradt, Georg / Deubel, Ingolf (Hrsg.), Ordnungspolitische Beiträge zur Finanz- und Wirtschaftspolitik, Berlin, 33–42.

Deutsche Bundesbank (2006), Monatsbericht Dezember 2006, 58. Jg., Nr. 12, Frankfurt a.M.

Fiedler, Jobst et al. (2006): Die finanzielle Zukunft Berlins – Vorschlag eines konditionierten Sanierungsverfahrens für die Hauptstadt, Berlin (korrigierte Fassung vom 19.10.2006).

Gandenberger, Otto (2004), Supranationale Regeln zur Sicherung finanzpolitischer Disziplin. Was taugt der Stabilitäts- und Wachstumspakt?, in: Milbradt, Georg / Deubel, Ingolf (Hrsg.), Ordnungspolitische Beiträge zur Finanz- und Wirtschaftspolitik, Berlin, 45–63.

Grossekettler, Heinz (2005), Funktionsfähigkeit der nationalen Stabilitätspakte föderalistischer EU-Staaten im Lichte der Anforderungen des europäischen Stabilitäts- und Wachstumpaktes, in: Genser, Bernd (Hrsg.), Haushaltspolitik und öffentliche Verschuldung, Berlin, 53–94.

– (2006), Verbände zwischen Markt und Staat aus finanzwirtschaftlicher Sicht, in: Schmidt-Trenz, Hans-Jörg / Stober, Rolf (Hrsg.), Jahrbuch Recht und Ökonomik des Dritten Sektors 2005/2006, Baden-Baden, 13–35.

Halsch, Volker (2006), „Entmachtet und entschuldet die Länder!“, in: Die Zeit, Nr. 41 vom 5.10.2006, 38.

Jochimsen, Beate / Konrad, Kai A. (2006), Anreize statt Haushaltsnotlagen, in: Dieselben (Hrsg.), Finanzkrise im Bundesstaat, Frankfurt a.M. u.a.O., 11–27.

McLean, Iain (2002), Fiscal Federalism in Australia, Version 25/11/2002.

Müller, Walter / Meffert, Horst (2005), Der Stabilisierungsfonds in Rheinland-Pfalz im Rahmen des kommunalen Finanzausgleichs, in: der gemeindehaushalt 3/2005, 56–58.

Neumann, Manfred (2006), Staatsverschuldung quo vadis?, in: List Forum für Wirtschafts- und Finanzpolitik, Bd. 22, 137–155.

Ottnad, Adrian (2006), Steigende Abgaben – sinkende Leistungen. Die Politik auf schmalem Grad, München.

Sachverständigenrat zur Begutachtung der gesamtwirtschaftlichen Entwicklung (2003), „Staatsfinanzen konsolidieren – Steuersysteme reformieren“, Jahresgutachten 2003/04, Berlin.

– (2006), Jahresgutachten 2006/07, BT-Drucksache 16/3450, Berlin.

Sarrazin, Thilo (2006), „Wir haben unsere Hausaufgaben gemacht“, Gespräch mit Uwe Müller, in: Die Welt vom 16.1.2006.

Schemmel, Lothar (2006), Staatsverschuldung und öffentliche Investitionen, Berlin.

Schneider, Hans-Peter (2006), Föderale Finanzautonomie im internationalen Vergleich, in: Aus Politik und Zeitgeschichte (APuZ), Nr. 50/2006, 31–38.

Spahn, Paul B. / Shah, A. (1995), Intergovernmental Fiscal Relations in Australia, in: Macroeconomic Management and Fiscal Decentralisation, 49–72.

Wissenschaftlicher Beirat beim Bundesministerium der Finanzen (1992), Gutachten zum Länderfinanzausgleich in der Bundesrepublik Deutschland, Bonn (Schriftenreihe des Bundesministerium der Finanzen, Heft 47).

– (2000), Stellungnahme zum Finanzausgleichsurteil des Bundesverfassungsgerichts vom 11.11.1999, Berlin (Schriftenreihe des Bundesministerium der Finanzen, Heft 68).

– (2003), Stellungnahme „Verbesserungsvorschläge für die Umsetzung des Deutschen Stabilitätspaktes“, Berlin (Schriftenreihe des Bundesministerium der Finanzen, Bd. 75).

Zimmermann, Horst (1999), Kommunalfinanzen, Baden-Baden.

Internetveröffentlichungen

Bundesministerium der Finanzen (2006a), Deutsches Stabilitätsprogramm. Aktualisierung Dezember 2006, www.bundesfinanzministerium.de/cln_05/nn_3378/DE/Finanz_und_Wirtschaftspolitik/Finanzpolitik/Weitere_Informationen_Links/0611301a1001.html, Stand 18.12.2006

Bundesverfassungsgericht (2006), 2BvF 3/03 v. 19.10.2006, www.bverfg.de/entscheidungen/fs20061019_2bvf000303.html, Stand 18.12.2006.

Das Schweizer Modell des fiskalischen Föderalismus: Lehren für die deutsche Reformdiskussion

Lars P. Feld und Thushyanthan Baskaran

1. Einleitung

In der deutschen Öffentlichkeit wird die Schweizer Wirtschafts- und Sozialpolitik in den vergangenen Jahren zunehmend als modellhaft für die mögliche Ausrichtung von Reformvorhaben wahrgenommen. Bereits die Reform der Rentenversicherung mit der Stärkung einer kapitalgedeckten Säule („Riester-Rente") als Ergänzung zur umlagefinanzierten Säule und der steuerlich geförderten Alterssicherung (nachgelagerte Besteuerung) schielte ein wenig auf das Schweizer Drei-Säulen-Modell der Alterssicherung. In der Diskussion um die Reform des Gesundheitswesens stand das Schweizer Finanzierungsmodell für den Vorschlag einer Gesundheitsprämie Pate. Nun blickt die jüngst eingesetzte gemeinsame Kommission zur Modernisierung der Bund-Länder-Finanzbeziehungen (Bundesstaatskommission II für die 2. Stufe der Föderalismusreform) aufmerksam auf die Schweiz, um aus dem Schweizer Föderalismus ihre Lehren zu ziehen. Spätestens seit Bundesfinanzminister Steinbrück in seiner Rede vom 15. Dezember 2006 anlässlich der Einsetzung der Bundesstaatskommission II darauf hinwies, dass sich dieser Blick in andere Länder im Sinne von „Best Practices" lohnen könnte, dürfte die Sinnhaftigkeit des Schweizer Föderalismus erörtert werden.[1] Vor allem das Schweizer Modell einer Schuldenbremse wird als sehr interessant für die 2. Stufe der Föderalismusreform erachtet.

Wir nehmen dies im vorliegenden Beitrag zum Anlass, uns mit dem Schweizer Föderalismus im Hinblick auf eine Reform der deutschen Finanzverfassung auseinanderzusetzen.[2] Dabei liegt den folgenden Überlegungen nicht die Vorstellung zugrunde, der Schweizer Föderalismus sei effizient im ökonomischen Sinne und habe daher absoluten Vorbildcharakter. Es geht vielmehr darum, auf Basis eines Vergleichs der deutschen und Schweizer Finanzverfassung und der für die Schweiz durchgeführten empirischen Analysen herauszufinden, ob der Schweizer Föderalismus zu *relativ* besseren wirtschafts- und finanzpolitischen Ergebnissen führt.

Damit diese Analyse nicht überfrachtet wird, werden zunächst drängende Probleme der deutschen Finanzbeziehungen im Bundesstaat herausgearbeitet. Nicht zuletzt seit

---

1 Andererseits folgt die Schweiz bei ihrer im Jahre 2004 beschlossenen und vermutlich 2008 umgesetzten Reform des Finanzausgleichs dem deutschen Beispiel und ersetzt ein System vertikaler Transfers mit horizontaler Ausgleichswirkung durch ein aus vertikalen und horizontalen Komponenten bestehendes System. Allerdings ist nur diese Grundphilosophie des Finanzausgleichs ähnlich. Die konkreten Mechanismen sind in der Schweiz anreizkompatibler ausgestaltet. Siehe dazu *Schaltegger/ Frey* (2003).

2 Der Beitrag knüpft somit an vorherige Analysen an, siehe *Feld* (2004).

dem Berlin-Urteil des Bundesverfassungsgerichts und der noch anhängigen Klagen Bremens und des Saarlandes steht die hohe Verschuldung der Länder im Blickpunkt. In *Abschnitt 2* wird daher die Entwicklung der Staatsverschuldung im Bundesstaat dargestellt und auf die sich im Vergleich mit der Schweiz ergebenden besonderen deutschen Probleme eingegangen. Zur Lösung der Finanzprobleme der Länder bieten sich drei Lösungswege an, die nicht völlig unabhängig voneinander sind und an jeweils einer Ursache für Finanzkrisen im Bundesstaat anknüpfen.

Erstens können die Länder ihre finanziellen Schwierigkeiten bekämpfen, wenn sie eine größere Steuerautonomie erhalten (*Abschnitt 3*). Dadurch müssen die Länder auf unerwartete Finanzierungslücken kurzfristig nicht mehr ausschließlich mit einer Neuverschuldung reagieren. Allerdings führt eine Steuerautonomie der Länder zum Steuerwettbewerb zwischen ihnen. Damit sind gewisse Befürchtungen der finanzschwachen Länder verbunden, auf die anhand des Schweizer Beispiels eingegangen wird. Zweitens können die Länder durch die Finanzmärkte diszipliniert werden (*Abschnitt 4*). Diese Lösungsmöglichkeit sieht eine Trennung der Bonitätseinschätzung von Bund und Ländern vor. Gegenwärtig nehmen die Länder am guten Rating des Bundes teil und erhalten daher ähnlich gute Refinanzierungsmöglichkeiten wie der Bund. Verteuern sich die Kredite übermäßig verschuldeter Länder aufgrund höherer Risikozuschläge durch die Finanzmärkte, so haben die Landesregierungen Anreize, ihre Haushalte zu konsolidieren. Auch dies birgt Risiken, die in anderen Beiträgen in diesem Band ausführlich diskutiert werden. Hier sollen daher lediglich die Erfahrungen der Schweiz mit der Eigenverantwortung ihrer Kantone und Gemeinden zusammengefasst werden. Drittens wird zur Verschuldungsbegrenzung eine Schuldenbremse nach dem Schweizer Vorbild für den Bund und die Länder erwogen (*Abschnitt 5*). Dieser Lösungsansatz zielt darauf ab, eine übermäßige Verschuldung auf rechtlichem Wege zu bekämpfen. Vor allem die im Jahre 2001 beschlossene und 2003 in Kraft gesetzte Schuldenbremse der Schweizer Eidgenossenschaft hat gewisse Aufmerksamkeit in Deutschland erhalten (*Hartwig / Kobel-Rohr* 2004; *Müller* 2004). Weniger bekannt ist die Erfahrung der Schweiz mit kantonalen Schuldenbremsen. Das sich aus den Schuldenbremsen für Bund und Kantone ergebende institutionelle Gefüge dürfte von besonderem Interesse für Deutschland sein. In *Abschnitt 6* folgen abschließende Bemerkungen.

2. Staatsverschuldung der Glieder als Problem

Spätestens seit den Verfassungsklagen Bremens und des Saarlandes auf Gewährung besonderer Bundesergänzungszuweisungen zur Haushaltssanierung im Jahre 1988 ist das Problem der Verschuldung nachgeordneter Gebietskörperschaften auch in Deutschland in den Blickpunkt der öffentlichen Diskussion gerückt. Wie in Abb. 1 zu erkennen ist, waren in beiden Bundesländern die Schuldenstandsquoten von Mitte der 1970er Jahre bis zu Beginn der 1990er Jahre gestiegen. Beide Länder befürchteten, ihre Haushaltsspielräume seien so sehr eingeschränkt, dass sie sich nicht mehr selbstständig aus der Schuldenfalle retten könnten. Aus finanzwissenschaftlicher Sicht lässt sich die Berechtigung solcher Befürchtungen im Rahmen von Nachhaltigkeitsanalysen untersuchen. Bereits *Domar* (1944) behauptete, dass eine bestimmte Schuldenstandsquote im Zeitablauf dann durch Primärüberschüsse stabilisiert werden muss, wenn der Nominalzins über der Wachstumsrate des nominalen Bruttoinlandsprodukts liegt. Werden in einer solchen wirtschaftlichen Lage keine Primärüberschüsse gebildet, wächst der Schuldenstand weiter an und wirkt sich ungünstig auf die Refinanzierungsbedingungen eines Landes auf den Kapitalmärkten aus. Diese Zusammenhänge sind vielfach zur Analyse der Nachhaltigkeit der Staatsfinanzen genutzt (und kritisiert) worden (*Blanchard* et al. 1990; *Seitz* et al. 2006; Wissenschaftlicher Beirat beim Bundesministerium der Finanzen 2001, 2005).

Abb. 1a: Schuldenstandsquoten (in % des BIP) der finanzschwachen westdeutschen Flächenländer und Berlins, 1975–2003

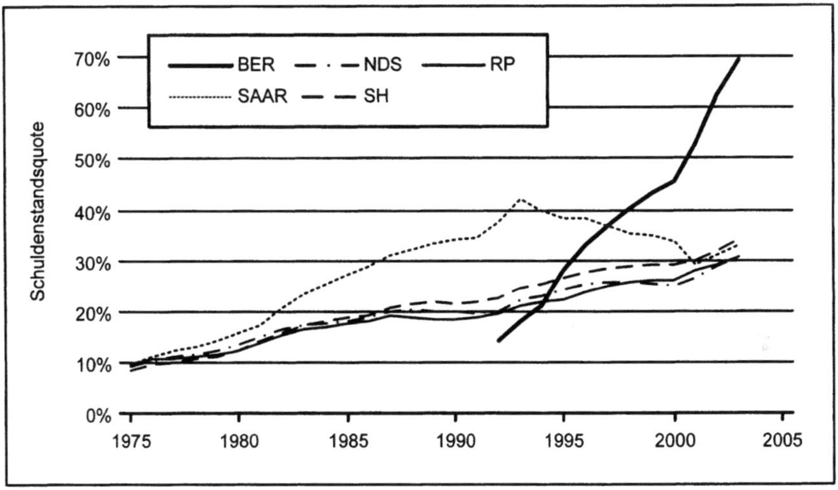

Quelle: Stat. Bundesamt (2006), Schuldenstatistik

Die Auswirkungen der steigenden Schuldenstandsquoten auf die Haushaltsspielräume können mit Hilfe der Zins-Steuer-Quoten verdeutlicht werden, die in Tabelle 1 und Abb. 2 dargestellt sind. Die Zins-Steuer-Quoten werden dabei als Quotient von Zinsausgaben und Steuereinnahmen errechnet, wobei sich der Nenner als Summe der Einnahmen aus Steuern und steuerähnlichen Einnahmen (einschließlich der Einnahmen aus dem Länderfinanzausgleich, den Fehlbetrags-BEZ, den Sonder-BEZ und den Übergangs-BEZ, aber ohne Sanierungs-BEZ) ergibt. Es lässt sich leicht erkennen, dass diese Quoten in Saarland und Bremen zwischen 1975 und 1992 einem erheblichen Wachstum unterlagen: Im Saarland stiegen sie von etwas über 10% auf über 25%, in Bremen von knapp unter 10% auf knapp unter 30%. Unter anderem auf Grundlage dieser Quoten stellte das Verfassungsgericht im Jahre 1992 fest, dass sich das Saarland und Bremen in einer extremen Haushaltsnotlage befänden und somit einen Anspruch auf Sanierungshilfen hätten.

Abb. 1b: Schuldenstandsquoten (in % des BIP) der finanzstarken westdeutschen Flächenländer und Berlins, 1975–2003

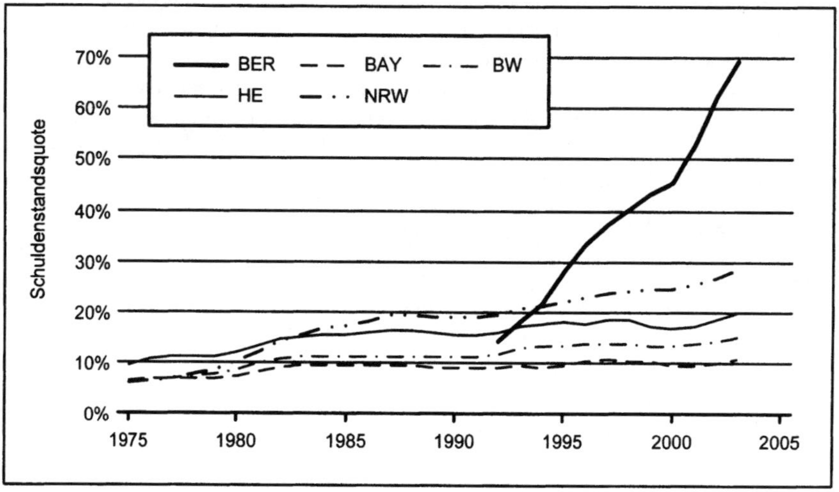

Quelle: Stat. Bundesamt (2006), Schuldenstatistik

Abb. 1c: Schuldenstandsquoten (in % des BIP) der Stadtstaaten, 1975–2003

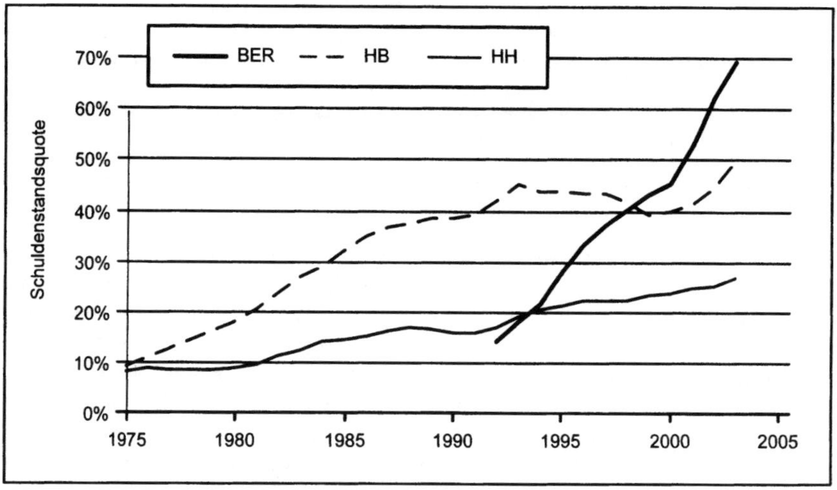

Quelle: Stat. Bundesamt (2006), Schuldenstatistik

Abb. 1d: Schuldenstandsquoten (in % des BIP) der ostdeutschen Flächenländer und Berlins, 1992–2003

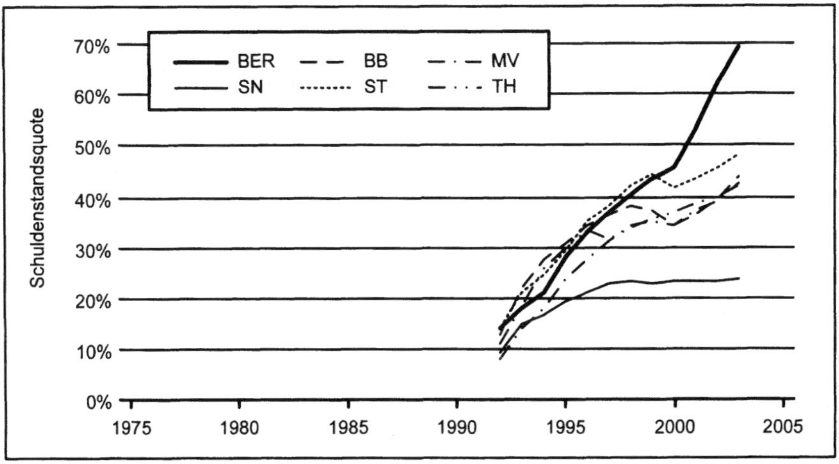

Quelle: Stat. Bundesamt (2006), Schuldenstatistik

Bemerkenswert an dieser Entwicklung ist, dass der Trend steigender Schuldenstandsquoten im Zeitraum 1975–1990 zwar im Saarland und in Bremen am deutlichsten ausgeprägt, aber bei weitem nicht auf diese beiden Bundesländer beschränkt war. Vielmehr wiesen die Schuldenstandsquoten aller westdeutschen Bundesländer diesen Trend auf, obwohl der Anstieg in den finanzstarken Bundesländern geringer war als derjenige in den finanzschwachen. Bereits auf Grundlage dieser einfachen deskriptiven Statistiken lässt sich daher feststellen, dass die Staatsverschuldung der Gliedstaaten ein potenzielles Problem für den gesamten Bundesstaat darstellt. Spätestens seit dem Verfassungsgerichtsurteil von 1992 ist es auch offensichtlich, dass die Staatsverschuldung in *doppelter* Hinsicht ein bundesstaatliches Problem ist – nicht nur, weil *jedes* Land mit dem Problem steigender Schulden zu kämpfen hat, sondern auch, weil seit dem Urteil prinzipiell die Gesamtheit der Bundesbürger durch föderale Transfers an den Kosten der Staatsverschuldung eines einzelnen Landes beteiligt werden kann.

Hinzu kommt, dass sowohl der Länderfinanzausgleich, als auch die Zahlung von Sanierungshilfen für die übermäßige Verschuldung der Länder verantwortlich sein können. Der Länderfinanzausgleich schöpft zusätzliche Einnahmen eines Landes marginal zu über 90% ab und bietet daher Anreize zu einer laxen Finanzpolitik (*Baretti* et al. 2002; *Rodden* 2005). Sanierungshilfen setzen noch ungünstigere Anreize: Erwarten die Länder nämlich für die Zukunft, Sanierungshilfen von der bundesstaatlichen Gemeinschaft zu erhalten, so werden sie ihre Ausgaben oder ihre Staatsverschuldung heute bereits in Erwartung dieser Sanierungshilfen in die Höhe treiben (*Homburg* 1994; *Goodspeed* 2002; *Feld / Goodspeed* 2005). Die Garantie der bundesstaatlichen Gemeinschaft, einem ihrer Mitglieder in der Krise zur Seite zu springen, schränkt die

Anreize jedes einzelnen ein, Haushaltsdisziplin zu wahren (Wissenschaftlicher Beirat beim Bundesministerium der Finanzen 2005).

Tab. 1: Zins-Steuer-Quoten (2) der Länder (inkl. Kommunen), 1995–2004, in %

Bundesland	1995	1996	1997	1998	1999	2000	2001	2002	2003	2004
Saarland	23,17	21,30	20,95	20,11	17,96	16,40	16,53	17,49	16,68	16,39
Niedersachsen	13,47	13,73	14,00	13,31	13,12	12,56	13,32	14,42	14,80	14,28
Schleswig-Holstein	15,03	15,27	15,49	15,33	14,51	14,15	15,05	14,90	14,83	14,86
Rheinland-Pfalz	12,29	12,46	13,03	12,60	12,25	12,13	13,58	13,54	13,88	13,47
Bayern	6,33	6,01	6,24	5,99	5,63	5,29	5,47	5,51	5,79	5,38
Baden-Württemberg	8,71	8,33	8,47	8,01	7,18	6,97	7,34	7,76	8,14	7,75
Nordrhein-Westfalen	13,22	12,99	13,21	12,60	12,06	11,61	12,96	12,96	13,21	12,62
Hessen	12,49	12,21	12,33	11,75	10,78	10,24	10,73	11,05	11,09	10,82
Sachsen	5,54	7,08	7,68	7,62	7,13	6,87	7,28	7,04	6,85	6,28
Sachsen-Anhalt	8,53	9,29	10,49	10,53	10,27	11,29	12,14	12,91	14,13	13,11
Thüringen	6,98	8,91	9,96	10,26	10,43	10,32	11,56	11,59	11,49	11,55
Mecklenburg-Vorpommern	6,01	7,84	9,12	9,91	10,30	10,41	11,23	11,37	11,50	11,18
Brandenburg	7,75	9,46	10,37	11,06	10,98	10,68	11,88	12,31	12,77	12,13
Hamburg	15,58	15,90	16,52	15,33	14,10	13,93	15,33	15,32	15,37	15,01
Berlin	9,57	12,34	14,07	14,47	14,46	14,59	16,42	17,00	17,47	17,33
Bremen	26,91	26,71	25,44	23,44	22,75	20,52	24,11	22,30	20,63	21,79
Flächenländer West	11,30	11,10	11,32	10,79	10,20	9,79	10,54	10,78	11,02	10,56
Stadtstaaten	13,28	15,03	16,04	15,74	15,25	15,03	16,93	17,05	17,19	17,10
Länder insg.	10,68	11,00	11,42	11,05	10,55	10,24	11,10	11,34	11,57	11,13

Errechnet als Quotient von Zinsausgaben und Steuereinnahmen. Basis: Steuern, steuerähnliche Einnahmen einschl. Länderfinanzausgleich, Fehlbetrags-BEZ, SoBEZ und Übergangs-BEZ, ohne Sanierungs-BEZ

Quelle: Stat. Bundesamt (2006a), Rechnungsstatistik.

Es ist daher von Interesse zu untersuchen, welche Auswirkungen das Urteil von 1992 auf die Länderfinanzen hatte. Aus der Entwicklung der Schuldenstandsquoten seit 1992 lässt sich feststellen, dass das Urteil des Bundesverfassungsgerichts nicht dazu führte, dass die Bundesländer eine restriktive Haushaltspolitik eingeschlagen haben. Stattdessen hielt der Anstieg der Schuldenstandsquoten unvermindert an. Ausnahmen waren das Saarland und (eingeschränkt) Bremen, die dank der Sanierungshilfen ihre Schulden kurzzeitig reduzieren bzw. stabilisieren konnten. Allerdings ist auch in diesen Ländern ab dem Jahr 2000 wieder ein Anstieg zu beobachten. In Hinblick auf die Zins-Steuer-Quoten lässt sich demgegenüber kein Anstieg seit 1992 feststellen. Diese blieben, vor allem wegen der günstigen Refinanzierungsbedingungen, nach dem Urteil weitgehend konstant. Die Geberländer und auch das Saarland und Bremen konnten sie sogar etwas reduzieren. Die Haushaltsspielräume der Länder werden bei zukünftig steigendem Zinsniveau aufgrund des Zinsendienstes jedoch weiter eingeschränkt werden.

Abb. 2a: Zins-Steuer-Quoten (in %) der finanzschwachen westdeutschen Flächenländer und Berlins, 1975–2004

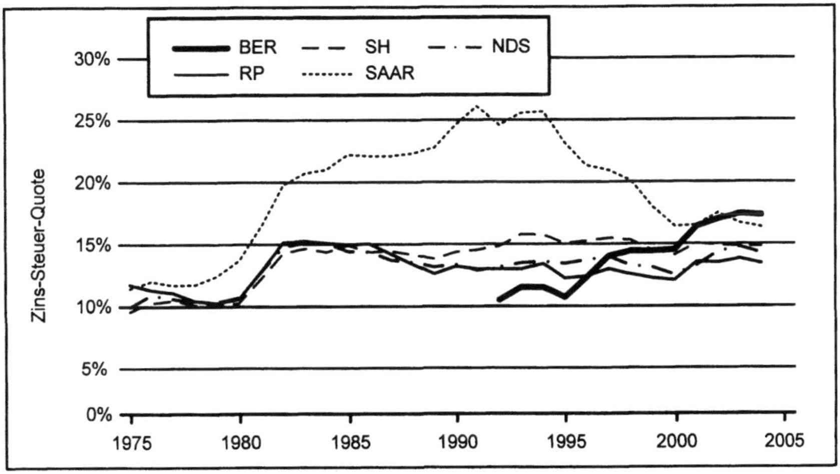

Quelle: Stat. Bundesamt (2006a), Rechnungsstatistik

Abb. 2b: Zins-Steuer-Quoten (in %) der finanzstarken westdeutschen Flächenländer und Berlins, 1975–2004

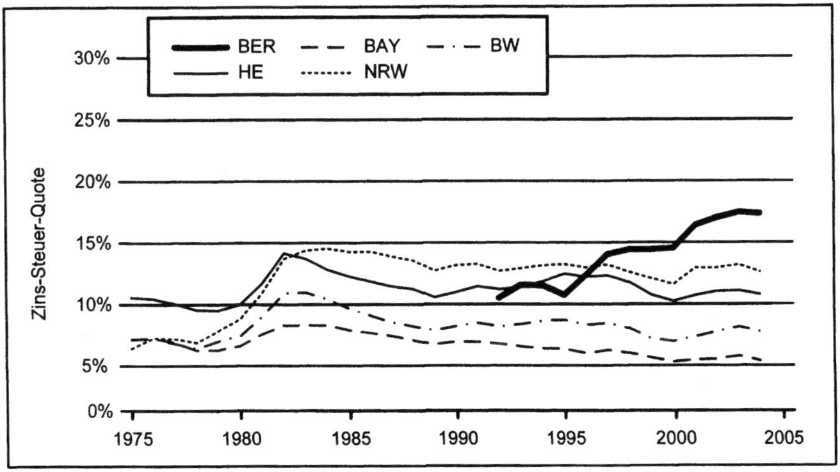

Quelle: Stat. Bundesamt (2006a), Rechnungsstatistik

Abb. 2c: Zins-Steuer-Quoten (in %) der Stadtstaaten, 1975–2004

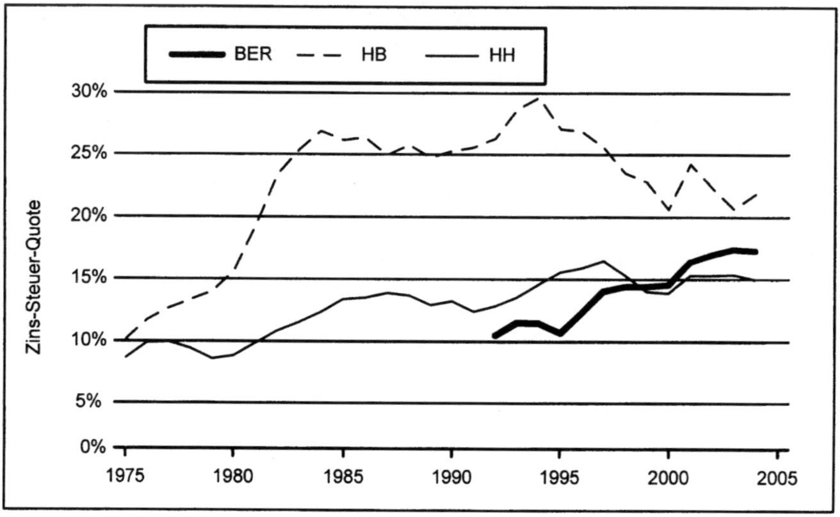

Quelle: Stat. Bundesamt (2006a), Rechnungsstatistik

Abb. 2d: Zins-Steuer-Quoten (in %) der ostdeutschen Flächenländer und Berlins, 1975–2004

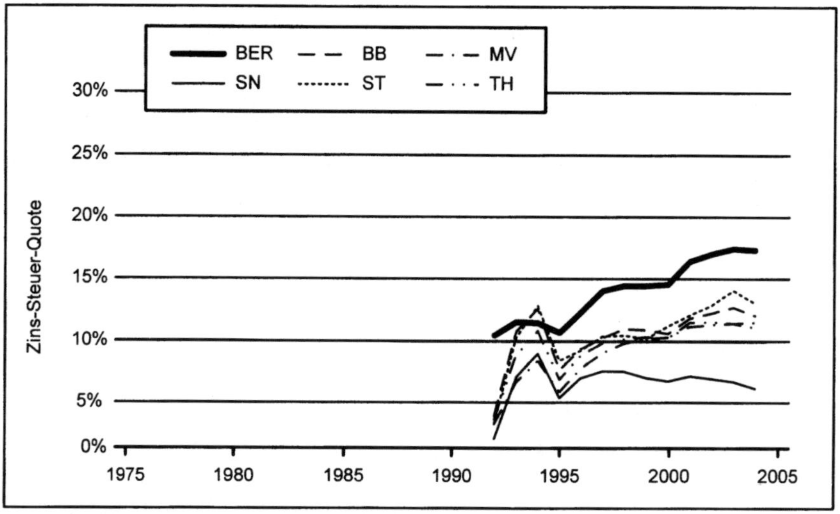

Quelle: Stat. Bundesamt (2006a), Rechnungsstatistik

Die Situation in der Schweiz ähnelt in gewisser Hinsicht der deutschen. In Abb. 3 ist die Entwicklung der Schuldenstandsquoten des Bundes, der Kantone und der Gemeinden von 1980 bis 2001 abgetragen. Ähnlich wie in Deutschland lässt sich ein markanter Anstieg der gesamten Staatsverschuldung insbesondere seit 1990 feststellen. Die Schuldenstandsquote der Schweiz befindet sich nur noch wenig unter den magischen 60% des EU-Stabilitäts- und Wachstumspakts. Den Löwenanteil am Schuldenanstieg trägt – wie in Deutschland – der Bund. Erst in zweiter Linie sind die Kantone für den Schuldenanstieg verantwortlich, während die Gemeinden eine stabile Schuldenstandsquote aufweisen. Durchschnittlich betrug die Schuldenstandsquote der Kantone 25% – ein mit den westdeutschen Flächenländern vergleichbares Niveau! Die Schuldenstandsquoten[3] der Kantone (Abb. 4) weisen eine erhebliche Variation auf, weichen aber nicht allzu sehr von denjenigen der deutschen Länder ab. Im Jahre 2004 lagen die kantonalen Schuldenstandsquoten in einem Intervall von 5% bis über 50%.

Abb. 3: Schuldenstandquoten in der Schweiz; Bundes-, Kantons und Gemeindeebene, in % des BIP, 1980–2001

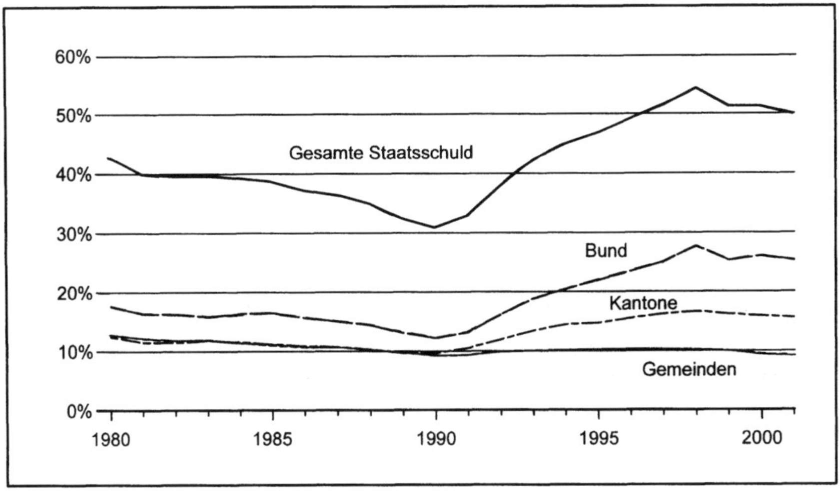

Quelle: *Feld/Kirchgässner* (2007).

Erhebliche Unterschiede zwischen den Ländern und den Kantonen existieren allerdings bezüglich der Zins-Steuer-Quoten (Abb. 5), die hier als Quotient der Ausgaben für Passivzinsen und den Primäreinnahmen (gesamte kantonale Einnahmen abzüglich

3 Während die Schuldenstandsquoten in Abb. 3 mit dem Bruttoinlandsprodukt der Schweiz errechnet sind, werden die kantonalen Schuldenstände in Abb. 4 durch die Volkseinkommen dividiert, die zeitnahe zur Verfügung stehen und von der offiziellen Statistik bereitgestellt werden. Regionalisierte BIP werden nur von der BAK Basel veröffentlicht. Die Schuldenstände liegen lediglich für die Kantone regionalisiert vor, werden aber nicht über alle Gemeinden in einem Kanton regionalisiert berichtet.

Vermögenserträge) errechnet werden.[4] Die kantonalen Zins-Steuer-Quoten sind deutlich niedriger als diejenigen der Länder, was nicht damit zu tun hat, dass für die kantonalen Berechnungen die, den Nenner verringernden, Primäreinnahmen verwendet wurden. Sie schwanken zwischen 1,5% und 6,5%, während die deutschen Zins-Steuer-Quoten für die Länder zwischen 5% und 21% liegen.

Abb. 4: Schuldenstandsquoten der Schweizer Kantone (in Prozent des kantonalen Volkseinkommens) im Jahre 2004

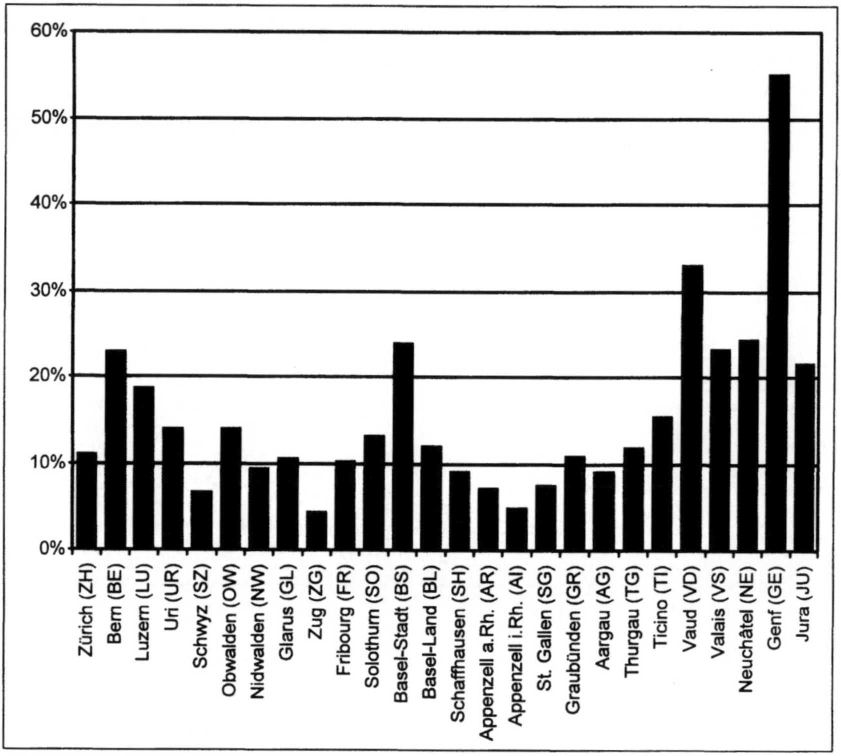

Quelle: Eidgenössische Finanzverwaltung (2006), S. 74 und Bundesamt für Statistik (2006)

[4] Die Zins-Steuer-Quoten sind im Gegensatz zu den Schuldenstandsquoten in Abb. 4 für die Kantone und Gemeinden berechnet.

Abb. 5: Zins-Steuer-Quoten der Schweizer Kantone und Gemeinden, 2004

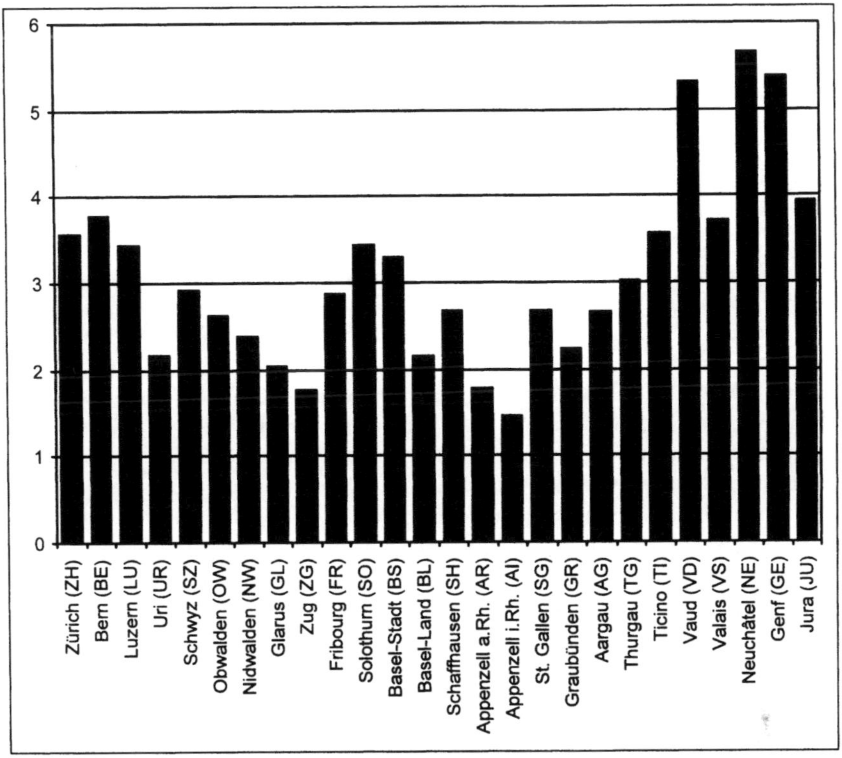

Quelle: Eidgenössische Finanzverwaltung (2006), S. 122 ff.

Diese vergleichende Analyse der Verschuldungssituation der deutschen und der Schweizer Gliedstaaten verdeutlicht eine Reihe von Sachverhalten, die für die Reform der deutschen Finanzverfassung von Bedeutung sind. *Erstens* stellt die übermäßige Verschuldung verschiedener Länder ein grundlegendes Problem der deutschen Bund-Länder-Finanzbeziehungen dar. Die fehlende Autonomie der Länder auf der Einnahmenseite, die Ausgestaltung des Länderfinanzausgleichs und die weiter geltende Einstandspflicht der bundesstaatlichen Gemeinschaft für Haushaltsnotlagenländer setzen Anreize für eine übermäßige Verschuldung. *Zweitens* lässt sich für die Schweiz eine nur geringfügig günstigere Verschuldungssituation der Kantone bei deutlich niedrigeren Zins-Steuer-Quoten feststellen. Diese niedrigeren Zins-Steuer-Quoten der Schweizer Kantone und Gemeinden gehen einerseits auf das niedrigere Zinsniveau in der Schweiz zurück. Andererseits haben diese aber auch mit der besseren Einnahmensituation auf der kantonalen Ebene zu tun, die sich wiederum auf die kantonale Steuerautonomie zurückführen lässt.

3. Steuerautonomie als Mittel gegen zukünftige Finanzkrisen

a) Die Schweizer im Vergleich zur deutschen Finanzverfassung

Ein bedeutender Unterschied zwischen den Finanzverfassungen Deutschlands und der Schweiz besteht in der Tat im Ausmaß der Einnahmen- und Ausgabenautonomie nachgeordneter Gebietskörperschaften. In Deutschland sind die aufkommensstärksten Steuern (Einkommen-, Körperschaft- und Umsatzsteuer) als Gemeinschaftssteuern konzipiert. Deren Sätze und Bemessungsgrundlagen werden von Bund und Ländern bundeseinheitlich festgelegt. Die Länder besitzen daher keine Möglichkeit, die Sätze dieser Gemeinschaftssteuern z.B. durch Hebesätze zu verändern. Aber auch die ihnen ausschließlich zustehenden Ländersteuern werden – seit der Föderalismusreform I mit Ausnahme der Grunderwerbsteuer – bundeseinheitlich erhoben. Elemente eines Steuerwettbewerbs auf Länderebene bestehen daher nicht. Im Gegensatz zur relativ geringen Autonomie auf der Einnahmenseite besitzen die Länder eine verhältnismäßig große Autonomie auf der Ausgabenseite, auch wenn diese durch Bundesgesetze und Vereinbarungen mit anderen Ländern beschränkt wird. Langfristig können die Länder somit die Ausgaben für eine nachhaltige Finanzpolitik anpassen. Als kurzfristiges, flexibles Haushaltsinstrument steht ihnen jedoch nur die Verschuldung zur Verfügung.

In der Schweiz besitzen die Kantone hingegen eine hohe Autonomie sowohl auf der Einnahmen- als auch auf der Ausgabenseite. Sie haben die grundsätzliche Kompetenz zur Besteuerung der Einkommen natürlicher und juristischer Personen. Deren Einnahmen machen mehr als 50% ihrer Gesamteinnahmen und ca. 95% ihrer Steuereinnahmen aus. Die Gemeinden können Zuschläge auf die kantonalen Steuern erheben. Der Bund finanziert sich weitgehend über die aufkommensstarken indirekten Steuern (Mehrwert- und Mineralölsteuer). Zudem erhebt er eine hoch progressive direkte Bundessteuer auf das Einkommen natürlicher Personen und eine proportionale Gewinnsteuer. Die vom Bund an der Quelle erhobene Verrechnungssteuer ist hingegen nur eine Steuervorauszahlung der natürlichen Personen auf die Steuerschuld, die aus ihren Kapitaleinkünften erwächst. Alle drei Ebenen greifen somit auf das Einkommen natürlicher und juristischer Personen zu, ohne dass die Steuerzahler die Steuerzahlungen zwischen den Ebenen auf einer anderen Ebene absetzen dürfen.

Durch die Steuerautonomie der Kantone und Gemeinden ergeben sich unterschiedliche Steuerbelastungen zwischen den Gebietskörperschaften (Abb. 6). Die Belastung mit Einkommen- und Vermögensteuern variiert von einem Indexwert von 46,5 im Kanton Zug bis zu 165,1 im Kanton Obwalden. Die Steuerbelastung in Obwalden beträgt somit mehr als das Dreifache derjenigen des Kantons Zug. Dabei folgt die Höhe der Steuersätze einem Ost-West Schema mit höheren Steuersätzen im Westen. Es lässt sich aber auch feststellen, dass die Steuerbelastung von der Distanz eines peripheren Kantons zu einem Wirtschaftszentrum abhängt. Je weiter ein Kanton vom Zentrum entfernt liegt, desto niedriger ist die Steuerbelastung im Mittel. Insgesamt ergeben sich somit auch auf kurze Distanz erhebliche Belastungsunterschiede. Ein verheirateter Steuerzahler mit zwei Kindern und einem jährlichen zu versteuernden Einkommen von 1 Mio. SFr zahlte im Jahre 2004 demnach einen Steuersatz von 23,6% an Kanton und Stadt Zürich, aber nur 7,2% in Freienbach im Kanton Schwyz – weniger als eine Stunde von Zürich entfernt[5]. Ähnliche Steuerbelastungsunterschiede ergeben sich bei der Besteuerung juristischer Personen.

Abb. 6: Index der kantonalen und (gewichteten) lokalen Einkommen- und Vermögensteuerbelastung in der Schweiz, 2005

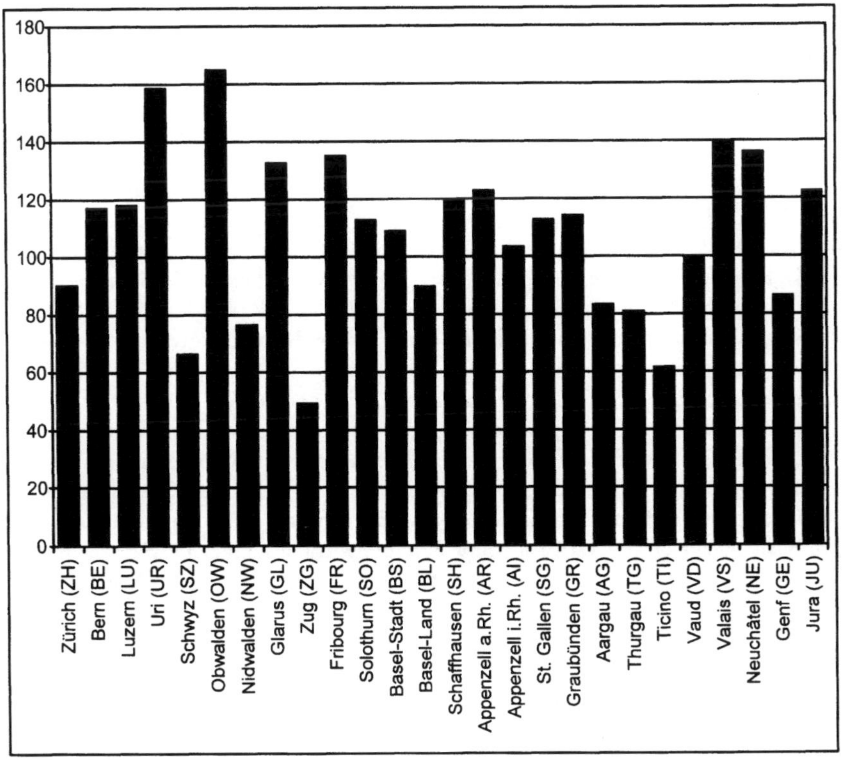

Quelle: Eidgenössische Steuerverwaltung (2006), S. 61.[6]

5 Schweizerischer Städteverband (2006).

6 Die Indexwerte an der y-Achse (linke Skala) zeigen die kantonalen und durchschnittlichen (gewichteten) lokalen Belastungen mit Einkommen- und Vermögensteuern an. Der Indexwert 100 steht für die durchschnittliche Schweizer Steuerbelastung im Jahre 2005. Die kantonalen Indexwerte sind die Abweichungen von diesem Durchschnitt. Die Kantonsbezeichnungen stehen für folgende Kantone: Zürich (ZH), Bern (BE), Luzern (LU), Uri (UR), Schwyz (SZ), Obwalden (OW), Nidwalden (NW), Glarus (GL), Zug (ZG), Fribourg (FR), Solothurn (SO), Basel-Stadt (BS), Basel-Land (BL), Schaffhausen (SH), Appenzell-Ausserrhoden (AR), Appen-

Die hohe Autonomie auf der Einnahmeseite setzt sich auf der Ausgabenseite fort, auch wenn sich dort eher Parallelen zur deutschen Finanzverfassung ergeben. Es sind die typischen öffentlichen Leistungen, wie das Bildungswesen oder die öffentliche Sicherheit, die sich in der Kompetenz der Kantone befinden. Auch in der Schweiz greift der Bund immer wieder regulierend in die Aufgabenautonomie der Kantone ein. Insgesamt ist jedoch die Eingriffsintensität deutlich niedriger als in Deutschland. Dies kommt beispielsweise dadurch zum Ausdruck, dass die kantonalen Stimmbürger häufig in Finanzreferenden finanzwirksame Entscheidungen treffen und damit einen entscheidenden Einfluss auf das Ausgabeverhalten der staatlichen Entscheidungsträger erhalten (*Feld / Matsusaka* 2003).

Der Schweizer Wettbewerbsföderalismus wird schließlich durch einen Finanzausgleich ergänzt, der bei weitem nicht die nivellierende Wirkung des deutschen Finanzausgleichssystems zu erreichen vermag (*Feld/ Schaltegger* 2002, 2005). Noch immer besteht das komplexe System fast ausschließlich aus vertikalen Finanztransfers vom Bund an die Kantone. Ein horizontaler Finanzausgleich existiert kaum. Allerdings haben die vertikalen Finanztransfers aufgrund der Abstufung nach der Finanzkraft eine starke horizontale Ausgleichswirkung. Darüber hinaus existieren spezifische horizontale Ausgleichszahlungen, etwa im Rahmen der Hochschul- oder Krankenhausfinanzierung. Der derzeitige Finanzausgleich besteht aus vier Komponenten. Die erste Säule bilden die Kantonsanteile an den Bundeseinnahmen. Sie werden aus 30% der Einnahmen der direkten Bundessteuer finanziert. Dabei werden 17%-Punkte gemäß dem örtlichen Aufkommen an die Kantone zurückerstattet, während 13%-Punkte nach der kantonalen Finanzkraft umverteilt werden. Die zweite Komponente sind die Zuweisungen des Bundes an die Kantone. Sie werden als zweckgebundene Transfers mit Eigenbeteiligung gewährt. Schließlich folgen als dritte Komponente die Kantonsanteile am Nationalbankgewinn sowie als vierte Komponente die Kantonsbeiträge zu den Sozialversicherungen. Drei Viertel der vertikalen Finanztransfers in der Schweiz werden zweckgebunden vergeben. Die Anteile des Finanzausgleichs an den gesamten kantonalen Einnahmen sind aus Abb. 7 ersichtlich. Es zeigt sich, dass bei einigen der finanzschwachen Kantone wie beispielsweise dem Jura und Uri etwa die Hälfte der Kantonseinnahmen aus dem Finanzausgleich stammt. Andererseits finanzieren Basel-Stadt, Schaffhausen und Genf ihre Ausgaben zu mehr als 80% aus eigenen Steuern und Abgaben. Im Durchschnitt der Kantone wird weniger als ein Drittel der Kantonseinnahmen aus Bundesmitteln finanziert. Dieses alte System des Finanzausgleichs wird voraussichtlich ab 2008 durch ein neues System ersetzt, das im Wesentlichen durch Transfers ohne Zweckbindung vom Bund und den ressourcenstarken Kantonen an ressourcenschwächere Kantone gekennzeichnet ist (*Schaltegger / Frey* 2003). Diese Neuordnung des Finanzausgleichs wird von einer Aufgabenentflechtung bei Stärkung der Kantonskompetenzen begleitet.

---

zell-Innerrhoden (AI), St.Gallen (SG), Graubünden (GR), Aargau (AG), Thurgau (TG), Tessin (TI), Vaud (VD), Valais (VS), Neuchâtel (NE), Genf (GE), Jura (JU).

Abb. 7: Anteil der Finanzausgleichszahlungen an den gesamten Einnahmen der Kantone und Gemeinden im Jahre 2004

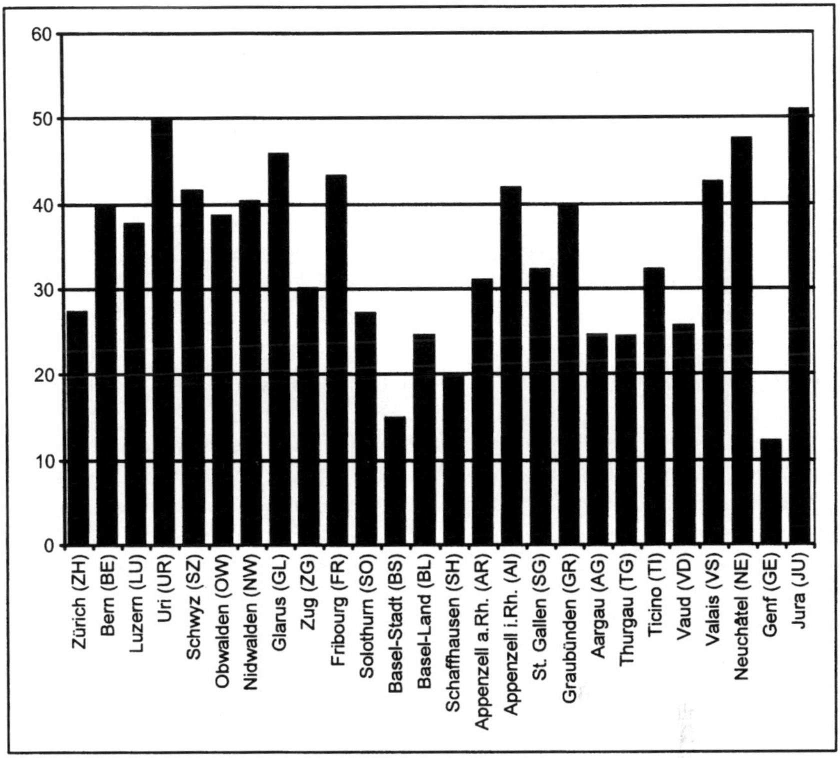

Quelle: Eidgenössische Finanzverwaltung (2006), S. 125.

b) Auswirkungen des Schweizer Wettbewerbsföderalismus

Diese hohe Ausgabe- und Einnahmeautonomie führt dazu, dass in der Schweiz ein starker fiskalischer Wettbewerb zwischen den Gebietskörperschaften herrscht.[7] Bezieher hoher Einkommen wählen dabei – *ceteris paribus* – ihren Wohnort mit einer umso höheren Wahrscheinlichkeit in einer Gebietskörperschaft, je geringer deren Steuerbelastung ist. Der Einfluss der Steuerbelastung auf die Wohnortwahl ist bei Beziehern niedriger Einkommen deutlich geringer. Auf lokaler Ebene ist der Steuerwettbewerb ausgeprägter als auf kantonaler Ebene, und bei den Selbstständigen ist er

7 Siehe Frey (1981); Kirchgässner / Pommerehne (1996); Pommerehne / Kirchgässner / Feld (1996); Feld (2000, 2000a); Feld / Kirchgässner (2001); Feld / Frey (2000); Liebig / Souza-Posa (2006); Schmidheiny (2006); Liebig, Puhani / Souza-Posa (2006). Für anekdotische historische Evidenz zum Schweizer Steuerwettbewerb siehe Spoerer (2002).

etwas stärker als bei den abhängig Beschäftigten. Diese lassen sich bei ihrer Wohnortwahl wiederum stärker von der Steuerbelastung beeinflussen als Rentner. Der Einfluss der Steuerbelastung auf die Wohnortwahl wird durch den Nutzen aus öffentlichen Leistungen nur teilweise kompensiert. Höhere lokale Ausgaben für die soziale Wohlfahrt, im Wesentlichen die Sozialhilfe, erhöhen die Wahrscheinlichkeit, dass ein Bezieher niedriger Einkommen seinen Wohnsitz in einer solchen Gemeinde wählt. Dies gilt gleichermaßen für Selbstständige und abhängig Beschäftigte. Fiskalische Einflussfaktoren spielen somit eine bedeutende Rolle für die individuelle Wohnortwahl, wobei für die höheren Einkommen die Steuerbelastung und für die niedrigeren Einkommen die Sozialtransfers wichtiger sind. Die Schweizer Gebietskörperschaften sind daher aufgrund fiskalischer Einflussfaktoren in ihrer Zusammensetzung homogener bezüglich des Einkommens, als sie es ohne fiskalischen Wettbewerb wären. Dabei ist der Steuerwettbewerb insgesamt bedeutsamer als der Transferwettbewerb.

Die Ergebnisse der Studien zur Wohnortwahl finden eine weitgehende Bestätigung in Untersuchungen darüber, inwieweit Unterschiede in der Steuerbelastung, in öffentlichen Leistungen und in Sozialtransfers in den Mieten und Immobilienpreisen kapitalisiert werden (*Feld / Kirchgässner* 1997; *Hilber* 1998). Je höher die Steuerbelastung in einem Kanton oder einer Stadt ist, umso niedriger sind dort – *ceteris paribus* – die Mieten und Immobilienpreise. Zudem zeigt sich, dass die Steuerbelastung hoher Einkommen einflussreicher als die Steuerbelastung niedriger Einkommen oder die Sozialtransfers ist. Dies deutet erneut darauf hin, dass in der Schweiz eher Steuer- als Transferwettbewerb stattfindet: Vor allem die Bezieher hoher Einkommen können die Steuervorteile nutzen. Durch die Kapitalisierung von Steuerbelastungsunterschieden in Mieten und Immobilienpreisen wird jedoch auch die Wirkung des Steuerwettbewerbs relativiert.

Feld und *Kirchgässner* (2003) untersuchen den Einfluss der Gewinn- und Einkommensteuern auf die Standortwahl von Firmen und die kantonale Beschäftigung. Dabei ergibt sich ein signifikant negativer Einfluss von Steuern auf die Anzahl der kleinen und mittleren Firmen mit unterschiedlichen Kapitalrenditen in den Kantonen für 1981/82 und 1991/92 und auf das kantonale Beschäftigungswachstum von 1985 bis 1997. Bemerkenswert ist, dass die Einkommensteuer einen quantitativ bedeutsameren Einfluss auf die Anzahl der Firmen in den untersuchten zwei Größen- und drei Renditeklassen hat als die Gewinnsteuer, die nur die Anzahl der Firmen mit hoher Kapitalrendite reduziert. Zudem ist der Einfluss von Steuern generell und der Einkommensteuer im Besonderen auf die Anzahl der Firmen in den Kantonen stärker als die durch Steuern verursachten realen Beschäftigungswirkungen. Dies spricht dafür, dass innerhalb der Schweiz kleine und mittlere Aktiengesellschaften trotz der bestehenden Regeln zur interkantonalen Steuerausscheidung ihren Spielraum zur Verschiebung von Gewinnen Steuer minimierend nutzen.

Die Studien für die Schweiz belegen, dass deutliche Steuerbelastungsunterschiede zwischen den Kantonen und Gemeinden zu Standort- und / oder Wohnortverlagerungen führen. Ob sich daraus tatsächlich ein fiskalischer Wettbewerb ergibt, hängt noch davon ab, ob die Gebietskörperschaften ihre Steuersätze (bzw. Ausgabeninstrumente) strategisch einsetzen, um mobile Arbeitskräfte und mobiles Kapital anzuziehen. *Feld* und *Reulier* (2005) untersuchen diesen Zusammenhang mit Hilfe von Paneldaten für die 26 Kantone und den Zeitraum von 1980–1999. Die Einkommensteuerbelastung in einem Kanton in elf betrachteten Einkommensklassen ist – *ceteris paribus* – signifikant positiv mit der durchschnittlichen Steuerbelastung in den Nachbarkantonen korreliert. Je niedriger die Steuerbelastung in den Nachbarkantonen, umso stärker senkt ein Kanton seine eigene Steuerbelastung. Diese räumliche Korrelation von Steuersätzen ist für mittlere und hohe Einkommen stärker ausgeprägt als für niedrige. Im Vergleich der Nachbarkantone, d.h. im kleinräumigen Steuerwettbewerb, liegt ein stärkeres Augenmerk auf den Beziehern von Einkommen über SFr 200'000 als auf den Spitzenverdienern. *Miguet* (2006) bestätigt diese Ergebnisse im Grundsatz für die Gemeinden des Kantons Vaud. Allerdings legt sie überzeugende empirische Ergebnisse dafür vor, dass die räumliche Interaktion der Steuerpolitik in geringerem Maße auf Wanderungen der Bemessungsgrundlagen als vielmehr auf Präferenzunterschiede der Steuerzahler zurückzuführen ist (s. zur Bedeutung politischer Einflussfaktoren auch *Schaltegger / Küttel* 2002). Demnach ist von der strategischen Steuerpolitik kein Steuersenkungswettlauf zu erwarten. Dies bestätigt auch die Analyse von *Brülhart* und *Jametti* (2006) für Schweizer Gemeinden, gemäß der vertikale fiskalische Externalitäten wesentlich bedeutsamer als horizontale fiskalische Externalitäten sind. Die Besteuerung der gleichen Bemessungsgrundlage durch alle drei staatlichen Ebenen führt eher zu einer Übernutzung der Steuerbasis, zu einer zu hohen Besteuerung, die durch den Steuerwettbewerb nicht vollständig verhindert wird.

Die zuvor berichteten Ergebnisse belegen, dass fiskalischer Wettbewerb existiert. Jedoch ist noch nicht hinreichend geklärt, ob dies positive oder negative Konsequenzen hat. Wie wirkt sich der fiskalische Wettbewerb auf die Effizienz der Bereitstellung öffentlicher Leistungen aus? Da volkswirtschaftliche Effizienz nur sehr schwierig zu messen ist, dürfte es nicht verwundern, dass die Ergebnisse für die Schweiz keine eindeutigen Aussagen zulassen. Die Untersuchungen zur Wohnortwahl zeigen zwar, dass die Schweizer Kantone durch den Steuerwettbewerb bezüglich ihres Durchschnittseinkommens homogener zusammengesetzt sind. Je homogener Gebietskörperschaften bezüglich des Einkommens sind, umso wahrscheinlicher ist es, dass das öffentliche Leistungsangebot den Wünschen der Steuerzahler entspricht. In der Tat geben die Bürger in Schweizer Kantonen mit stärkerer Dezentralisierung – *ceteris paribus* – eine höhere Lebenszufriedenheit an (*Frey / Stutzer* 2000, 2002).

In der theoretischen Effizienzdiskussion stehen jedoch die durch den fiskalischen Wettbewerb verursachten Externalitäten im Vordergrund und hier liefern die Schweizer Untersuchungen nur ein unvollständiges Bild. Interkantonale räumliche Externalitäten werden in der Schweiz in systematischen Untersuchungen als gering eingeschätzt (*Schaltegger* 2003), dürften aber auf der lokalen Ebene bedeutender sein (*Schaltegger / Zemp* 2004). *Pommerehne* und *Krebs* (1991) belegen in einer Fallstudie, dass räumliche

Externalitäten auf lokaler Ebene durch Verhandlungen internalisiert werden. In mehreren Verhandlungsrunden mit den Umlandgemeinden gelang es der Stadt Zürich in den 1970er Jahren, Arrangements zur Kostenaufteilung von öffentlichen Leistungen zu entwickeln, die zu einer Kompensation von räumlichen Externalitäten führten. Manche interkantonalen Externalitäten, etwa in der Hochschulfinanzierung, werden im Zuge ähnlicher Verhandlungsprozesse internalisiert. Es gibt somit Beispiele für die Fähigkeit des Schweizer Föderalismus, mit horizontalen räumlichen Externalitäten erfolgreich umzugehen. *Rentsch* (2002) weist jedoch darauf hin, dass solche Verhandlungsprozesse hohe Koordinationskosten für die Schweiz bedingen.

Eindeutiger sind die Ergebnisse zu den Kosten der Kleinräumigkeit in der Schweiz. *Blöchliger* (2005) schlägt Kantonszusammenlegungen vor, um Verwaltungskosten einzusparen und eine bessere Adaption der politischen Entscheidungen an wirtschaftliche Großräume zu erreichen. *Frey* (2005) weist jedoch darauf hin, dass die Kostenvorteile von größeren staatlichen Einheiten generell nicht bewiesen seien. Gemäß den Schätzergebnissen von *Schaltegger* (2001) werden Größennachteile der Schweizer Kantone durch polit-ökonomische Vorteile der Kleinräumigkeit kompensiert. *Kirchgässner* und *Feld* (2004) finden keinen Einfluss der Fragmentierung eines Kantons in seine Gemeinden auf die gesamten kantonalen und lokalen Ausgaben oder die kantonalen und lokalen Verwaltungsausgaben. Schließlich findet sich auch kein signifikant negativer Einfluss der Fragmentierung auf die kantonale Arbeitsproduktivität (*Feld/ Kirchgässner / Schaltegger* 2004).

Allerdings lässt sich feststellen, dass der Steuerwettbewerb in der Schweiz zu geringeren Staatsausgaben führt (*Schaltegger* 2001a, 2003a). Die geschätzte Reduktion der Staatsausgaben pro Kopf für den Kanton, der am stärksten im Steuerwettbewerb steht, und demjenigen, der am wenigsten dem Steuerwettbewerb ausgesetzt ist, beträgt SFr 2,114.- pro Kopf (*Kirchgässner / Feld* 2004). Ähnliche Effekte lassen sich für die Einnahmenseite feststellen, wobei zudem eine Verschiebung der Finanzierung von Steuern zu Gebühren und Beiträgen beobachtet werden kann, also das Äquivalenzprinzip der Besteuerung aufgrund des Steuerwettbewerbs stärker durchgesetzt wird (*Feld / Kirchgässner / Schaltegger* 2003). Die Dezentralisierung der Staatstätigkeit in der Schweiz ist zudem nicht hinderlich für kantonale Konsolidierungsprozesse, sondern fördert Konsolidierungsbemühungen (*Feld / Schaltegger* 2006). Die vertikalen Finanzausgleichszahlungen erhöhen hingegen sowohl die gesamten kantonalen Ausgaben als auch die Verwaltungsausgaben der Kantone und sie behindern Konsolidierungsprozesse. Sie haben zudem einen weiteren ungünstigen Einfluss auf die Staatsverschuldung: Je höher die zukünftig erwarteten Finanzausgleichszahlungen sind, umso eher verschuldet sich ein Kanton übermäßig (*Feld / Goodspeed* 2005). Dabei werden die Finanzausgleichszahlungen, die ein Kanton erhält, im Wesentlichen von politischen Faktoren, vor allem durch Interessengruppeneinfluss bestimmt (*Feld / Schaltegger* 2002, 2005).

Insgesamt zeigt sich damit, dass die Wettbewerbselemente des Schweizer Föderalismus überwiegend günstige ökonomische Auswirkungen haben. Effizienz im volkswirtschaftlichen Sinne dürfte dennoch nicht erreicht werden. Dafür spricht auch die Untersuchung der kantonalen Arbeitsproduktivität von *Feld*, *Kirchgässner* und *Schaltegger* (2004). Nach ihren Schätzungen ist die gesamtwirtschaftliche Arbeitsproduktivität in den Kantonen signifikant höher, je stärker ein Kanton dem Steuerwettbewerb ausgesetzt ist. Befände sich die Schweiz in einem effizienten Gleichgewicht, dürfte kein signifikanter Effekt des Steuerwettbewerbs mehr resultieren. Auch die Evidenz zu vertikalen Externalitäten und zum Finanzausgleich legen den Schluss nahe, dass der Schweizer Föderalismus noch Effizienzreserven für zukünftige Reformen bereithält. Allerdings darf man davon ausgehen, dass eine materielle Steuerharmonisierung keine Effizienzerhöhung zur Folge haben wird.

Hinsichtlich der Verteilungswirkungen des Schweizer Föderalismus lassen sich deutlich weniger abschließende Urteile fällen. Die Evidenz bezüglich der individuellen Wohnortwahl und der strategischen Steuerpolitik für die Schweiz lässt vermuten, dass dezentrale Einkommensumverteilung dort erschwert ist. Die öffentlichen Transferausgaben in der Schweiz sind in der Tat niedriger als in anderen OECD-Ländern, beispielsweise in der Bundesrepublik Deutschland. Auf Basis von Daten Ende der 1970er Jahre lässt sich feststellen, dass der Wohlfahrtsstaat in der Schweiz jedoch nicht aufgrund des fiskalischen Wettbewerbs zusammenbricht (*Kirchgässner* / *Pommerehne* 1996). Diese Ergebnisse werden für jüngere Zeitpunkte bestätigt (*Feld* 2000, 2000a; *Feld*/ *Fischer* / *Kirchgässner* 2006). Demnach verteilen die nachgeordneten Gebietskörperschaften im Jahre 1992 im Vergleich zum Ende der 1970er Jahre in der Schweiz etwas mehr Einkommen um als der Bund. Sowohl auf der lokalen und kantonalen Ebene als auch auf Bundesebene wird dabei stärker über Steuern als über Ausgaben umverteilt. Die These, dass eine dezentral organisierte Umverteilung bei Steuerwettbewerb nicht möglich ist, findet für die Schweiz somit keine Bestätigung.

Umverteilung in der Schweiz kann jedoch nur deshalb dezentral betrieben werden, weil mehrere institutionelle Rahmenbedingungen dies erleichtern. Vor allem wirkt die Umverteilung des Bundes als Regulativ des Steuerwettbewerbs. Mit der direkten Bundessteuer und den Sozialversicherungen liegen wesentliche Elemente der Einkommensumverteilung in der Kompetenz des Bundes. Weitere Regelungen, wie das Bürgerortprinzip, halten den Transferwettbewerb in Grenzen. Schließlich haben die Bürger über einen weitgehenden Ausbau der direkten Volksrechte in manchen Kantonen und Städten direkten Einfluss auf die Steuerbelastung und die Staatsausgaben und damit auch auf das Umverteilungsniveau. Wegen dieser Mitbestimmungsmöglichkeit und der den Entscheidungen vorangehenden Diskussion akzeptieren sie Umverteilungsentscheidungen eher als in einer Situation, in denen ihnen Steuern aufoktroyiert werden. Die prozedurale Fairness der Schweizer Referendumsdemokratie stabilisiert die dezentrale Umverteilung in der Schweiz somit ebenfalls. In der Tat ist der Steuerwettbewerb in denjenigen Kantonen weniger ausgeprägt, die Referenden über die Höhe der Steuerbelastung haben (*Feld* 1997).

Neben der Problematik dezentraler interpersoneller Einkommensumverteilung stehen die Auswirkungen des Steuerwettbewerbs auf die regionale Wirtschaftsentwicklung im

Mittelpunkt des öffentlichen Interesses. Es wird häufig behauptet, Steuerwettbewerb führe dazu, dass sich Regionen weiter auseinander entwickeln, dass also Einkommensunterschiede zementiert werden. Arme Regionen müssten ihre Steuerpflichtigen höher belasten als reiche Regionen, um die notwendige Infrastruktur zur Verfügung zu stellen, da in der reichen Region bereits genügend potente Steuerzahler wohnen. Dadurch verliere die arme Region ihre guten Steuerzahler an andere Regionen und könne die notwendigen Infrastrukturleistungen nicht bereitstellen. Empirische Untersuchungen zur Rolle des Wettbewerbsföderalismus bei der Konvergenz von Regionen liegen für die Schweiz nicht vor. Die Reform des Finanzausgleichs zielt aber vornehmlich darauf ab, den Aufholprozess ressourcenschwacher Regionen zu stärken. Ähnlich umstritten ist die Frage, inwiefern der Schweizer Föderalismus reformfeindlich ist und politische Innovationen behindert (*Ladner / Steiner* 2003; *Vatter / Wälti* 2003; *Heiniger* et al. 2004; *Feld / Schnellenbach* 2004). Die systematische Evidenz zu dieser Frage legt dies jedoch nicht nahe (*Widmer / Rieder* 2003; *Feld* 2007).

4. Finanzielle Eigenverantwortung und die Finanzmärkte

Der hauptsächliche Unterschied zwischen dem deutschen und dem Schweizer Föderalismus besteht somit im Steuerwettbewerb. Während die deutsche Finanzverfassung durch ein sehr geringes Maß an fiskalischem Wettbewerb und dieses lediglich auf der Ausgabenseite, durch das Gebot der Gleichwertigkeit der Lebensverhältnisse, einen stark egalitären Finanzausgleich und eine explizite Einstandspflicht der bundesstaatlichen Gemeinschaft für Haushaltsnotlagenländer gekennzeichnet ist, ist das hervorstechende Merkmal des Schweizer Föderalismus ein Steuerwettbewerb mit überwiegend günstigen finanz- und wirtschaftspolitischen Resultaten. Die deutsche Finanzverfassung ist sehr konsequent auf einen Ausgleich von regionalen Disparitäten ausgerichtet, während der Schweizer Föderalismus zwar das Element des Disparitätenausgleichs kennt, aber dieses doch in den Hintergrund rückt. Folgerichtig nehmen die Länder am guten Rating des Bundes teil und können sich zu ähnlich günstigen Bedingungen auf den Finanzmärkten refinanzieren, während im Schweizer Föderalismus die Eigenverantwortung der Kantone und Gemeinden für ihre Finanzpolitik betont wird.

Bislang ist zwar nicht verfassungsrechtlich geklärt, ob die Eidgenossenschaft in einer Krise nicht doch einem Not leidenden Kanton zur Seite stehen müsste. Aber im Verhältnis von Kantonen und Gemeinden hat das Schweizer Bundesgericht in Lausanne im Jahre 2003 ein Weg weisendes Urteil gefällt, das die finanzielle Eigenverantwortlichkeit der Gemeinden unterstreicht. Die Walliser Gemeinde Leukerbad, die sich bis Ende 1998 aufgrund von Fehlinvestitionen überschuldet hatte, hatte den Kanton auf (Teil-)Entschuldung verklagt. Das Gericht entschied jedoch, dass die Gemeinde Leukerbad als Schuldner und ihre Gläubiger nicht den Kanton Wallis verpflichten könnten, für ausstehende Schulden einzustehen (*Blankart / Klaiber* 2006). In einer ersten vorläufigen Analyse gelingt es *Fasten* (2006) zwar nicht, Zinsreaktionen auf dieses Urteil zu identifizieren. Dies könnte aber beispielsweise am kurzen Untersuchungszeitraum seit dem Urteil liegen. Die Schweizer Banken reagierten nämlich auf das Urteil, indem sie Forschungsprojekte vergaben, um die Bonitätsbeurteilung nachgeordneter Gebietskörperschaften auf eine neue Basis zu stellen. Daraus ging beispielsweise die Gemeinschaftsdissertation von *Daldoss* und *Foreita* (2003) hervor. Man darf daher davon ausgehen, dass dieses Urteil sich auf die Refinanzierungsbedingungen der Kantone und Gemeinden in der Schweiz früher oder später auswirken wird oder ausgewirkt hat.

Der Großteil der Schweizer Kantone wurde jedoch bereits vor dem Urteil von 2003 durch die Finanzmärkte mit unterschiedlichen Ausfallrisiken in Verbindung gebracht. Gemäß einer Studie von *Küttel* und *Kugler* (2002) variierte der Risikoaufschlag der kantonalen Schuldverschreibungen im Vergleich zu Bundesobligationen im Zeitraum von 1990 bis 1998 zwischen -0,139% in Graubünden und 0,855% im Tessin, wobei der Kanton Genf bei 0,264% und der Kanton Zürich bei 0,007% lagen. Bei Euromarktsätzen, die sich im betrachteten Zeitraum zwischen 8% und 1% befanden, sind dies bereits erhebliche Risikoaufschläge (*Kirchgässner* 2003). *Küttel* und *Kugler* (2002) stellen in ihrer empirischen Analyse fest, dass der mit Abstand wichtigste Bestimmungsfaktor des Zinsdifferentials die Existenz eines Finanzreferendums ist. Kantone mit obligatorischem Finanzreferendum zahlen – *ceteris paribus* – deutlich niedrigere Risikoaufschläge an den Finanzmärkten. Die Finanzmärkte preisen offensichtlich die Ausgaben dämpfenden Effekte des Finanzreferendums ein (*Feld / Matsusaka* 2003).

5. Die Schweizer Schuldenbremsen als Beispiel für Deutschland?

Die Schweiz ist aber nicht nur von Interesse im Hinblick auf ihr kantonales Finanzreferendum als einer besonderen finanzpolitischen Institution. Im Jahre 2001 verabschiedeten Volk und Stände in einem Referendum mit überwältigender Mehrheit zudem eine Schuldenbremse auf Bundesebene, die seit 2003 in Kraft ist. Die eidgenössische Schuldenbremse orientiert sich an der internationalen Evidenz, gemäß der vornehmlich Konsolidierungen auf der Ausgabenseite erfolgreich sind (*Alesina / Perotti* 1995). Vereinfacht funktioniert sie folgendermaßen (*Feld / Kirchgässner* 2007): Die Ausgaben müssen sich an den über den Konjunkturverlauf geglätteten Einnahmen ausrichten. Dabei werden außerordentliche Einnahmen nicht berücksichtigt; sie sollen zur Rückzahlung von Schulden verwendet werden. ‚Normale' Überschüsse und Defizite der Staatsrechnung sollen in einem gesondert geführten Ausgleichskonto verbucht und im Verlauf mehrerer Jahre durch Kürzung oder Aufstockung der für Ausgaben vorgesehenen Mittel ausgeglichen werden. Defizite, die 6% der im vorausgehenden Rechnungsjahr getätigten Gesamtausgaben überschreiten, sind bereits innerhalb der drei darauf folgenden Jahre auszugleichen. Außergewöhnliche Ausgaben können mit der Mehrheit der Mitglieder beider Kammern des Parlaments zusätzlich beschlossen werden.

Leider ist es noch zu früh, den Erfolg der eidgenössischen Schuldenbremse empirisch zu überprüfen, nicht nur weil der Beobachtungszeitraum seit ihrer Inkraftsetzung zu kurz ist, sondern auch weil strukturell bedingte Defizite von 2003 bis zum Ende des Jahres 2006 auf Basis einer Übergangsregelung abgebaut werden sollen. Faktisch tritt die Schuldenbremse somit erst 2007 in Kraft. In der begleitenden Literatur wird etwa über die korrekte Art der Konjunkturbereinigung oder über die diskretionären Handlungsspielräume (beider Kammern) des Parlaments diskutiert (Bundesrat 2000; *Ammann* 2002; *Danninger* 2002; *Müller* 2004). Einen echten Praxistest mussten diese Regelungen jedoch noch nicht durchlaufen.

Weniger prominent sind die kantonalen Schulden- und Ausgabenbremsen, obwohl sie, teilweise deutlich, länger in Kraft sind. So haben die Kantone St. Gallen seit 1929 (1994 in neues Recht überführt), Fribourg seit 1960 (1994), Solothurn seit 1995, Appenzell a.Rh. seit 1995 und Graubünden seit 1998 bereits Schuldenbremsen, bevor die Diskussion auf Bundesebene überhaupt in Gang gesetzt wurde (*Stauffer* 2001). Erst die Regelungen in den Kantonen Nidwalden (2000), Zürich (2000), Luzern (2001), Bern (2002) und Wallis (2002) sind von der Eidgenössischen Schuldenbremse beeinflusst. Besonders interessant ist der St. Galler Fall. Gemäß Art. 82 der St. Galler Verfassung sind die Finanzhaushalte des Kantons und der Gemeinden auszugleichen. Das St. Galler Finanzhaushaltsgesetz schreibt vor, dass das Defizit maximal 3% der einfachen Steuer[8] betragen darf. Es wird zudem, soweit es nicht durch Eigenkapital gedeckt ist, dem Budget des übernächsten Jahres belastet. Ergibt sich (etwa im Zuge einer guten konjunkturellen Situation) ein Überschuss, so ist zunächst Eigenkapital, bis zum Siebenfachen des maximal zulässigen Defizits, zu bilden, und / oder es sind zusätzliche Abschreibungen zu tätigen. Erst dann können die Steuern gesenkt werden. Investitionsprojekte werden aus dem Vermögenshaushalt finanziert, wobei Beträge bis zu 5 Mio. SFr sofort in die laufende Rechnung zu übernehmen sind, während Beträge zwischen 5 und 10 Mio. SFr über fünf und Beträge über 10 Mio. SFr über zehn Jahre abzuschreiben sind. Die entsprechenden Belastungen werden im laufenden Haushalt budgetiert, sodass auch daraus längerfristig keine wachsende Verschuldung entstehen kann (*Feld / Kirchgässner* 2007). Auf der Ausgabenseite greift wiederum das Finanzreferendum. Die Bürger behalten somit die grundsätzliche Kompetenz bezüglich der dem Kanton zugewiesenen Aufgaben und Ausgaben. Bezüglich der Einnahmen entscheiden sie über Steuerarten und Steuertarife, nicht jedoch über den Steuerfuß (Steuersatz). Die Kompetenz dafür liegt beim Kantonsparlament, das jedoch an die durch die Schuldenbremse festgelegten gesetzlichen Regelungen gebunden ist.

Diese Kombination einer Schuldenbremse mit direkt-demokratischen Ausgabenbeschränkungen ist überaus erfolgreich (*Feld / Kirchgässner* 2007). Im Jahre 2004 lag die Verschuldung pro Kopf im Kanton St. Gallen mit 3270 SFr bei 30,3% der durchschnittlichen kantonalen Verschuldung. Nur die beiden Appenzeller Kantone hatten eine noch geringere pro Kopf-Verschuldung. Interessant ist auch der Ver-

---

8 Die ‚einfache Steuer' ist die Grundlage für den Ertrag der Einkommen- und Vermögensteuern; der Steuerertrag (bzw. die Steuerschuld) ergibt sich aus der einfachen Steuer multipliziert mit dem ‚Steuerfuß', einem Multiplikator, der derzeit 115% beträgt.

gleich mit dem Jahr 1990, d.h. der Situation vor der lang anhaltenden Rezession der 1990er Jahre. Die kantonale Verschuldung lag damals bei 2524 SFr pro Kopf und betrug damit 56,8% des nationalen Durchschnitts. Eine niedrigere pro Kopf-Verschuldung hatten noch die drei Kantone Zug, Graubünden und Aargau.[9] Dennoch, und trotz des intensiven Steuerwettbewerbs, dem sich der Kanton St. Gallen ausgesetzt sieht, hat sich die Situation seiner Finanzen in diesem Zeitraum somit eher verbessert. Die Vorteilhaftigkeit der kantonalen Schuldenbremsen bestätigt sich auch in einer multivariaten Regressionsanalyse, in der andere Einflussfaktoren der Staatsverschuldung berücksichtigt werden (*Schaltegger* 2002). Nach den Schätzungen von *Feld* und *Kirchgässner* (2007) beträgt die maximale Reduktion der kantonalen Staatsverschuldung pro Kopf, die mit der Einführung der restriktivsten Form der Schuldenbremse im Zeitraum von 1980 bis 2001 erreichbar war, 907,- SFr und damit 14% der kantonalen Staatsschuld.

6. Schlussbemerkungen

Die Erfahrungen der Schweiz mit ihrem Wettbewerbsföderalismus und ihren finanzpolitischen Institutionen sind in mehrerer Hinsicht für die zweite Stufe der Föderalismusreform in Deutschland interessant. Erstens belegt die empirische Evidenz zur Wirkungsweise und zu den Auswirkungen des fiskalischen Wettbewerbs, dass aufgrund des interkantonalen Wettbewerbs günstigere wirtschafts- und finanzpolitische Resultate im Vergleich zum deutschen kooperativen Föderalismus erzielt werden, ohne dabei ungünstige Verteilungsergebnisse hinnehmen zu müssen. Vor allem vermeidet der Schweizer Föderalismus die durch die explizite und weit reichende Einstandspflicht der bundesstaatlichen Gemeinschaft und durch den egalitären Finanzausgleich im deutschen Föderalismus bedingten Anreizprobleme. Die Unart, Politik zu Lasten anderer Gebietskörperschaften zu betreiben, ist in der Schweiz weniger ausgeprägt. Die Steuerautonomie der Kantone und Gemeinden löst diese Anreizprobleme: „He who has the nice task to spend the money should have the nasty task to collect it."[10]

Zweitens deuten die Untersuchungen zur finanziellen Eigenverantwortlichkeit der Kantone und Gemeinden darauf hin, dass die Sanktionsmechanismen der Finanzmärkte heilsam für die öffentlichen Haushalte sein können. In der Schweiz hatte die Stärkung der Eigenverantwortung der Gemeinden nach dem Leukerbad-Urteil zudem keine negativen Auswirkungen auf die Refinanzierungsbedingungen des Gesamtstaats. Finanzpolitische Institutionen, wie das Finanzreferendum, welche die Kantone zu einer sparsamen Haushaltsführung anhalten, werden von den Finanzmärkten in ihrer Bonitätsprüfung positiv bewertet.

Drittens zeigt sich die Wirksamkeit der Schweizer Schuldenbremse vor allem auf der kantonalen Ebene. Im Gegensatz zur eidgenössischen Schuldenbremse und den in-

---

9 Quelle: Eidgenössische Finanzverwaltung, Öffentliche Finanzen der Schweiz (1990), 52.

10 John Kincaid auf einer Konferenz des Forum of Federations.

ternationalen Erfahrungen zwingen die erfolgreichen kantonalen Schuldenbremsen die Parlamente zu Anpassungen auf der Einnahmenseite. Da die Ausgaben bereits häufig durch ein Finanzreferendum restringiert sind und Steuersenkungen im Steuerwettbewerb eine große Versuchung für die Parlamentarier darstellen, ist diese institutionelle Ausgestaltung für die Schweizer Situation gut geeignet. Für die deutschen Länder, die eher ein Ausgaben- als ein Einnahmenproblem haben, spricht zunächst viel für eine Anlehnung an die eidgenössische Schuldenbremse, wobei konjunkturelle Überlegungen für die Länder keine Rolle spielen sollten. Allerdings ließe sich auch vorstellen, dass eine Schuldenbremse genutzt wird, um von den Bürgern hoch verschuldeter Länder einen Beitrag zur Konsolidierung des Landeshaushalts zu verlangen, indem solche Länder Zuschläge auf die Einkommensteuern ihrer Bürger erheben (müssen). Damit wäre ein moderater Einstieg in eine größere Steuerautonomie der Länder erzielbar.

Gegen eine stärkere Steuerautonomie der Länder wird häufig eingewendet, dass die regionalen Differenzen in der Finanzkraft den dadurch zu erwartenden Steuerwettbewerb nicht zuließen, da finanzschwache Bundesländer in diesem Wettbewerb nicht bestehen könnten. Gemäß *Geske* (2006) beträgt die Finanzkraft Hamburgs als finanzstärkstem Bundesland 179% des Länderdurchschnitts und die Sachsen-Anhalts als finanzschwächstem Bundesland 33,1%. Hinsichtlich des BIP pro Kopf lag der entsprechende Wert für Hamburg bei 172% und für Mecklenburg-Vorpommern bei 35% des Länderdurchschnitts. Das Schweizer Beispiel gibt auch hier Aufschluss. In der Schweiz variiert die Finanzkraft der Kantone stärker als die der Länder. Das Pro-Kopf-Einkommen in Basel-Stadt lag im Jahre 2001 106% über dem Schweizer Durchschnitt, während Appenzell i.Rh. um 47% darunter lag, d.h. der wirtschaftsstärkste Kanton verfügte über ein um 284% höheres Bruttoinlandsprodukt pro Kopf als der wirtschaftsschwächste Kanton (*Kirchgässner* 2006). Trotz dieser erheblichen Divergenzen vermag sich der Kanton Appenzell i.Rh. im Steuerwettbewerb gut zu behaupten und hat den niedrigsten Schuldenstand pro Kopf aller Kantone.

Referenzen

Alesina, A. / Perotti, R. (1995), Fiscal Expansions and Adjustments in OECD Countries, Economic Policy 21, 205–248.

Ammann, Y. (2002), Quelques réflexions à propos des règles de politique budgétaire, Staatssekretariat für Wirtschaft, Wirtschaftspolitische Grundlagen (WP), Diskussionspapier Nr. 13, Mai.

Baretti, C. / Huber, B. / Lichtblau, K. (2002), A Tax on Tax Revenue: The Incentive Effects of Equalizing Transfers. Evidence from Germany, International Tax and Public Finance 9, 631–649.

Blanchard, O.J. / Chouraqui, J.C. / Hagemann, R.P. / Santor, N. (1990), The Sustainability of Fiscal Policy: New Answers to an Old Question, OECD Economic Studies 15, 7–36.

Blankart, C.B. / Klaiber, A. (2006), Subnational Government Organisation and Public Debt Crises, Economic Affairs 26, 48–54

Blöchliger, H.J. (2005), Baustelle Föderalismus. Metropolitanregionen versus Kantone: Untersuchungen und Vorschläge für eine Revitalisierung der Schweiz, Zürich.

Brülhart, M. / Jametti, M. (2006), Horizontal vs. Vertical Tax Externalities: An Empirical Test, Journal of Public Economics 90, 2027–2062.

Bundesamt für Statistik (2006), Volkseinkommen der Kantone, www.bfs.admin.ch / bfs / portal / de / index / themen / volkswirtschaft / volkseinkommen_der_kantone. html, download am 15.12.2006.

Bundesrat (2000), Botschaft zur Schuldenbremse vom 5. Juli 2000, BBl 2000–1318, 4653–4726.

Daldoss, M. / Foreita, O. (2003), Bonitätsbeurteilung subnationaler Gebietskörperschaften in föderalistischen Staatstrukturen – Diskussion ausgewählter Sachverhalte anhand von Schweizer Kantonen und Gemeinden, Gemeinschaftsdissertation, Universität St. Gallen.

Danninger, S. (2002), A New Rule: The Swiss „Debt Brake", IMF Working Paper WP /02 /18, Washington D.C.

Domar, E.D. (1944), The 'Burden of the Debt' and the National Income, American Economic Review 34, 798–827.

Eidgenössische Finanzverwaltung (2006), Öffentliche Finanzen in der Schweiz 2004, Neuchâtel.

Eidgenössische Steuerverwaltung (2006), Steuerbelastung in der Schweiz 2005: Kantone und Kantonshauptorte, Neuchâtel.

Fasten, E. (2006), Market Mechanisms to Restrict Irresponsible Politicians – Lessons from Switzerland, Paper Presented at the 2006 Meeting of the European Public Choice Society, Turku.

Feld, L.P. (1997), Exit, Voice and Income Taxes: The Loyalty of Voters, European Journal of Political Economy 13, 455–478.

– (2000), Steuerwettbewerb und seine Auswirkungen auf Allokation und Distribution: Ein Überblick und eine empirische Analyse für die Schweiz, Tübingen.

– (2000a), Tax Competition and Income Redistribution: An Empirical Analysis for Switzerland, Public Choice 105, 125–164.

– (2004), Fiskalischer Föderalismus in der Schweiz – Vorbild für die Reform der deutschen Finanzverfassung?, Reihe ‚Forum – Föderalismus 2004', hrsg. von Konrad-Adenauer-Stiftung, Bertelsmann-Stiftung, Friedrich-Naumann-Stiftung, Hanns-Seidel-Stiftung, Stiftung Marktwirtschaft, Berlin / Gütersloh.

– (2007), Regulatory Competition and Federalism in Switzerland: Diffusion by Horizontal and Vertical Interaction, in: P. Bernholz und R. Vaubel (eds.), Political Competition and Economic Regulation, London.

Feld, L.P. / Frey, B.S. (2000), Die Auswirkungen des kantonalen Steuerwettbewerbs auf den Kanton Zürich: Möglichkeiten einer rationalen Reform, Gutachten zuhanden der Finanzdirektion des Kantons Zürich.

Feld, L.P. / Goodspeed, T.J. (2005), Discretionary Grants and Soft Budget Constraints in Switzerland, Unveröffentlichtes Manuskript, Philipps-Universität Marburg und Hunter College, New York.

Feld, L.P. / Kirchgässner, G. (1997), Die Kapitalisierung von Steuern und öffentlichen Leistungen in den Mietzinsen: Eine empirische Überprüfung der Tiebout-Hypothese für die Schweiz, in: H. Schmid und T. Slembeck (eds.), Finanz- und Wirtschaftspolitik in Theorie und Praxis, Bern et al., 64–92.

– (2001), Income Tax Competition at the State and Local Level in Switzerland, Regional Science and Urban Economics 31, 181–213.

– (2003), The Impact of Corporate and Personal Income Taxes on the Location of Firms and on Employment: Some Panel Evidence for the Swiss Cantons, Journal of Public Economics 87, 129–155.

– (2007), On the Effectiveness of Debt Brakes: The Swiss Experience, in: R. Neck und J.-E. Sturm (eds.), Sustainability of Public Debt, Cambridge / London.

Feld, L.P. / Matsusaka, J.G. (2003), Budget Referendums and Government Spending: Evidence from Swiss Cantons, Journal of Public Economics 87, 2703–2724.

Feld, L.P. / Reulier, E. (2005), Strategic Tax Competition in Switzerland: Evidence from a Panel of the Swiss Cantons, CESifo Working Paper No. 1516, August.

Feld, L.P. / Schaltegger, C.A. (2002), Wähler, Interessengruppen und Finanzausgleich: Die Politische Ökonomie vertikaler Finanztransfers, Konjunkturpolitik 48, 93–122.

– (2005), Voters as Hard Budget Constraints: On the Determination of Intergovernmental Grants, Public Choice 123, 147–169.

– (2006), Are Fiscal Adjustments Less Successful in Decentralized Governments?, Unveröffentlichtes Manuskript, Ruprecht-Karls-Universität Heidelberg.

Feld, L.P. / Schnellenbach, J. (2004), Begünstigt fiskalischer Wettbewerb die Politikinnovation und -diffusion? Theoretische Anmerkungen und erste Befunde aus Fallstudien, in: C.A. und S. Schaltegger (eds.), Perspektiven der Schweizer Wirtschaftspolitik, Zürich, 259–277.

Feld, L.P. / Fischer, J. / Kirchgässner, G. (2006), The Effect of Direct Democracy on Income Redistribution: Evidence for Switzerland, CESifo Working Paper No. 1837, Oktober.

Feld, L.P. / Kirchgässner, G. / Schaltegger, C.A. (2003), Decentralized Taxation and the Size of Government: Evidence from Swiss State and Local Governments, CESifo Working Paper No. 1087, Dezember.

– (2004), Fiscal Federalism and Economic Performance: Evidence from Swiss Cantons, Unveröffentlichtes Manuskript, Philipps-Universität Marburg.

Frey, B.S. / Stutzer, A. (2000), Happiness, Economy and Institutions, Economic Journal 110, 818–838.

– (2002), Happiness and Economics, Princeton.

Frey, R.L. (1981), Bestimmungsfaktoren der inter- und intraregionalen Wanderungen, Eine ökonometrische Untersuchung für die Schweiz und die Region Basel, in: R.L. Frey (ed.), Von der Land- zur Stadtflucht, Bestimmungsfaktoren der Bevölkerungswanderungen in der Region Basel, Bern /Frankfurt, 13–52.

– (2005), Regionalpolitik, Agglomerationspolitik und Gebietsreformen, in: R.L. Frey (ed.), Föderalismus – zukunftstauglich?!, Zürich, 127–154.

Geske, O.-E. (2006), Der Föderalismus in der Bundesrepublik, Bonn.

Goodspeed, T.J. (2002), Bailouts in a Federation, International Tax and Public Finance 9, 409–421.

Hartwig, J. / Kobel-Rohr, R. (2004), Wäre die schweizerische „Schuldenbremse" ein geeignetes Instrument zur Disziplinierung der Fiskalpolitik in der EU?, Vierteljahreshefte zur Wirtschaftsforschung 73, 481–490.

Heiniger, Y. / Straubhaar, T. / Rentsch, H. / Flückiger, S. / Held, T. (2004), Ökonomik der Reform. Wege zu mehr Wachstum in Deutschland (in der Schweiz), Zürich.

Hilber, C. (1998), Auswirkungen staatlicher Massnahmen auf die Bodenpreise: Eine theoretische und empirische Analyse der Kapitalisierung, Chur und Zürich.

Homburg, S. (1994), Anreizwirkungen des deutschen Finanzausgleichs, Finanzarchiv N.F. 51, 312–330.

Kirchgässner, G. (2003), Die Wiederkehr des Zinsbonus – Neue empirische Ergebnisse zum Einfluss der europäischen und der amerikanischen auf die schweizerischen Euromarktzinsen, Aussenwirtschaft 58, 249–274.

– (2006), Föderalismus: Mehr Wettbewerb, weniger Kooperation, in: K.F. Zimmermann (ed.), Deutschland – was nun? Reformen für Wirtschaft und Gesellschaft, München, 29–41.

Kirchgässner, G. / Feld, L.P. (2004), Föderalismus und Staatsquote, Jahrbuch des Föderalismus 5, 67–87.

Kirchgässner, G. / Pommerehne, W.W. (1996), Tax Harmonization and Tax Competition in the European Union: Lessons from Switzerland, Journal of Public Economics 60, 351–371.

Küttel, D. / Kugler, P. (2002), Explaining Yield Spreads of Swiss Canton Bonds: An Empirical Investigation, Financial Markets and Portfolio Management 16, 208–218.

Ladner, A. / Steiner, R. (2003), Die Schweizer Gemeinden im Wandel: Konvergenz oder Divergenz?, Swiss Political Science Review 9, 233–259.

Liebig, T. / Sousa-Poza, A. (2006), The Influence of the Tax Burden on Migration: Evidence from Switzerland, Cambridge Journal of Economics 30, 235–252.

Liebig, T. / Puhani, P.A. / Sousa-Poza, A. (2006), Taxation and Internal Migration: Evidence from the Swiss Census Using Community-Level Variation in Income Tax Rates, IZA Discussion Paper No. 2374, The Institute for the Study of Labor, Bonn.

Miguet, F. (2006), Does Fiscally Induced Migration Enhance Tax Competition? Evidence from Switzerland, Unveröffentlichtes Manuskript, Université de Genève.

Müller, C. (2004), Anmerkungen zur Schuldenbremse, Vierteljahreshefte zur Wirtschaftsforschung 73, 491–501.

Pommerehne, W.W. / Krebs, S. (1991), Fiscal Interaction of Central Cities and Suburbs: The Case of Zurich, Urban Studies 28, 783–801.

Pommerehne, W.W. / Kirchgässner, G. / Feld, L.P. (1996), Tax Harmonization and Tax Competition at State-Local Levels: Lessons from Switzerland, in: G. Pola, R. Levaggi und G. France (eds.), Developments in Local Government Finance: Theory and Policy, Cheltenham, 292–330.

Rentsch, H. (2002), Sonderfall Schweiz – Blinde Flecken in der Föderalismusforschung. Nachgedanken eines Projektinitiators, in: U. Wagschal und H. Rentsch (eds.), Der Preis des Föderalismus, Zürich, S. 401–413.

Rodden, J. (2005), And the Last Shall Be First: Federalism and Fiscal Outcomes in Germany, mimeo, Department of Political Science, MIT, Cambridge 2005.

Schaltegger, C.A. (2001), Ist der Schweizer Föderalismus zu kleinräumig?, Swiss Political Science Review 7, 1–18.

– (2001a), The Effects of Federalism and Democracy on the Size of Government: Evidence from Swiss Sub-national Jurisdictions, ifo Studien 47, 145–162.

– (2002), Budgetregeln und ihre Wirkung auf die öffentlichen Haushalte: Empirische Ergebnisse aus den US-Bundesstaaten und den Schweizer Kantonen, Schmollers Jahrbuch 122, 369–413.

– (2003), Zum Problem räumlicher Nutzen-Spillover zentralörtlicher Leistungen: Einige empirische Ergebnisse aus dem Schweizer Föderalismus, Jahrbücher für Nationalökonomie und Statistik 223, 159–175.

– (2003a), Fiskalischer Föderalismus und Staatstätigkeit, Zeitschrift für Wirtschaftspolitik 52, 84–110.

Schaltegger, C.A. / Frey, R.L. (2003), Finanzausgleich und Föderalismus: Zur Neugestaltung der föderalen Finanzbeziehungen am Beispiel der Schweiz, Perspektiven der Wirtschaftspolitik 4, 239–258.

Schaltegger, C.A. / Küttel, D. (2002), Exit, Voice, and Mimicking Behavior: Evidence from Swiss Cantons, Public Choice 113, 1–23.

Schaltegger, C.A. / Zemp, S. (2004), Spatial Spillovers in Metropolitan Areas: Evidence from Swiss Communes, Unveröffentlichtes Manuskript, Eidgenössische Steuerverwaltung, Bern.

Schmidheiny, K. (2006), Income Segregation and Local Progressive Taxation: Empirical Evidence from Switzerland, Journal of Public Economics 90, 429–458.

Schweizerischer Städteverband (2006), Statistik der Schweizer Städte 2005/2006, www.stadt-zuerich.ch / internet / stat / home / publikationen / staedtestatistik / STST_2005.html#0032, download am 2.1.2007.

Seitz, H. / Wintermann, O. / Petersen, T. (2006), Haushaltspolitische Lage und Perspektive des Landes Schleswig-Holstein, Gütersloh.

Spoerer, M. (2002), Wann begannen Fiskal- und Steuerwettbewerb? Eine Spurensuche in Preußen, anderen deutschen Staaten und der Schweiz, Jahrbuch für Wirtschaftsgeschichte 2, 11–35.

Statistisches Bundesamt (2006), Schulden der öffentlichen Haushalte – Fachserie 14 Reihe 5, Wiesbaden.

– (2006a), Rechnungsergebnisse des öffentlichen Gesamthaushalts – Fachserie 14 Reihe 3.1, Wiesbaden.

Stauffer, T. (2001), Instrumente des Haushaltsausgleichs: Ökonomische Analyse und Rechtliche Umsetzung, Basel et al.

Steinbrück, P. (2006), Rede des Bundesfinanzministers anlässlich der Einsetzung einer gemeinsamen Kommission zur Modernisierung der Bund-Länder-Finanzbeziehungen vom 15.12.2006, www.bundesfinanzministerium.de / cln_05 / nn_88 / DE / Aktuelles /Reden_20und_20Interviews /034.html, download am 2.1.2007.

Vatter, A. / Wälti, S. (2003), Schweizer Föderalismus in vergleichender Perspektive – Der Umgang mit Reformhindernissen, Swiss Political Science Review 9, 1–25.

Widmer, T. / Rieder, S. (2003), Schweizer Kantone im institutionellen Wandel: Ein Beitrag zur Beschreibung und Erklärung institutioneller Reformen, Swiss Political Science Review 9, 201–232.

Wissenschaftlicher Beirat beim Bundesministerium der Finanzen (2001), Nachhaltigkeit in der Finanzpolitik: Konzepte für eine langfristige Orientierung öffentlicher Haushalte, Schriftenreihe des Bundesministerium der Finanzen, Heft 71, Bonn.

– (2005), Haushaltskrisen im Bundesstaat, Schriftenreihe des Bundesministerium der Finanzen, Heft 78, Bonn.

Haftungsbegrenzungen im internationalen Vergleich – Was kann Deutschland lernen?

Beate Jochimsen

1. Einleitung

Das Urteil des Bundesverfassungsgerichts zur Haushaltsnotlage des Landes Berlin sowie die bevorstehende Föderalismusreform II tragen dazu bei, ein in Politik und Öffentlichkeit häufig als sperrig und schwer vermittelbar geltendes Thema auf die Agenda zu setzen: die Finanzbeziehungen zwischen Bund und Ländern.

Das Bundesverfassungsgericht hat in seinem Urteil vom 19. Oktober 2006, in dem es eine extreme Haushaltsnotlage des Landes Berlin nicht anerkannt hat, die Eigenverantwortlichkeit und Autonomie der Länder gestärkt und die Hürden zur Erlangung finanziellen Beistands des Bundes erhöht. Gerade damit hat es jedoch auch bestätigt, dass dieser Beistand in Notlagen gewährt wird. Ein Systemwechsel hat nicht stattgefunden, und so bleiben die bisherigen Fehlanreize der Finanzverflechtungen von Bund und Ländern bestehen.

Die Chance, diese Fehlanreize zu beseitigen und eine auch vom Bundesverfassungsgericht angemahnte Neuregelung dieses Problemkomplexes in die Tat umzusetzen, bietet sich mit der bevorstehenden Föderalismusreform II. Da das derzeitige Finanzausgleichsgesetz bis 2019 einen Großteil der Finanzbeziehungen zwischen Bund und Ländern regelt, eröffnet sich gegenwärtig ein Zeitfenster für Reformen von wenigen Jahren. Noch sind alle Beteiligten so weit von 2020 entfernt, dass eine gewisse Unsicherheit über die Position der eigenen Gebietskörperschaft im Jahre 2020 besteht. Noch ist es vorstellbar, dass beispielsweise Sachsen dann zu den finanzstärkeren und Niedersachsen zu den finanzschwächeren Ländern gehört. Noch könnte unter einem gewissen „Schleier der Unwissenheit" entschieden werden. Nur dies ermöglicht einen wirklichen Systemwechsel. Die Unsicherheit über die eigene künftige Situation verhindert ein bloßes Durchrechnen eines jeden neuen Vorschlags für die Finanzsituation der eigenen Gebietskörperschaft.

Die Lösung aus der derzeitigen Haftungsverflechtung zwischen Bund und Ländern hin zu einer Haftungsbegrenzung wäre ein solcher Systemwechsel. Nachdem die Problematik der Haftungsverflechtung im zweiten Kapitel erörtert wird, präsentiert der dritte Abschnitt den alternativen Lösungsvorschlag der Haftungsbegrenzung. Im vierten Kapitel, das den Kern dieses Beitrags bildet, werden andere mit der Bundesrepublik vergleichbare Staaten, die Haftungsbegrenzungen zwischen Gebietskörperschaften haben, untersucht. Im Rahmen dieser Analyse werden neben der Darstellung des jeweiligen Haftungssystems auch Fallstudien herangezogen. Schließlich wird vor allem im fünften Kapitel geprüft, welche Elemente auf Deutschland übertragbar sind, welche Probleme in anderen Staaten aufgrund der Haftungsbeschränkungen auftreten und wie diese gelöst werden können.

2. Haftung zwischen Gebietskörperschaften: Idee und Schwächen

Grundsätzlich gibt es zwei Formen, die Finanzverfassung föderaler Staaten zu organisieren: das Verwaltungs- und das Autonomieprinzip. Bei ersterem verfügt nur die zentrale Ebene über Steuer- und Verschuldungskompetenz und verteilt das eingenommene Geld auf die untergeordneten Ebenen. Die Bundesländer oder die Gemeinden sind dann lediglich eine Art „Zweigstelle" der Zentralregierung.[1] Beim Autonomieprinzip verfügen alle staatlichen Ebenen über Einnahmen- und Ausgabenautonomie. Die finanziellen Konsequenzen ihrer Haushaltsentscheidungen tragen sie selbst. Es herrscht institutionelle Kongruenz.[2] In beiden Fällen sind die Verantwortungen für Verschuldung klar geregelt und es gibt keine inter-föderalen Anreizprobleme.

In vielen Föderationen wird weder das eine noch das andere Prinzip konsequent umgesetzt. Stattdessen existieren – wie in Deutschland – Mischformen. Obwohl die deutschen Bundesländer in ihrer Ausgabenpolitik einen hohen Grad an Autonomie aufweisen, gilt dies nicht für die Einnahmenseite. Einzig die Möglichkeit der Verschuldung bietet eine flexible Einnahmeform. Im Fall einer Überschuldung befinden sich Bund und Länder jedoch in einer Art Schuldnergemeinschaft, da Bundesländer in Deutschland aus juristischer Sicht nicht insolvent werden können.

Das jüngste Urteil des Bundesverfassungsgerichts zur Klage Berlins auf Anerkennung seiner Haushaltsnotlage hat dies noch einmal ausdrücklich bestätigt. Zwar ist die Berliner Klage abgewiesen worden, aber nur deshalb, weil sich nach Auffassung des Gerichts das Land Berlin nicht in einer extremen Haushaltsnotlage befindet.[3] Befände es sich in einer solchen, wären finanzielle Unterstützungsleistungen des Bundes als *ultima ratio* weiterhin „erlaubt und geboten". Das Urteil hat lediglich die Hürden zur Anerkennung einer extremen Haushaltsnotlage erhöht. Die Fehlanreize des derzeitigen deutschen Föderalismus, die in Vergangenheit und Gegenwart zu Haushaltskrisen führ(t)en, bleiben bestehen.

Worin bestehen diese Fehlanreize im Einzelnen? Da weder Bund noch Länder formal insolvent werden können, steht der eine für die Schulden des anderen letztlich gerade. Eine solide Haushaltpolitik und ein daraus resultierendes gutes gemeinsames Kreditmarktrating werden zu einem Kollektivgut (*Jochimsen / Konrad* 2006, 22). Eine der weltweit größten und wichtigsten Ratingagenturen, Fitch, bewertet beispielsweise

---

1 Dieses Prinzip ist beispielsweise in recht ausgeprägter Form in Frankreich umgesetzt. Prof. Dr. *Heinz Grossekettler* (2007) führt in seinem Beitrag dieses Buches diesen Ansatz für Deutschland detaillierter aus.

2 Die Schweiz ist nach diesem Prinzip organisiert. Vgl. dazu auch die Ausführungen von Prof. Dr. *Lars Feld* und *Thushyanthan Baskaran* (2007) in diesem Buch.

3 Die tatbestandlichen Voraussetzungen für eine extreme Haushaltsnotlage sind nicht erfüllt.

alle deutschen Bundesländer sowie den Bund mit der besten Bonitätsstufe „AAA". Damit bringt Fitch zum Ausdruck, dass es Bund und Länder in einem Haftungsverbund sieht und deshalb lediglich die gesamtstaatliche Bonität ermitteln muss. Und die liegt eben (noch) bei „AAA".

Obwohl jedes Bundesland von dem guten gesamtstaatlichen Rating und den damit einhergehenden niedrigen Zinssätzen profitiert, lohnt sich ein landesspezifischer Beitrag zu diesem Kollektivgut in Form einer Zurückhaltung bei der Nettokreditaufnahme oder gar einem Schuldenabbau kaum, da davon auch alle anderen Länder profitieren würden, und damit auch die, die sich nicht angestrengt haben. Das Land selbst käme zudem nur zu einem Bruchteil in den Genuss eines verbesserten Ratings – sofern sich das Gesamtrating der Bundesrepublik durch eine solide Haushaltspolitik eines Landes überhaupt verändern ließe.[4] Es besteht folglich die bekannte Trittbrettfahrerproblematik.[5]

Die Fehlanreize spiegeln sich auch an anderer Stelle wider. Solange die quasi gesamtschuldnerische Haftung weiter besteht und sich die Bundesrepublik als Ganzes nicht überschuldet hat, handeln die Kapital*geber* rational, wenn sie Bundesländern – trotz immenser Haushaltsprobleme – weiter Kredite gewähren. Sie wissen ja, dass auch nach dem jüngsten Urteil des Bundesverfassungsgerichts Bundesergänzungszuweisungen als *ultima ratio* gezahlt werden, wenn sich ein Land relativ zu den anderen Ländern und absolut gesehen in einer extremen Haushaltsnotlage befindet.

In Wissenschaft und Politik herrscht Einigkeit, dass Änderungen am bestehenden System des fiskalischen Föderalismus in Deutschland unabwendbar sind. Nicht zuletzt deshalb ist jüngst die Föderalismuskommission II ins Leben gerufen worden. Uneinigkeit besteht hingegen darüber, welcher Reformweg eingeschlagen werden soll. Die Vorschläge reichen von Kennzahlen-basierten Frühwarnsystemen vor drohenden finanziellen Schieflagen, über komplette Verschuldungsverbote für Länder bis zu Verschuldungsgrenzen, die der Markt setzt. Mit letzterem beschäftigt sich dieser Beitrag im Folgenden.

3. Alternative: Haftungsbeschränkung

Bei einer Haftungsbeschränkung wird die Haftung der übergeordneten Ebene für die Schulden der untergeordneten Ebenen ganz oder teilweise ausgeschlossen. Jeder ist für die Rückzahlung seiner Schulden allein verantwortlich. Der Markt wird dafür sorgen, dass die Gebietskörperschaften – wie andere potenzielle Schuldner – einem

---

4 *Jochimsen / Nuscheler* (2006) haben die Entwicklung der Verschuldung der westdeutschen Bundesländer untersucht. Sie finden höhere Defizite bei Koalitionsregierungen. Das lässt vermuten, dass diese die Kosten der Verschuldung nicht vollständig internalisieren, da jeder Koalitionspartner nur einen Teil davon trägt.

5 Für einen ausführlicheren theoretischen Hintergrund der Anreizproblematik vgl. *Jochimsen / Konrad* (2006), S. 21–23.

Rating unterzogen werden. Entsprechend ihrer Bonität gestalten sich die Zinsen für ihre Anleihen. Mit sinkender Bonität steigen sie erst sanft, dann steil an, und ab einem bestimmten Verschuldungsgrad werden Kredite rationiert – und zwar bevor es zu einer Insolvenz kommt (*Hodgman* 1960). Um eine Kreditrationierung und hohe Zinsen zu vermeiden, werden nicht nur die potenziellen Kreditgeber, sondern auch die Politiker versuchen, eine übermäßige Verschuldung zu vermeiden. So diszipliniert der Markt Politiker (Schuldner) und Kreditgeber (Gläubiger) und schützt die Gebietskörperschaften vor übermäßiger Verschuldung.

Die Mechanismen des Marktes greifen allerdings nur, sofern die notwendigen Voraussetzungen gegeben sind. Die wichtigsten lassen sich in vier Punkten zusammenfassen (*Lane* 1993):

1. Es muss offene und freie Märkte geben, d.h. beispielsweise keine – versteckten – Subventionen staatlicher Kredite.
2. Dem Markt müssen ausreichende Informationen über die finanzielle Lage der Gebietskörperschaften vorliegen. Dies umfasst implizite oder verdeckte Verschuldung.
3. Es muss eine Haftungsbegrenzung der ober(st)en staatlichen Ebene(n) für die Schulden der untergeordneten Ebenen geben. Wichtig ist hierbei, dass der Markt an den damit impliziten No-Bailout auch glaubt.[6]
4. Schließlich muss der Schuldner über angemessene Instrumente verfügen, um auf Marktsignale reagieren zu können. Bundesländer müssten also über die Kompetenz verfügen, Ausgaben im erforderlichen Umfang zu senken und / oder Steuern zu erhöhen.

Bei vollkommenen Märkten kann es nicht zu Kreditausfällen kommen, weil vor einer Überschuldung eine Kreditrationierung erfolgt. Da die Märkte in der Realität jedoch nicht vollkommenen sind, ist nicht auszuschließen, dass Gebietskörperschaften sich überschulden. Für solche Fälle muss ein geeignetes Entschuldungsverfahren entwickelt werden, das beispielsweise klare Regelungen über Pfändungsmöglichkeiten, den Umgang mit Altschulden, die Rangfolge der Forderungen umfasst. Ebenso muss geregelt werden, wer im Falle der Insolvenz an den Lasten der Haushaltssanierung zu beteiligen ist. Neben den Bürgern der entsprechenden Gebietskörperschaft kommen auch die Kreditgeber in Betracht. Schließlich muss ggf. festgelegt werden, dass eine Auflösung der Gebietskörperschaft ebenso unmöglich ist wie politische Eingriffsrechte der Gläubiger. [7]

Doch auch der Markt kann nicht vollkommen verhindern, dass sich Gebietskörperschaften über das wohlfahrtsoptimale Niveau hinaus verschulden. So gibt es für die

6 *Rodden* (2005) kommt beispielsweise für die formal ohne Haftung agierenden spanischen Kommunen und australischen Länder zu dem Schluss, dass der Kapitalmarkt diese nur deshalb vergleichsweise so gut ratet, weil er implizit von einem Bailout ausgeht.

7 Prof. Dr. *Kai Konrad* (2007) geht in seinem Beitrag in diesem Buch auf einige dieser Aspekte näher ein.

amtierende Regierung einen Anreiz, vor Wahlen die Verschuldung zu erhöhen, um die Ausgabemöglichkeiten der künftigen Regierung zu begrenzen. Ein Teil der künftigen Ausgaben muss dann nämlich für Zinszahlungen aufgewandt werden. Dieser Anreiz ist umso größer, je mehr die amtierende Regierung mit einer Abwahl rechnet und je häufiger Regierungswechsel stattfinden (z.B. *Alesina / Tabellini* 1987; *Alesina / Perotti* 1994, 16). Für die deutschen Bundesländer lässt sich derartiges Verhalten allerdings nicht nachweisen. Im Gegenteil, *Jochimsen* und *Nuscheler* (2006) finden, dass in deutschen Bundesländern vor Wahlen weniger Schulden aufgenommen werden. Davon abgesehen können relativ kurze Wahlperioden dazu beitragen, Politiker untergeordneter Gebietskörperschaften „kurzsichtiger" und damit unempfänglich für frühe Signale des Marktes werden zu lassen (*Ter-Minassian / Craig* 1997, 162).

Eine Haftungsbegrenzung schließt finanzielle Hilfen übergeordneter Gebietskörperschaften im Falle einer Haushaltsnotlage, also einen Bailout, aus politökonomischen Überlegungen nicht zwangsläufig aus. Da die Landes- und Gemeindebürger letztlich auch Bundeswähler sind, wird die Bundesebene immer einen Anreiz verspüren, sich auch die Stimmen dieser Bürger zu sichern – und sei es, mit Hilfe finanzieller Zuwendungen in Notlagen (ausführlich *Blankart / Fasten / Klaiber* 2006). Dieses Argument ist umso wichtiger, je größer die Gebietskörperschaft ist.

Schließlich birgt eine vollständige Sanktionierung durch den Markt das Risiko, dass im Falle einer (drohenden) Insolvenz nicht nur die Kreditzinsen der betroffenen Gebietskörperschaft steigen, sondern dass Anleihen benachbarter oder ähnlicher Gebietskörperschaften „angesteckt" werden, d.h., deren Zinssätze ebenfalls steigen (*Eichengreen / Rose / Wyplosz* 1996).

Ein Blick über die deutschen Staatsgrenzen hinaus zeigt, dass zahlreiche Länder teilweise jahrzehntelange Erfahrung mit der Disziplinierung von Politikern durch den Markt gewonnen haben. Welche Konsequenzen hat die Haftungsbegrenzung für Bürger und Kreditmärkte? Sind diese Erfahrungen auf Deutschland übertragbar? Und wie können verbleibende Probleme gelöst werden?

4. Internationale Beispiele für Haftungsbegrenzungen

Ausschließliche oder vorherrschende marktwirtschaftliche Mechanismen zur Schuldenbegrenzung regionaler Gebietskörperschaften findet man beispielsweise in Australien, Kanada, Finnland, Frankreich, Portugal, Schweden und Russland (*Ter-Minassian* 1997, 158–159). Analoge Regelungen auf der Ebene lokaler Gebietskörperschaften gibt es seit vielen Jahren in den USA und der Schweiz sowie jüngst in Tschechien, Mexiko und Spanien (*Ter-Minassian* 1997, 158–159; *Rodden* 2005). Obwohl sich in diesen Ländern regionale oder lokale Gebietskörperschaften praktisch unbegrenzt verschulden können, sind Insolvenzen sehr selten.

Um Schlüsse aus den international bestehenden Haftungs- und Entschuldungsregelungen sowie aus den Marktreaktionen im Falle einer Überschuldung für eine Implementierung von Haftungsbegrenzungen in Deutschland zu ziehen, ist es von sekundärer Bedeutung, ob lokale oder regionale Gebietskörperschaften betrachtet werden. Vielmehr kommt es auf die Analyse der Mechanismen an. Deshalb konzentriert sich diese Arbeit auf möglichst marktnahe Mechanismen, mit denen bereits Erfahrungen gesammelt wurden. Aus diesem Grund werden die USA und die Schweiz besonders detailliert sowie darüber hinaus Kanada systematisch sowie Tschechien mit einer Fallstudie untersucht.

a) USA

(1) Das Insolvenzverfahren nach Chapter 9 des US Bankruptcy Codes

In den Vereinigten Staaten von Amerika gibt es seit über 70 Jahren ein funktionierendes Insolvenzverfahren für lokale Körperschaften des öffentlichen Rechts (municipalities), das ständig weiterentwickelt und sich ändernden Rahmenbedingungen sowie praktischen Bedürfnissen angepasst wird (*Paulus* 2003, 237). Sein größter Erfolg besteht darin, dass es nur sehr selten zur Anwendung kommt. Im Jahre 2004 meldeten beispielsweise 7 von rund 90.000 municipalities Insolvenz nach Chapter 9 an. Im Durchschnitt stammen von diesen Anmeldungen nur ca. 10 % von Gemeinden, der Rest beispielsweise von Wasser- oder Schulbezirken. Zinssignale und Kreditrationierungen sorgen dafür, dass eine übermäßige Verschuldung dieser Körperschaften von vornherein vermieden wird. Empirisch lässt sich für die USA bestätigen, dass die Anleihezinsen von Gebietskörperschaften mit steigendem Verschuldungsgrad erst sanft, und dann steil bis zur Kreditrationierung steigen (*Bayoumi/Goldstein/Woglom* 1995).

Kommt es im Ausnahmefall doch zur Insolvenz einer Gemeinde, ist das Ziel eines Verfahrens nach Chapter 9 des US Bankruptcy Codes die Chance der Gemeinde auf einen Neustart. Die Gemeinde mit ihren Bürgern genießt dabei einen hohen Schutz. Sobald eine Gemeinde Insolvenz beim Bundesgericht angemeldet hat – und nur die Gemeinde selbst kann dies tun – und diese vom Gericht anerkannt wurde, tritt ein Schutz vor sämtlichen Forderungen der Gläubiger in Kraft („automatic stay"). Bevor das Bundesgericht ein Entschuldungsverfahren nach Chapter 9 zulässt, prüft es, ob die Gebietskörperschaft ausreichende Eigenanstrengungen zur Bewältigung der Haushaltskrise unternommen hat. Dazu zählen vor allem Steuererhöhungen und Budgetkürzungen. Die Voraussetzungen für das Vorliegen einer Insolvenz orientieren sich dabei ausschließlich am Cashflow und nicht an Vermögenswerten, letztere sind auch nicht pfändbar (*McConnel/Picker* 1993, 456).

Eine Auflösung der Gemeinde ist ebenso unmöglich wie jeder politische Eingriff wie beispielsweise die Verwertung von Vermögen ohne Zustimmung der Gemeinde. Darüber hinaus stellt die amerikanische Verfassung sicher, dass die politische Handlungsfähigkeit der Gemeinde erhalten bleibt, d.h., dass weder Gläubiger noch Gerichte mit der Festlegung auf einen bestimmten Neustrukturierungsplan Einfluss auf künftige

Ausgabe- oder Einnahmeentscheidungen nehmen dürfen (Administrative Office of the United States Courts 2006).

Im Zuge des Insolvenzverfahrens schlägt die Gemeinde einen Sanierungsplan vor, der zwar im bestmöglichen Interesse der Gläubiger sein muss, aber durchaus Zinssenkungen, (Teil-)verzichte der ausstehenden Forderungen oder Stundungen umfassen kann. Bevor allerdings in die Rechte der Gläubiger eingegriffen werden darf, muss die Gemeinde alle ihr selbst zur Verfügung stehenden Mittel zur Beseitigung der Insolvenz ausgeschöpft haben. Dazu zählt neben möglichen Steuererhöhungen auch der Verkauf von Vermögen. Seit 1978 dürfen Gemeinden während eines laufenden Insolvenzverfahrens zudem Tarifverträge kündigen sowie z.B. Pensionen und Gesundheitsleistungen senken (*Lewis* 1994, 15 und 21). Die Gläubiger müssen diesem Plan nicht zustimmen, ein Bundesgericht entscheidet schließlich über seine Anerkennung (*Morrison* 2002, 573).

Im Folgenden werden die drei bisher spektakulärsten Fälle von Insolvenzen von US-Gebietskörperschaften, die alle trotz des einheitlichen gerade geschilderten Verfahrens verschieden gehandhabt wurden, erörtert.

(2) New York City 1975

Bis Mitte der 1970er Jahre hatte sich die Haushaltslage der Stadt New York dramatisch zugespitzt. Vier Gründe waren primär für diese Entwicklung verantwortlich. Erstens verzeichneten zahlreiche Großstädte in dieser Zeit einen Bevölkerungsaustausch. Angehörige der Mittelklasse zogen in die Vororte und zahlten dort ihre Steuern. In den Städten verblieben die ärmeren Bevölkerungsgruppen bzw. sie zogen dorthin. Als zusätzlich zahlreiche Fabriken ins Umland abwanderten, sank neben dem Steueraufkommen auch die Beschäftigung in den Städten. Zeitgleich fielen höhere Ausgaben für Arme und Alte in den Städten an. Zweitens stagnierte aufgrund der Ölkrisen die gesamte amerikanische Wirtschaft, was die eher konjunkturabhängigen Steuereinnahmen New Yorks noch mehr schmälerte und die Finanzkrise verschärfte. Drittens erfolgte seit einigen Jahren eine stete Verlagerung von Landes- und Bundesaufgaben zu den Städten, ohne die Steueraufteilung zwischen den verschiedenen föderalen Ebenen entsprechend anzupassen. Schließlich versuchten die Politiker New Yorks, sich für ihre Wiederwahl Stimmen zu kaufen, indem sie mit mehr und mehr Schulden finanzierte Ausgabenprogramme auflegten (*Shalala / Bellamy* 1976, 1119–21).

Mit kurzfristigen Krediten wurde der gegenwärtige finanzielle Handlungsspielraum vergrößert. Die Stadt nahm immer mehr kurzfristige Kredite auf, um Gehälter und andere laufende Ausgaben zu finanzieren. Die Finanzierung fälliger Kredite erfolgte ebenfalls mit kurzfristiger Neuverschuldung bis zu dem Zeitpunkt, an dem die Banken die Vergabe neuer kurzfristiger Kredite ohne Sicherheiten ablehnten. Im Angesicht ihrer drohenden Zahlungsunfähigkeit wandte sich die Stadt New York mit der Bitte um finanzielle Unterstützung an das Bundesland. Überraschenderweise wurde ein formales Insolvenzverfahren nach Chapter 9 zu keinem Zeitpunkt ernsthaft in Erwägung gezogen (*Shalala/Bellamy* 1976, 1124–27).

Das Land gewährte der Stadt in großem Umfang finanzielle Unterstützung, also einen Bailout. Die Hilfe bestand aus 800 Mio. USD Direktzahlungen an die Stadt, 3.000 Mio. USD Landesgarantie für langfristige Anleihen, 2.000 Mio. USD Landeskredite sowie einem Überwachungsprozess mit scharfen Finanzkontrollen. Zudem wurde die Bedienung für Teile der kurzfristigen Schulden für drei Jahre ausgesetzt. Diese Maßnahme entspricht dem sofortigen Schutz der Gemeinde vor den Forderungen der Gläubiger („automatic stay") aus Chapter 9 (*Shalala / Bellamy* 1976, 1128; *Baldassare* 1998, 11). Während dieser drei Jahre war es der Stadt New York nicht möglich, eigenständig auf dem Kapitalmarkt tätig zu werden.

Darüber hinaus wurde ein Kontrollgremium vom Bundesland eingesetzt, dass die Finanzen der Stadt kontrollierte und einen ausgeglichenen Haushalt herbeiführte. Die einzige Kompetenz, die beim gewählten Bürgermeister verblieb, bestand in der Möglichkeit, innerhalb des vorgegebenen Finanzrahmens Ausgabenprioritäten zu setzen. Zur Sanierung waren sowohl Ausgabenkürzungen als auch Steuererhöhungen notwendig (*Shalala / Bellamy* 1976, 1129).

Der Bailout einer amerikanischen Großstadt durch das Bundesland bleibt kein Einzelfall. In Cleveland, Chicago und Philadelphia führten ähnliche ökonomische und fiskalische Entwicklungen zu angespannten Haushaltslagen, aus denen sich die Städte nicht mehr selbst zu befreien wussten. Auch in diesen Fällen kam es nicht zur Anwendung eines formalen Insolvenzverfahrens. Die Städte mussten sich soweit möglich aus eigener Kraft sanieren und erhielten von den Bundesländern die darüber hinausgehende notwendige finanzielle Unterstützung (*Inman* 1995; *Baldassare* 1998, 11–12).

Insgesamt hat die Haushaltskrise New Yorks keine großen Einschnitte für seine Bürger mit sich gebracht, da die finanzielle Hauptlast vom Bundesland getragen wurde. Eine Beteiligung der Gläubiger an der Sanierung des Haushalts hat in sehr geringem Umfang stattgefunden, da die Bedienung eines Teils der kurzfristigen Schulden für drei Jahre ausgesetzt wurde. Aus welchen Gründen das Insolvenzverfahren nicht zum Einsatz gekommen ist, lässt sich nicht abschließend sagen. Möglich ist, dass Insolvenzverfahren für Gemeinden in den USA zum damaligen Zeitpunkt verpönt waren oder dass die Bundesstaaten die Problemanalysen der Städte in großem Umfang teilten und sich deshalb verpflichtet fühlten zu helfen.

Aus ökonomischer Perspektive lassen sich zwischen den Fällen New York sowie Saarland, Bremen und Berlin keine systematischen Unterschiede erkennen. In allen Fällen bittet eine untergeordnete Gebietskörperschaft eine übergeordnete um finanzielle Hilfe, die gewährt wird oder – im Falle Berlin – mangels Hilfebedürftigkeit abgelehnt wird. Die Sanierungslasten werden weit verteilt, nämlich durch den Bailout vor allem auf die Schultern aller Bürger der übergeordneten Gebietskörperschaft, in Deutschland also auf alle Bundesbürger. Die Kapitalmärkte sind praktisch nicht betroffen. Lediglich im Verfahren finden sich Unterschiede. So hat in Deutschland die übergeordnete Ebene, der Bund, weder bei Saarland und Bremen noch bei Berlin auf freiwilliger Basis gezahlt, sondern – in den beiden ersten Fällen – erst nach einem Gerichtsentscheid. Dies verlängert und verteuert den Sanierungsprozess unnötig.

Die Lehre aus dem Fall New York für Deutschland lautet folglich, dass eine schnelle freiwillige oder beispielsweise in einem Haushaltsnotlagengesetz geregelte[8] Einigung der beteiligten Gebietskörperschaften verhindert, dass die Verschuldung des Betroffenen weiter ansteigt und eine Sanierung – für wen auch immer – teurer wird.

(3) Bridgeport 1991

Im Jahr 1991 hat Bridgeport, die bevölkerungsreichste Stadt Connecticuts, Insolvenz nach Chapter 9 des US Bankruptcy Codes beantragt. Zu diesem Zeitpunkt handelte es sich um die größte Gemeinde, die jemals um Erlaubnis ersucht hat, ihre Finanzen unter dem Schutz des Chapter 9 neu zu ordnen.

Bridgeport sah sich ähnlichen Problemen wie New York City 16 Jahre zuvor gegenüber. Zu den finanziellen Problemen, die aus ins Umland abwandernder Industrie und Mittelschicht, Vororten, die sich weigerten, zu den von der Stadt bereitgestellten öffentlichen Gütern etwas beizutragen, sowie vom Bundesstaat übertragender Aufgaben, die allein von der Stadt finanziert werden müssten, resultierten, kamen hohe Tarifabschlüsse und die Abhängigkeit von der Vermögenssteuer hinzu.

Drei Jahre zuvor hatte der Bundesstaat Connecticut Bridgeports Gesuch um finanzielle Unterstützung abgelehnt. Da die Finanzen der Stadt seit diesem Zeitpunkt überwacht wurden, konnte das Haushaltsdefizit von 60 auf 12 Mio. USD gesenkt werden. Die Stadt erhob eine hohe Vermögenssteuer, und die lokalen Politiker wollten diese weder weiter anheben noch die vom Überwachungsausschuss vorgeschlagenen Budgetkürzungen um 18% hinnehmen, um das Defizit zu beseitigen. Deshalb sahen die lokalen Politiker keinen anderen Weg, als beim Bundesgericht Insolvenz nach Chapter 9 zu beantragen (*Judson* 1991).

Der Antrag wurde vom zuständigen Bundesgericht abgelehnt, weil er als unglaubwürdig angesehen wurde. Die verantwortlichen Politiker sicherten den Kreditgebern von vornherein zu, ihre Forderungen unverändert zu bedienen. Ihr Ziel des Insolvenzverfahrens bestand allein darin, das Haushaltsdefizit durch finanzielle Konzessionen der öffentlich Bediensteten zu schließen, die sie im Rahmen eines formalen Insolvenzverfahrens leichter zu erreichen hofften (*Lewis* 1994, 6). Die Stadt argumentierte, dass sie aufgrund ihres Haushaltsdefizits nicht mehr in der Lage wäre, ihre Schulden zu bedienen. Der Bundesstaat – ebenso wie die Richter – stützen sich jedoch auf die im US Bankruptcy Code vorgesehene Cashflow-Analyse. Da Bridgeport immer noch über ein Barvermögen von 25 Mio. USD verfügte, bestand bei einer Cashflow-Analyse keine Zahlungsunfähigkeit und der Insolvenzantrag der Stadt wurde abgewiesen (*Schwartz* 1992, 113).

---

8 Vgl. für einen Entwurf eines Haushaltsnotlagengesetztes *Rossi/Schuppert* (2006).

Innerhalb weniger Tage verschlechterte sich das Rating Bridgeports dramatisch. Standard & Poor's sowie Moody's stuften die Anleihen der Stadt zum Verkauf ein. Die Haushaltssanierung musste aus eigener Kraft erfolgen, d.h., die finanzielle Last musste von den Einwohnern getragen werden. Bei den folgenden Wahlen wurde die Bürgermeisterin abgewählt – jedoch nicht, weil sie die Stadt in eine Finanzkrise geführt hat, sondern weil sie es nicht vermocht hat, die Insolvenz vor dem Bundesgericht anerkannt zu bekommen (*Lewis* 1994a, 22).

Vergleicht man den Fall Bridgeports mit deutschen Fällen ergibt sich am ehesten eine Analogie zum Fall Berlin. In beiden Fällen hatte die übergeordnete Ebene (Connecticut bzw. der Bund) einen Bailout abgelehnt und die untergeordneten Gebietskörperschaften (Bridgeport bzw. Berlin) versuchten, das jeweilige Bundesgericht vergeblich von ihrer Notalge (Zahlungsunfähigkeit bzw. extreme Haushaltsnotlage) zu überzeugen – allerdings mit einer unterschiedlichen Zielsetzung. Während Bridgeport im Rahmen des formalen Insolvenzverfahrens die Last zur Haushaltssanierung in Form eines Gehaltsverzichts seinen öffentlich Beschäftigen aufbürden wollte, bestand die Zielsetzung des Landes Berlin darin, die Sanierungslasten primär allen Bundesbürgern aufzubürden, in dem der Bund zu Hilfszahlungen verpflichtet worden wäre und diese aus allgemeinen Steuereinnahmen zu begleichen gewesen wären. Allerdings hatten die öffentlich Bediensteten Berlins bereits auf einen Teil ihres Gehalts verzichtet. Die Bürger Berlins wären auch im Falle einer Gewährung der Bundeshilfen über eine Haushaltskonsolidierung an den Sanierungslasten beteiligt gewesen.

Direkte Lehren können somit aus dem Fall Bridgeport für Deutschland nicht gezogen werden.

(4) Orange County 1994

1994 wurde Orange County zur größten amerikanischen Gemeinde, die jemals Insolvenz nach Chapter 9 angemeldet hat. Im Gegensatz zu den vorherigen Fällen wurde die Insolvenz nicht durch Steuerausfälle oder eine exzessive Ausgabenpolitik verursacht, sondern durch hochriskante Investitionen in Derivate, die mit dem Geld der Gemeinde getätigt wurden. Bis 1994 hatte der Gemeindekämmerer 7,6 Mrd. USD gesammelt, die sich aus Einlagen der Gemeinde selbst und fast 200 anderer lokalen Körperschaften öffentlichen Rechts, beispielsweise Schul- oder Wasserbezirken, zusammensetzten. Zusätzlich hatte er sich auf dem Kapitalmarkt weitere 14 Mrd. USD geliehen und den Gesamtbetrag in zinsempfindlichen Derivaten angelegt. Entgegen den Erwartungen des Kämmerers stiegen die Zinsen so sehr an, dass der Schuldendienst der Gemeinde höher wurde als ihre Einnahmen aus den Investitionen (*Halstead/Hedge/Klein* 2004, 294). Als bei einer Überprüfung zu Tage trat und der Öffentlichkeit bekannt wurde, dass die Gemeinde 1,64 Mrd. USD mit den Derivatgeschäften verloren hatte, kam es zu einem Ansturm der Gläubiger, dem sich die Gemeinde nicht gewachsen sah. Sobald die erste Investmentbank versuchte, ihre Sicherheiten zu verwerten, hat die County-Regierung Insolvenz angemeldet. Die Insolvenz ist vom Bundesgericht anerkannt worden (*Baldassare* 1998, 2).

In der Folgezeit vollzog ein von außen eingesetzter Kämmerer einen vollständigen Ausstieg aus den Derivatgeschäften und sorgte damit dafür, dass der Verlust nicht weiter anstieg. Das County und die untergeordneten Körperschaften einigten sich über die Aufteilung des Verlustes zwischen ihnen und über die Modalitäten, wann das noch zur Verfügung stehende Geld, das erst einmal „eingefroren" wurde, später abgehoben werden konnte. Scharfe Budgetkürzungen und ein deutlicher Personalabbau waren erforderlich, um die Haushaltssanierung voran zu bringen und den Schuldendienst für die nun langfristigen Kredite zu leisten. Die Budgetkürzungen trafen vor allem die ärmeren Bevölkerungsteile, deren staatliche Transfers gekürzt wurden. Auch nach dem offiziellen Ende des Insolvenzverfahrens, im Juni 1996, also 18 Monate nach dem Beginn, wurden die Transfers nicht wieder auf das Ausgangsniveau angehoben. Ein Grund dafür lag in der Tatsache, dass die Bewohner des Countys eine Erhöhung der Umsatzsteuer (sales tax) um einen halben Cent ablehnten (*Baldassare* 1998, 3–4).

Die Finanzmärkte wurden vom Insolvenzantrag Orange Countys überrascht. Die fehlende Transparenz über die Investitionen von Gemeinden oder Gemeindepools in Derivatgeschäfte hatte den wahren Verlust und das Verlustrisiko des Countys verschleiert. Die Märkte reagierten unverzüglich. Das Kreditmarktrating von Orange County wurde auf „junk bond"-Niveau herabgestuft (*Baldassare* 1998, 267). Es blieb jedoch nicht bei der erwarteten Verschlechterung der Bonität von Orange County. Vielmehr verschlechterte sich auch das Rating aller amerikanischen Gemeindeanleihen und Fonds mit Gemeindeanleihen deutlich. Darüber hinaus sanken die Aktienkurse von Investment- und Geschäftsbanken, die im Derivatgeschäft aktiv waren. Die Aktienkurse von Banken, die in diesem Sektor nicht aktiv waren, sanken hingegen nicht (*Halstead/Hedge/Klein* 2004, 294).

Im Gegensatz zu vielen Erwartungen zeigten diese Marktreaktionen, dass die Insolvenz einer Gebietskörperschaft nicht nur gemeindespezifisch negative Wohlfahrtseffekte hat. Vielmehr reichten die negativen Finanzmarktfolgen nicht nur weit über die Gemeindegrenze hinweg, sondern auch über den Anleihemarkt hinweg auf den Aktienmarkt. (*Halstead/Hedge/Klein* 2004, 313). Ein Grund für diese „Ansteckung" anderer Bereiche des Kapitalmarktes dürfte in der mangelnden Transparenz der Gemeindeinvestitionen bestanden haben. Zum einen wäre wohl das Rating von Orange County bereits vor der Insolvenz schlechter gewesen, wenn den Anlegern das Ausmaß der Risikoinvestitionen bewusst gewesen wäre. Zum anderen fürchteten Anleger nach der Offenlegung der County-Investitionsstruktur, dass andere Gemeinden ähnlich intransparente Anlagegeschäfte tätigten, und werteten deren Bonität ab. Eine Erhöhung der Transparenz der finanziellen Lage von Gebietskörperschaften (siehe Kapitel 3) könnte diese negativen Spillover-Effekte mindern.

Beim bisher einzigen bei einer großen Gemeinde durchgeführten Insolvenzverfahren mussten die Sanierungslasten von den Bürgern der betroffenen Gemeinde getragen werden. Zusätzlich entstanden Wohlfahrtsverluste durch die höheren Refinanzierungskosten für alle amerikanischen Gemeinden auf dem Anleihemarkt. Die Gläubiger erlitten keine Verluste.

Vergleiche mit Deutschland lassen sich hier kaum ziehen. Zum einen liegt die Ursache der Insolvenz in Investitionen in Derivatgeschäften, die in Deutschland derzeit nicht zulässig sind. Zum zweiten ist ja gerade die in Orange County vollzogene Durchführung eines Insolvenzverfahrens in Deutschland nicht möglich, da ein Entschuldungsverfahren (noch) nicht existiert. Als Lehre lässt sich für Deutschland festhalten, dass das amerikanische Insolvenzverfahren der betroffenen Gemeinde zwar einen hohen Schutz vor Eingriffsmöglichkeiten der Gläubiger gewährt, die Bürger aber letztlich nicht davor schützt, einen Hauptteil der Sanierungslasten zu tragen.

(5) Zwischenfazit aus den amerikanischen Haftungsbegrenzungen

Positiv hervorzuheben ist, dass der Kapitalmarkt in den USA funktioniert, sodass der Markt Politiker diszipliniert. Praktisch alle Gemeinden reagieren bei ersten Anzeichen finanzieller Schwierigkeiten und richten ihren Haushalt entsprechend neu aus (*Morrison* 2002, 579). Deshalb kommt ein Insolvenzverfahren nach Chapter 9 bei Gemeinden nur sehr selten vor.

Allerdings müssen im Falle einer Finanzkrise die Einwohner – nicht die Kreditgeber – den Großteil der Anpassungskosten tragen. Bevor ein Sanierungsplan vom Bundesgericht anerkannt wird, müssen ausreichende Eigenanstrengungen nachgewiesen werden. Diese umfassen vor allem den Verkauf von Vermögen, Budgetkürzungen und Steuererhöhungen.

Schließlich ist zu beobachten, dass in zahlreichen Fällen, in denen sich größere Gemeinden, wie Großstädte, in Haushaltskrisen befanden, häufig Einzellösungen zwischen Gemeinde und Bundesstaat zur Sanierung der Haushalte getroffen werden, möglicherweise, um die teils irrationalen negativen Spillover-Effekte auf die Bonität anderer Gemeindeanleihen und damit eine Verteuerung der Finanzierung der Staatstätigkeit für viele zu vermeiden.

b) Schweiz

(1) Die föderalen Regeln in der Schweiz

In der Schweiz gibt es seit jeher eine hohe Autonomie der Kantone und Gemeinden. Das Autonomieprinzip ist das vorherrschende Prinzip beim Aufbau dieses föderalen Staates. Die staatlichen Aufgaben sind strikt zwischen den föderalen Ebenen geteilt. Es gibt kein Politikfeld, in dem die föderale und die kantonale Ebene gemeinsam entscheiden oder das beide gemeinsam verantworten [9] (*Feld* 2004). In der Konsequenz ist auch das Steuersystem durch eine strikte Aufteilung zwischen den Ebenen gekennzeichnet. Kantone und Gemeinden können ihre Steuern bzw. bestimmte Steuerzuschläge frei setzen, Wettbewerb ist fester Bestandteil des Systems.

Ein Bundesgesetz von 1947 schließt die Möglichkeit eines Gemeindekonkurses aus, erlaubt aber gleichzeitig den Kantonen davon abweichende Regelungen zu implementieren. Diese Ausnahmeregelungen waren weit verbreitet, sodass bis 2003 die rechtliche Situation der föderalen Beziehungen zwischen Kanton und Gemeinde vielfach unklar war. In vielen Kantonen war die No-Bailout-Regel des Bundesgesetzes aufgrund der vielfältigen finanziellen Verflechtungen zwischen Kanton und Gemeinde nicht voll glaubhaft (*Uebersax* 2005, 1). Seit 2003 herrscht nun Klarheit darüber, dass Kantone nicht für die Schulden ihrer Gemeinden haften.

Das Vermögen der Gemeinde teilt sich in das Verwaltungsvermögen, das zur Erfüllung öffentlicher Aufgaben notwendig ist, und das Finanzvermögen, das der reinen Einkommenserzielung dient und nur indirekt zur öffentlichen Aufgabenerfüllung erforderlich ist. Das Verwaltungsvermögen sowie die künftigen Steuereinnahmen sind unpfändbar (*Uebersax* 2005, 27–28), das Finanzvermögen hingegen nicht. Im Gegensatz zu den Regelungen in den Vereinigten Staaten von Amerika ist eine Zwangsfusion zwischen zwei oder mehr Gemeinden infolge finanzieller Schwierigkeiten der Gemeinden möglich und wird gelegentlich auch praktiziert.[10] Anders als in den USA erfolgt ein Großteil der Kreditfinanzierung der Gemeinden über Banken und Versicherungsgesellschaften und nicht direkt über den Kapitalmarkt (*Fasten* 2006, 15–19).

(2) Leukerbad 1998 / 2003

Im Dezember 1998 konnte die Gemeinde Leukerbad im Kanton Wallis ihren Schuldendienst nicht mehr leisten und verklagte gemeinsam mit drei ihrer Hauptgläubiger den Kanton Wallis zur Begleichung der Schulden. Dieser lehnte dies ebenso wie das oberste Schweizer Gericht im Jahre 2003 ab. Es erfolgte kein Bailout der Gemeinde durch den Kanton. Was war passiert?

Die Wirtschaft der Gemeinde Leukerbad hängt stark vom Tourismus ab. Deshalb investierten Gemeindepolitiker in große touristische Infrastrukturprojekte, für die sie eigene Unternehmen gründeten. Diese Unternehmen, die sowohl personell als auch juristisch eng miteinander und mit der Gemeinde verwoben waren, verschuldeten sich innerhalb von 15 Jahren mit 346 Mio. CHF. Bei einer Einwohnerzahl von rund 1.750 Personen führte dies zu einer Pro-Kopf-Verschuldung von 200.000 CHF. 1998 konnte der Schuldendienst für diesen Betrag nicht mehr geleistet werden (*Fasten* 2006, 20).

---

9 Siehe für eine ausführliche Darlegung des Schweizer Föderalismus auch den Beitrag von Prof. Dr. *Lars Feld* und *Thyshyanthan Baskaran* in diesem Band.

10 So fand 2004 eine Zwangsfusion der Gemeinden Ausserbinn, Ernen, Mühlebach und Steinhaus im Kanton Wallis statt (*Uebersax* 2005, 26).

Zu der Zahlungsunfähigkeit der Gemeinde kam es, obwohl der Kanton die Kreditaufnahme der Gemeinden überwacht hat und bereits 1993 und 1996 auf die hohe Verschuldung Leukerbads aufmerksam gemacht hatte. Doch es geschah nichts, obwohl spätestens seit 1996 zudem bekannt war, dass die Gemeindepolitiker ihre rechtlichen Kompetenzen klar überschritten hatten. Trotz fehlender Verschuldungserlaubnis des Kantons gewährten die Banken Leukerbad und seinen Gesellschaften weitere Kredite und gingen offenbar implizit von einem kantonalen Bailout aus (*Fasten* 2006, 21).

Unmittelbar nach der Zahlungsunfähigkeit der Gemeinde im Jahre 1998 wurde die Handlungsfreiheit der Gemeinde durch den Kanton beschränkt. Die Gemeinde und die Kreditgeber einigten sich auf einen fünfjährigen Sanierungsplan. Bestandteile dieses Plans waren im Wesentlichen ein Fälligkeitsaufschub bei gleichzeitiger Verpflichtung, teilweise Zins – und Tilgungszahlungen zu leisten. Die kantonale Zwangsverwaltung setzte die Steuern auf das kantonal zulässige Höchstmaß hinauf und verfügte deutliche Ausgabensenkungen. Die Einwohnerzahl sank von 1.750 auf 1.400, also um 20%. Die kantonale Zwangsverwaltung verhinderte, dass die Gemeinde neue Schulden aufnahm (*Uebersax* 2005, 4).

Nachdem das oberste Schweizer Gericht fünf Jahre später, 2003, das Ansinnen der Gemeinde und der drei Hauptschuldner auf Übernahme der Schulden durch den Kanton endgültig abgelehnt hatte, einigten sich die Beteiligten Anfang 2004 auf den Verkauf aller Vermögenswerte der Gemeinde (hierbei handelte es sich vor allem um die touristische Infrastruktur). Zudem mussten im Zuge dieser Einigung die Gläubiger auf 78 % ihrer Forderungen verzichten. Für die Restschulden in Höhe von 30 Mio. CHF bürgte der Kanton. Im Februar 2004 wurde die kantonale Zwangsverwaltung beendet. Es wird erwartet, dass die Gemeinde 30 Jahre braucht, um die noch bestehenden Schulden abzutragen (*Uebersax* 2005, 4–5).

Der Kapitalmarkt reagierte unmittelbar nach Bekanntwerden der Zahlungsunfähigkeit der Gemeinde Leukerbad.[11] Für Gemeinden wurde ebenso wie für andere Großschuldner ein Ratingsystem eingeführt. Statt der vorherigen günstigen Einheitskonditionen für Anleihen entscheidet nunmehr die Bonität der Gemeinde über die Höhe der Zinsen[12] (*Uebersax* 2005, 33–34).

Im Fall Leukerbad sind neben den Bürgern auch die Gläubiger in großem Umfang zur Entschuldung herangezogen worden. Das zeigt, dass diese Möglichkeit nicht nur theoretisch besteht, sondern auch in demokratischen Staaten umgesetzt werden kann. Allerdings sind im Zuge dieses No-Bailout-Verfahrens die Refinanzierungskosten für Schweizer Gemeinden im Durchschnitt gestiegen, was langfristige Wohlfahrtsverluste mit sich bringt.

---

11 *Fasten* (2006) versucht allerdings vergeblich, eine Reaktion des Kapitalmarkts auf die Verkündung des Urteils in 2003 nachzuweisen. Möglicherweise hatte der Kapitalmarkt den Tenor des Urteils bereits antizipiert.

12 Das Rating für Schweizer Städte bei Standard & Poor's schwankte in 2001 beispielsweise zwischen AA- und A+ (vgl. Emissionszentrale der Schweizer Gemeinden, 2004).

c) Kanada

Jede kanadische Provinz darf sich unbegrenzt auf dem nationalen und internationalen Kreditmarkt verschulden. Ihr Schuldenstand und ihre Fähigkeit den Schuldendienst zu leisten, werden vom Kreditmarkt, vor allem von großen Investmentfirmen, sorgfältig verfolgt. Kredtimarktratings spielen eine wichtige Rolle, um die Gesamtverschuldung der Provinzen zu begrenzen. Kanadische Gemeinden unterliegen hingegen strengen von den Provinzen gesetzten Verschuldungsregeln und werden deshalb im Folgenden nicht untersucht.

Ein Blick auf die Zins- und Schuldenentwicklung der 1980er und 1990er Jahre zeigt, dass selbst in dem gut entwickelten, relativ transparenten kanadischen Finanzmarkt die Disziplin des Marktes es nicht vermocht hat, die Verschuldung der Provinzen nicht steil anwachsen zu lassen. Obwohl sich die Ratings verschlechtert haben und dadurch die Zinsen für Provinz-Anleihen deutlich gestiegen sind, hat die Gesamtverschuldung der Provinzen von knapp 5% des Bruttoinlandprodukts im Jahre 1980 auf knapp 23% im Jahre 1994 zugenommen (*Krelove / Stotsky / Vehorn* 1997, 220–221). Erst seit diesem Höchststand versuchen die Provinzen, einem weiteren Anstieg entgegenzuwirken. Man kann diese Entwicklung so interpretieren, dass der Marktmechanismus schließlich gewirkt und die Provinzregierungen zu einer Rückführung der Verschuldung gebracht hat. Allerdings mussten bis zu dieser Reaktion Zinsen und Verschuldung erst deutlich anwachsen, sodass eine Rückführung des Schuldenstandes für die Provinzen kostspielig wird (*Ter-Minassian / Craig* 1997, 162–163).

Ebenfalls in Kanada zu beobachten ist, dass der Anstieg der Verschuldung der nationalen Ebene sich negativ auf die Kreditwürdigkeit der Provinzen auswirkt. Hingegen bewirkt ein Verschuldunganstieg der größten kanadischen Provinz, Ontario, eine Verbesserung der Kreditwürdigkeit der anderen Provinzen. Steigen die Schulden der anderen Provinzen, führt dies lediglich zu einer kleinen Verschlechterung der Kreditwürdigkeit der Provinzen (*Landon / Smith* 2000).

Diese Reaktionen des Kapitalmarkts könnten bedeuten, dass der Markt trotz des Haftungsausschlusses für Schulden anderer Gebietskörperschaften an ein Bailout glaubt. Steigen die Schulden der zentralen Gebietskörperschaft, so steigen die impliziten Gesamtverbindlichkeiten der Föderation und die Kreditwürdigkeit aller Gebietskörperschaften sinkt. Es wird wahrscheinlicher, dass die kanadische Zentralbank die Schulden monetarisiert oder dass die Zentralregierung die Steuerautonomie der Provinzen einschränkt. Zudem senkt eine hohe zentralstaatliche Verschuldung die Wahrscheinlichkeit, dass die Bundesebene die Provinzen finanziell unterstützt.

Die verbesserte Bonität der Provinzen infolge eines Schuldenanstiegs der größten Provinz kann auf das Ergebnis eines Benchmarking zurückzuführen sein. Bei unvollständiger Information kann eine Veränderung der Schuldenquote einer Provinz Rückschlüsse auf deren Fähigkeit, Kredite zu bedienen, zulassen. Diese Rückschlüsse können auf andere Provinzen übertragen werden und so zur Verbesserung ihrer Bonität wie im Falle der kanadischen Provinzen beitragen (*Landon / Smith* 2000, 639).

d) Tschechische Republik: Rokytnice 2002

Die Tschechische Republik besteht aus drei föderalen Ebenen: Bund, 14 Regionen und ca. 6.500 lokalen Gebietskörperschaften, Gemeinden. Seit 1993 dürfen sich die Gemeinden auf dem Kapitalmarkt verschulden, was ein Großteil von ihnen auch getan hat. Da die Regionen erst seit dem Jahr 2000 bestehen und sich bis 2005 fast ausschließlich über Zuweisungen finanziert haben, sind auf dieser föderalen Ebene praktisch noch keine Schulden aufgelaufen.

Bei den Kreditgebern der Gemeinden handelt es sich um Banken, die von den Gemeinden für die gewährten Kredite Sicherheiten in Form von Vermögen oder künftigen Einnahmen erhalten. Obwohl die Möglichkeiten der Verschuldung noch nicht lange existieren, gab es bereits eine Gemeinde, die sich überschuldet hat (*Jahoda* 2006, 133–135).

Ähnlich der Schweizer Gemeinde Leukerbad hat die Gemeinde Rokytnice im Riesengebirge in den 1990er Jahren große Investitionen in touristische Infrastrukturprojekte getätigt. Die Schulden der Gemeinde stiegen bis auf 11 Mio. USD bei 3.254 Einwohnern an. Rokytnice konnte seinen Schuldendienst nicht mehr leisten, als die Gewinne der Investitionsprojekte hinter den Erwartungen zurückblieben. Ein Bailout durch die Region oder die Bundesebene ist in Tschechien nicht vorgesehen und fand auch nicht statt. Die Tschechische Konsolidierungsagentur übernahm die Schulden und führte die erste Zwangsversteigerung von Gemeindevermögen in der tschechischen Geschichte durch. Neben der touristischen Infrastruktur wurden beispielsweise ein Parkplatz, ein Friseur, eine Bücherei und ein Appartementblock verkauft (*Horakova* 2002). Darüber hinaus stimmte die Gemeinde einer sukzessiven Rückzahlung der Schulden bis zum Jahr 2008 zu. Schließlich wurden der Gemeinde mehr als 50% der Schulden erlassen (*Jahoda* 2006, 138).

Um künftig derartige Insolvenzen und ihre Konsequenzen zu vermeiden, hat der tschechische Staat ein Schuldenmonitoring für Gemeinden ins Leben gerufen. Überschreitet ein „Schuldendienstindex" gewisse Grenzwerte und wird die Haushaltspolitik nicht entsprechend angepasst, wird die Schuldenaufnahme der Gemeinde begrenzt. Dies ist derzeit noch problemlos möglich, da die Verschuldung vor allem bei staatlichen Einrichtungen erfolgt, die dann einfach keine Kredite mehr gewähren. Im Moment akzeptieren die Gemeinden dieses Verfahren und lassen es in der Regel gar nicht erst zu einer Kreditrationierung kommen, sondern passen ihre Haushaltspolitik entsprechend an (*Jahoda* 2006, 143).

Solange sich deutsche Bundesländer vor allem auf dem Kapitalmarkt verschulden, ist eine Übertragbarkeit des tschechischen Ansatzes der Kreditrationierung auf Deutschland nicht möglich.

4. Was kann Deutschland lernen?

Aus dem Verschuldungsverhalten der amerikanischen und Schweizer Gemeinden sowie der kanadischen Provinzen kann man schließen, dass der Markt bei glaubhafter Haftungsbegrenzung die Politiker diszipliniert, anfangs mit Zinssignalen, schließlich mit einer Kreditrationierung. Insolvenzen untergeordneter Gebietskörperschaften werden so weitestgehend vermieden.

Da Märkte in der Realität nicht vollkommen sind, kann im Ausnahmefall trotz dieses Marktmechanismus' eine Insolvenz eintreten. Für diese Fälle ist es möglich, die Verfahrensregeln so zu gestalten, dass primär die Gläubiger, nicht die Bürger, die finanziellen Anpassungslasten tragen. Denkbar wäre ein (Teil-)verzicht auf die Forderungen ebenso wie Stundungen oder Zinssenkungen seitens der Gläubiger. Das amerikanische Insolvenzverfahren sieht diese Option zwar vor, sie ist aber in der Realität bisher nicht in größerem Umfang zum Einsatz gekommen. Anders sieht es in der Schweiz aus. Im Fall Leukerbad mussten die Gläubiger auf 78% ihrer Forderungen verzichten und trugen somit die finanzielle Hauptlast der Sanierung. Dieser Gedanke ist in Deutschland neu. Bei uns werden vor allem die Gläubiger geschützt, obwohl diese ihr Geld an (juristische) Personen verliehen haben, denen sie aufgrund ihrer angespannten Haushaltssituation niemals (weitere) Kredite gewährt hätten, wenn eine Haftung der anderen von vornherein begrenzt gewesen wäre.

Einige der für einen funktionierenden Markt notwendigen Voraussetzungen müssen in Deutschland noch geschaffen werden. So hat insbesondere der Fall Orange County mit seinen negativen Zinseffekten weit über die betroffene Gemeinde hinaus gezeigt, wie wichtig die Transparenz der Haushalte für die Bonitätseinschätzung des Marktes ist. Ein Hauptgrund für die negativen Zinsreaktionen bestand in der Intransparenz der Gemeindeinvestitionen und damit in dem Risiko, dass auch andere amerikanische Gemeinden in Derivate investiert haben. Auf Deutschland übertragen bedeutet dies, dass transparente, politisch verständliche Länder- und Gemeindehaushalte, die explizite und implizite Verschuldung ausweisen, eine unabdingbare Voraussetzung zur Haftungsbegrenzung der Schulden wären. Nur so könnte der Markt die notwendigen Bonitätseinschätzungen vollziehen.

Schließlich bleibt festzuhalten, dass auch der Markt nicht automatisch alle Schwächen der bisherigen Haftungsverflechtung beseitigt. Das kanadische Beispiel zeigt, dass trotz steigender Zinsen die Verschuldung deutlich anwachsen kann und erst ab einem relativ hohen Verschuldungsgrad gegengesteuert wird. Zudem benachteiligen Ratings Gebietskörperschaften, die aufgrund nicht beeinflussbarer Faktoren, beispielsweise der geographischen Lage, eher wirtschafts- und finanzschwach sind. Dieses Manko könnte in Deutschland allerdings ggf. durch eine Anpassung des Finanzausgleichs behoben werden. Nicht vollkommen ausgeschlossen werden kann, dass der Markt im Falle einer Insolvenz und eines Entschuldungsverfahrens trotz transparenter Haushalte psychologisch, möglicherweise irrational bedingte negative Zinsreaktionen bei anderen Gebietskörperschaften hervorbringen könnte. Letztlich ist auch das in den USA zu beobachtende Verhalten, dass trotz der Existenz eines Insolvenzverfahrens dieses wohl vor allem aus politökonomischen Gründen nicht durchgeführt wird, nicht vollständig zu vermeiden.

Zusammenfassend bleibt festzuhalten, dass eine Neuordnung der Finanzbeziehungen zwischen Bund und Ländern auch und gerade nach dem jüngsten Urteil des Bundesverfassungsgerichts zur Berliner Haushaltsnotlage dringend erforderlich ist. Eine Haftungsbegrenzung zwischen Gebietskörperschaften ist eine weltweit erprobte erfolgreiche Möglichkeit, die derzeitigen Fehlanreize der Landespolitiker zu beseitigen. Obwohl diese Regelung auch Schwächen aufweist, so ist sie insgesamt dem heutigen Zustand vorzuziehen.

Referenzen

Administrative Office of the United States Courts (2006), Bankruptcy Basics, 3rd ed., Washington, D.C.

Alesina, Alberto / Perotti, Roberto (1994), The Political Economics of Budget Deficits, NBER Working Paper 4637, Cambridge, MA

Alesina, Alberto / Tabellini, Guido (1987), A Positive Theory of Fiscal Deficits and Government Debt in a Democracy, NBER Working Paper 2308, Cambridge, MA.

Baldassare, Mark (1998), When Government Fails – The Orange County Bankruptcy, University of California Press.

Bayoumi, Tamin / Goldstein, Morris / Woglom, Geoffrey (1995), Do Credit Markets Discipline Sovereign Borrowers? Evidence from U.S. States, Journal of Money, Credit and Banking, 27 (4), 1046–1059.

Blankart, Charles B. / Fasten, Erik / Klaiber, Achim (2006), Föderalismus ohne Insolvenz?, Wirtschaftsdienst, 86(9), 567–571.

Eichengreen, Barry / Rose, Andrew / Wyplosz, Charles (1996), Contagious Currency Crises: First Tests, Scandinavian Journal of Economics, 98(4), 463–484.

Emissionszentrale der Schweizer Gemeinden (2004), Medienmitteilung 24.9.2004: Bestnote für Schweizer Gemeinden, Bern.

Fasten, Erik R. (2006), Market Mechanisms to Restrict Irresponsible Politicians – Lessons from Switzerland, presentation on the annual meeting of the EPCS in Turku, Finland.

Feld, Lars (2004), Fiskalischer Föderalismus in der Schweiz – Vorbild für die Reform der deutschen Finanzverfassung?, Berlin et al.

Feld, Lars / Thushyanthan, Baskaran (2007), Das Schweizer Modell des fiskalischen Föderalismus: Lehren für die deutsche Reformdiskussion, in: Konrad, Kai A. / Jochimsen, Beate (Hrsg.), Der Föderalstaat nach dem Berlin-Urteil, Frankfurt et al., 105–133.

Grossekettler, Heinz (2007), Für einen Föderalismus mit zentralisierten Verschuldungskompetenzen, in: Konrad, Kai A. / Jochimsen, Beate (Hrsg.), Der Föderalstaat nach dem Berlin-Urteil, Frankfurt et al., 89–104.

Halstead, John M. / Hegde, Shantaram / Schmid Klein, Linda (2004), Orange County Bankruptcy: Financial Contagion in the Municipal Bond and Bank Equity Markets, The Financial Review, 39, 293–315.

Hodgman, Donald R. (1960), Credit risk and credit rationing, Quarterly Journal of Economics, 74, 258–278.

Horakova, Pavla (2002), Rokytnice – a bankrupt town on sale, Czech Radio 7 – Letter from Prague, 9.6.2002.

Inman, Robert (1995), How To Have a Fiscal Crises: Lessons from Philadelphia, American Economic Review, 85 (2), Papers and Proceedings, 378–383.

Jahoda, Robert (2006), Debt Management of Czech Local Governments: Problems and Solutions, in: Ljubljana, Slovenia (Hrsg.), Public Administration and Puplic Policy in Emerging Europe & Eurasia: For Professionalism, Impartiality and Transparency, NISPAcee, 135–144.

Jochimsen, Beate / Konrad, Kai A. (2006), Anreize statt Haushaltsnotlagen, in: Konrad, Kai A. / Jochimsen, Beate (Hrsg.), Finanzkrise im Bundesstaat, Frankfurt a.M., 11–27.

Jochimsen, Beate / Nuscheler, Robert (2006), The Political Economy of the German Länder Deficits, unveröffentlichtes Manuskript.

Judson, George (1991), Anguished Plea From Bridgeport For Fiscal Relief, *The New York Times*, June 8, 1991.

Konrad, Kai A. (2007), Ein Ausweg aus der bundesstaatlichen Haftungsverflechtung, in: Konrad, Kai A. / Jochimsen, Beate (Hrsg.), Der Föderalstaat nach dem Berlin-Urteil, Frankfurt a.M. et al., 155–169.

Krelove, Russell / Stotsky, Janet G. / Vehorn, Charles L. (1997), Canada, in: Teresa Ter-Minassian (ed.), Fiscal Federalism in Theory and Practice, Washington: IMF, 201–225.

Landon, Stuart / Smith, Constance E. (2000), Government debt spillovers and creditworthiness in a federation, The Canadian Journal of Economics, 33 (3), 634–661.

Lane, Timothy D. (1993), Market Discipline, Staff Papers, International Monetary Fund, 40, March 1993, 53–88.

Lewis, Carol W. (1994), Municipal Bankruptcy And The States Authorization to File Under Chapter 9, Urban Affairs Quarterly, 30 (1), 3–25.

McConnel, Michael W. / Picker, Randal C. (1993), When Cities Go Broke: A Conceptual Introduction to Municipal Bankruptcy, The University of Chicago Law Review, 60, 425–495.

Morrison, Fred L. (2002), The Insolvency of Public Entities in the United States, The American Journal of Comparative Law, 50, 567–579.

Paulus, Christoph G. (2003), Ein Insolvenzverfahrensrecht für Staaten, in: Dabrowski, Martin /Fisch, Andreas /Gabriel, Karl und Lienkamp, Christoph (Hrsg.), Die Diskussion um ein Insolvenzrecht für Staaten, Volkswirtschaftliche Schriften, Heft 530, Berlin, 231–259.

Rodden, Jonathan (2005), Achieving Fiscal Discipline in Federations: Germany and the EMU, abrufbar unter http: //web.mit.edu /jrodden /www /materials /brussels. rodden.final.01.20.05.pdf

Rossi, Matthias / Schuppert, Gunnar Folke (2006), Notwendigkeit und Inhalt eines Haushaltsnotlagengesetzes, Zeitschrift für Rechtspolitik (ZRP), 1 /2006, 8–10.

Schwartz, Rachael E. (1992), This Way To The Egress: Should Bridgeport's Chapter 9 Filing Have Been Dismissed?, American Bankruptcy Law Journal, 66, 103–134.

Shalala, Donna E. /Bellamy, Carol (1976), A State Saves A City: The New York Case, Duke Law Journal, 1119–1132.

Ter-Minassian, Teresa / Craig, Jon (1997), Control of Subnational Government Borrowing, in: Teresa Ter-Minassian (ed.), Fiscal Federalism in Theory and Practice, Wahington: IMF, 156–173.

Uebersax, Peter (2005), Erfahrungen und Lehren aus dem „Fall Leukerbad", Zeitschrift für Schweizerisches Recht, Bd. 124, Beiheft 42.

Ein Ausweg aus der bundesstaatlichen Haftungsverflechtung

Kai A. Konrad

1. Einleitung

Das Urteil zur Frage einer extremen Haushaltsnotlage des Landes Berlin wurde mit Spannung erwartet, nicht nur, weil es für die Haushaltsplanung von Berlin von Bedeutung ist, sondern auch wegen seiner über die Stadt Berlin hinausragenden Bedeutung für die föderalen Finanzbeziehungen und für die Beziehungen zwischen Gebietskörperschaften und ihren Gläubigern.

Drei Elemente des Urteils (Bundesverfassungsgericht 2006) sind über Berlin hinaus von besonderer Bedeutung. Erstens hat das Gericht den föderalen Status quo in Abschnitt 173 des Urteils so gedeutet, dass Bundesländer grundsätzlich einen verfassungsrechtlichen Anspruch auf Hilfe haben. Nach dem vom Gericht definierten *Ultima-Ratio*-Prinzip sind Sanierungshilfen des Bundes „notwendig und geboten", wenn die Haushaltsnotlage eines Landes nicht nur relativ – im Verhältnis zu den übrigen Ländern – als extrem zu werten ist, sondern wenn sie auch absolut – „nach dem Maßstab der dem Land verfassungsrechtlich zugewiesenen Aufgaben – ein so extremes Ausmaß erreicht hat, dass ein bundesstaatlicher Notstand im Sinne einer nicht ohne fremde Hilfe abzuwehrenden Existenzbedrohung des Landes als verfassungsgerecht handlungsfähigen Trägers staatlicher Aufgaben eingetreten ist."

Zweitens legt das Urteil fest, dass ein Land Sanierungshilfen nur dann in Anspruch nehmen kann, wenn „das Land alle ihm verfügbaren Möglichkeiten der Abhilfe erschöpft hat, sodass sich eine Bundeshilfe als einzig verbliebener Ausweg darstellt."

Drittens stellt das Gericht im gleichen Absatz fest: „Das geltende positive Recht ist nur unzureichend auf die Bewältigung auftretender extremer Haushaltsnotlagen eingestellt", und an anderer Stelle erinnert es an seinen Auftrag an den Gesetzgeber, wonach Bund und Länder gemeinsam Verpflichtungen und Verfahrensregeln festzulegen haben, „die der Entstehung einer Haushaltsnotlage entgegenwirken und zum Abbau einer eingetretenen Haushaltsnotlage geeignet sind." Diese Auflagen sind nicht mit einer zeitlichen Vorgabe für eine Umsetzung versehen und eher unverbindlich. Sie lassen auch einen weiten Gestaltungsspielraum.

Hier soll in Abschnitt 2 im Rahmen einer einfachen haushaltstheoretischen Analyse verdeutlicht werden, dass sich aus der derzeitigen Gesetzeslage eine problematische Situation für die Haushaltspolitik ergibt, gerade für Bundesländer, deren Verschuldungssituation in Ausgangszustand der Betrachtung bereits angespannt ist. Im Ergebnis steht einem hoch verschuldeten Land das Mittel der Kreditfinanzierung weiterhin offen. Diese Kreditaufnahme erfolgt sogar zu Finanzierungskosten, die denen des Bundes oder denen anderer, weniger verschuldeter Länder sehr ähnlich sind. Da, und solange dem Land dieses Mittel zur Verfügung steht, bleibt ihm angesichts der *Ultima-*

Ratio-Argumentation sogar nur der Weg in die weitere Verschuldung, theoretisch bis zu einem Punkt, in dem das gesamtdeutsche Kreditvolumen ausgeschöpft ist. Konsequent zu Ende gedacht führt dies in ein finanzpolitisches Debakel. Sowohl der Bund als auch alle Länder müssen deshalb an einer Änderung der verfassungsrechtlichen Rahmenbedingungen ein erhebliches Interesse haben.

Für eine Institutionenreform gibt es gute Vorschläge. Der Wissenschaftliche Beirat beim Bundesministerium der Finanzen (2005) hat in diesem Zusammenhang mehrere Verfahrensvorschläge aufgegriffen und weiter entwickelt. Der weitestgehende Vorschlag zielt darauf ab, Gebietskörperschaften eine Insolvenzfähigkeit zuzuerkennen und damit die bundesstaatliche Verflechtung der Haftungsverpflichtungen für Kreditverbindlichkeiten einzelner Gebietskörperschaften aufzuheben. Die Vorzüge einer solchen Regelung werden dort erläutert und sind nicht Inhalt der vorliegenden Arbeit. In der Diskussion wird indes häufig darauf verwiesen, dass eine Entlassung hoch verschuldeter Länder aus der De-facto-Haftungsgemeinschaft von Bund und Ländern unweigerlich mit erheblich erhöhten Finanzierungskosten des Landes aus seiner Verschuldung einher gehen müsse, und dass diese Erhöhung der Zinslast zu einer Zuspitzung der Haushaltslage des Landes führen müsse. Dieses Argument soll in Kapitel 4 aufgegriffen werden. Es erweist sich als nicht stichhaltig. Einfache institutionelle Vorkehrungen zur Vorrangigkeit von Altschulden bzw. Nachrangigkeit der Ausweitung der Neuverschuldung und Haftungsfonds für Schulden im Umfang der Altschulden vermeiden eine solche Mehrbelastung. Sie führen zugleich dazu, dass in der hoch verschuldeten Gebietskörperschaft eine wirksame Schuldenbremse greift.

2. Anreizwirkungen der Haftungsverflechtung

Mit seinem Urteil vom 19. Oktober 2006 hat das Bundesverfassungsgericht mehr Rechtssicherheit darüber geschaffen, wann und durch wen ein Bail-out eines überschuldeten Landes erfolgen würde. Zahlen muss zunächst der Bund. Inwiefern der Bund die Ländergemeinschaft im Rahmen einer Anpassung der Verteilung des Steueraufkommens zu einer Beteiligung an den Lasten veranlassen kann, muss dabei zunächst offen bleiben. Die Hilfe durch den Bund wird indes nur fällig, wenn die Misere des Bundeslandes hinreichend groß ist, wenn also eine Sanierung auch durch äußerste Spar- und Sanierungsleistungen des Landes nicht mehr möglich erscheint und das Land angesichts seiner Verpflichtungen gegenüber Gläubigern seine verfassungsgemäßen Aufgaben nicht mehr erfüllen kann. In der Praxis wird es noch darauf ankommen, was an Sparleistungen zumutbar ist, und was genau die verfassungsgemäßen Aufgaben sind. Bevor das Land beispielsweise gegenüber seinen Gläubigern vertragsbrüchig werden müsste, tritt wohl der Bund ein. Gleichzeitig kann dem Land dabei ein Extremmaß an Eigenleistungen abverlangt werden. Die öffentlichen Ausgaben des Landes für Konsum würden spätestens mit dem Einsetzen der Bundeshilfe auf eine ungemütliche Frostgrenze heruntergefahren werden müssen.

Schon vor dem Urteil wurde über die Anreizproblematik reflektiert, die zur Analyse intrafamiliärer Verhältnisse als Samariter-Dilemma in der Literatur beschrieben ist (*Bruce / Waldman* 1990). Das Dilemma ist verwandt mit der Problematik, die Sinn (1983) als BLOOS-Regel eines haftungsbeschränkten Investors beschrieben hat. *Buchholz* und *Wiegard* (1992) und *Homburg* (2000) analysieren Aspekte des Samarite-Dilemmas im Verhältnis des Wohlfahrtsstaats zu seinen Bürgern im Rahmen der Sozialversicherung. Bezogen auf Bundesländer lässt sich das Dilemma wie folgt beschreiben: Landespolitiker, die im Interesse ihrer Bürger handeln und ein gegebenes Finanzvolumen auf Ausgaben heute und Ausgaben morgen verteilen, streben in der Regel ein ausgewogenes Verhältnis dieser Ausgaben über die Zeit an. Erfolgt die öffentliche Ausgabenplanung effizient, dann sollte die letzte Einheit öffentlichen Konsums heute und die Verwendung der aufgezinsten Einheit morgen in beiden Verwendungen das Wohlbefinden der Bürger insgesamt in genau gleichem Umfang steigern. Bundesländer bzw. deren Politiker und deren Bevölkerung möchten angesichts der Situation wie sie das Verfassungsgericht in seinem Urteil gedeutet hat, von dieser Regel mitunter abweichen. Ein Land, das heute seinen öffentlichen Sektor weit über seine Einnahmen ausdehnt und ein die heutigen Einnahmen weit übersteigendes Niveau an öffentlichen Konsumausgaben tätigt, muss sich morgen nicht über ein bestimmtes Maß hinaus einschränken, wenn das Land morgen mit Sanierungshilfen aus der Bund-Länder-Gemeinschaft rechnen kann.

Abb. 1: Die Budgetbeschränkung einer Gebietskörperschaft und das Utima-Ratio-Prinzip

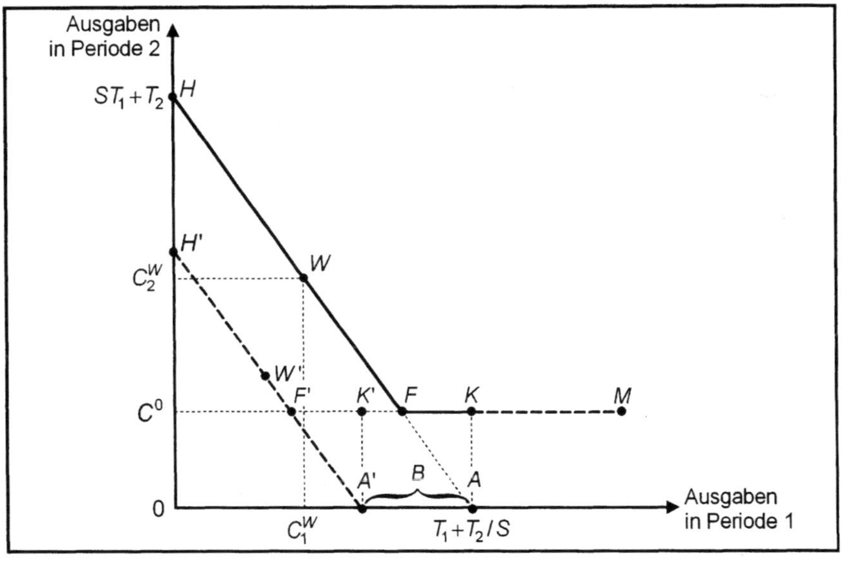

Die Situation ist vereinfacht in Abb. 1 dargestellt. Dabei ist das Haushaltsproblem gedanklich auf ein zwei-periodisches Problem reduziert. Die Periode 1 (Gegenwart)

steht dabei für die unmittelbar bevorstehenden Haushaltsjahre, die Periode 2 (Zukunft) steht für Haushaltsjahre, die in weiterer Ferne liegen. Ohne bundesstaatliche Garantien muss ein Land den Barwert seiner Einnahmen auf gegenwärtige und zukünftige Ausgaben verteilen. Die Einnahmen in Periode 1 seien T_1, die Einnahmen in Periode 2 seien T_2, und der Zinsfaktor sei S. Der Punkt A bezeichnet die Ausgabenkombination, in der das Land nur Primärausgaben in der Gegenwart tätigt (in Höhe von T_1+T_2/S) und öffentliche Primärausgaben in der Zukunft von null plant. Im Punkt H hat das Land nur in der Zukunft positive Primärausgaben (in Höhe von T_1S+T_2). Die Punkte auf der Budgetlinie zwischen H und A beschreiben mögliche Ausgabenverteilungen für einen intertemporal ausgeglichenen Haushalt. Naturgemäß würde man erwarten, dass die Politik eines Landes im Interesse der Bürger einen Punkt mit einem ausgewogenen Verhältnis zwischen Ausgaben in der Gegenwart und in der Zukunft wählt, beispielsweise den Punkt W, mit Ausgaben C_1^W und C_2^W in den jeweiligen Perioden.

Angesichts der bundesstaatlichen Garantien beschreibt die Gerade HA nicht die tatsächlich möglichen Ausgabenkombinationen des Landes. Nimmt das Land heute einen Kredit in Höhe des Barwerts aller zukünftigen Einnahmen auf und verausgabt diesen Kredit zusammen mit den gegenwärtigen Einnahmen in der Periode 1, dann hat es Primärausgaben von T_1+T_2/S in Periode 1. In der Periode 2 würden die regulären Einnahmen des Landes gerade ausreichen, die Schulden zu begleichen. Das öffentliche Ausgabenniveau wäre dann gleich null. Damit könnte das Land aber seine verfassungsgemäßen Aufgaben nicht mehr erfüllen. Es würde also ein Bundesnotstand eintreten und der Bund müsste nach dem *Ultima-Ratio*-Prinzip für die Finanzierung wenigstens der verfassungsgemäßen Ausgaben einstehen. Wenn das Ausgabenniveau für solche Aufgaben die Höhe C^0 hat, dann gelangte die Gebietskörperschaft also nicht in den Punkt A, sondern nach K. Das Land wählt mit seinen Ausgaben heute nicht aus der Budgetlinie HA, sondern operiert auf einer Budgetmenge, die durch die Linie HFK begrenzt ist. Der Punkt K mit Ausgaben $C_1= T_1+T_2/S$ in Periode 1 und $C_2=C^0$ in Periode 2 kann dabei aus der Sicht des Landes attraktiver sein als W. Das Ausgabenverhältnis ist im Punkt K zwar weniger ausgewogen, der Barwert der Ausgaben ist aber um den Betrag C^0/S höher als z.B. in W.

Das Land wird insbesondere dann den Punkt K bevorzugen, wenn das zukünftige Primärausgabenniveau in einem ausgewogenen intertemporalen Budgetplan wie in W nur wenig höher ist als das bundesstaatlich letztlich garantierte Ausgabenniveau C^0. Das ist um so eher der Fall, je stärker das Bundesland durch frühere Schuldenaufnahme in seinen Budgetmöglichkeiten bereits eingeschränkt ist. Die Budgetrestriktion $H'A'$ beispielsweise zeigt die Entscheidungssituation eines Landes, das in der Vergangenheit bereits Schulden im Umfang B akkumuliert hat, bei unveränderten Steuereinnahmen T_1 und T_2. Die Wahl eines intertemporal ausgeglichenen und ausgewogenen Haushalts in W' stellt dieses Land in Periode 2 nur wenig besser, als wenn das Land z.B. den Punkt K' ansteuert.

Nun wurde bislang unterstellt, dass ein Land in der Periode 1 in seiner Kreditaufnahme insofern beschränkt ist, dass es in dieser Periode nicht mehr als die Summe der Barwerte der regulären Einnahmen aus beiden Perioden ausgeben kann. Die Reaktion der Finanzmärkte auf das Berlin-Urteil zeigt, dass solche Restriktionen nicht greifen. Ratingagenturen geben dem Bund und allen Ländern mehr oder weniger die gleichen Ratings. Die Unterschiede sind minimal, trotz gravierender Unterschiede in der Verschuldung, und der Verzicht der Ratingagentur Fitch auf Länderratings muss sogar so interpretiert werden, dass Unterschiede in den Ratings wegen der Haftungsgemeinschaft von Bund und Ländern ohnehin keinen Sinn machen. Damit wird deutlich, dass ein Land in seiner Nettokreditaufnahme nicht wirklich durch die eigenen künftigen regulären Einnahmen, sondern letztlich durch die Möglichkeiten der Kreditaufnahme der Bund-Ländergemeinschaft als Ganzes beschränkt ist. Jedes Land und der Bund können rivalisierend auf dieses Kreditvolumen zugreifen. Die Finanzierungskosten für Kredite erhöhen sich mit zunehmender Verschuldung eines Landes somit für Bund und Länder gleichermaßen und langsam.

Kritisch wird es, wenn die gesamte bundesdeutsche Verschuldung Zweifel an deren Rückzahlungsfähigkeit wach werden lässt. Von diesem Punkt ist die Bund-Länder-Gemeinschaft derzeit weit entfernt. Insofern kann ein Land seine Ausgaben in Periode 1 auch über das durch den Punkt *K* beschriebene Niveau hinaus, etwa bis zu Punkt *M* ausdehnen, ohne dass die Ausgaben in der Periode 2 auf ein Niveau unter C^0 sinken.

Ein Paradox ergibt sich aus dem *Ultima-Ratio*-Prinzip, wenn man es sehr eng interpretiert: Sanierungshilfen sollten nur zulässig sein, wenn ein Bundesland seinen verfassungsgemäßen Verpflichtungen aus eigener Kraft nicht mehr nachkommen kann. Unklar ist dabei, ob zu den Mitteln, die ein Land zunächst ausschöpfen muss, auch die Möglichkeit der weiteren Nettokreditaufnahme gehört. Falls dies der Fall ist, folgt aus dem *Ultima-Ratio*-Prinzip in Verbindung mit der Haftungsgemeinschaft von Bund und Ländern, dass in ihrer letzten Konsequenz Sanierungshilfen niemals gezahlt werden. Diese Schlussfolgerung gilt aus folgendem Grund: Sanierungshilfen sind dann nur zulässig, wenn ein Land alle anderen Finanzquellen erschöpft hat. Nun kann ein Land sich aber so lange am Kreditmarkt weiter bedienen, wie die Bund-Länder-Gemeinschaft als Ganzes am Kreditmarkt nicht an Restriktionen stößt. So wird auch ein hoffnungslos verschuldetes Land gezwungen, sich immer weiter zu verschulden und zunehmend Teile der erdrückenden Zinslast aus Neuverschuldung finanzieren. Sanierungshilfen kann es dennoch nicht erhalten, denn so lange die Bund-Länder-Gemeinschaft als Ganzes noch kein Sanierungsfall ist, kann das Land sich durch weitere Kredite finanzieren. Und wenn das Land sich schließlich nicht mehr durch weitere Kredite finanzieren kann, dann deshalb, weil der Punkt erreicht ist, in dem die Bund-Ländergemeinschaft als Ganze ein Sanierungsfall geworden ist. Dann ist es aber zu spät für Sanierungshilfen, da die helfende Gemeinschaft dann selbst hilfsbedürftig ist.

Diese Überlegungen mögen in der einen oder anderen Hinsicht die Anreize und mögliche Entwicklungen zu zugespitzt darstellen. Politik folgt ihren eigenen Gesetzen und nicht immer der ökonomischen Logik. Die Anreize weisen indes auf ein strukturelles Problem der bestehenden Finanzverfassung hin. Der bundesrepublikanische Sanierungsfall wird zu einem möglichen Ergebnis gleichgewichtigen Handelns, insbesondere wenn der Föderalstaat einen Zustand erreicht hat, in dem ein Land oder mehrere Länder bereits hinreichend hohe Schulden aufgehäuft haben. Die Ursache des Dilemmas ist die Kombination von Verschuldungsautonomie der Länder bei gleichzeitiger gemeinschuldnerischer Haftung. Hier zeigt sich eine Gemengelage, die das Verfassungsgericht in seinem Urteil völlig ausgeblendet hat: die deutschen Gebietskörperschaften können potenziell alle gemeinsam in eine Verschuldungslage gelangen, in der der Barwert der Summe ihrer rechtsverbindlichen Verpflichtungen den Barwert ihrer Steuereinnahmen übersteigen.

In früheren Jahrhunderten haben Fürsten, aber auch demokratische Staaten, Überschuldungssituationen gelegentlich durch eine Währungsreform gelöst. Sie haben die Forderungen gegen den Staat entwertet, indem sie das Medium entwertet haben, in dessen Einheiten die Forderungen lauteten. Die Zeiten, in der ein einzelnes Land eine solche Politik betreiben konnte, gehören für die Mitglieder der Eurozone nach geltender Rechtslage der Vergangenheit an. Es dürfte daher im Interesse aller Mitglieder der Bund-Länder-Gemeinschaft liegen, die deutsche Finanzverfassung geeignet zu reformieren und die Fehlanreize zu beseitigen. Dies liegt nicht nur im Interesse der hoch verschuldeten Länder, sondern auch und gerade im Interesse des Bundes und der gering verschuldeten Länder, deren eigene Bonität letztlich durch die Kreditaufnahme anderer Länder in Mitleidenschaft gezogen würde.

3. Insolvenzfähigkeit

In diesem Zusammenhang haben sich jüngst verschiedene Forscher und Gruppen für die Einführung der Insolvenzfähigkeit von deutschen Gebietskörperschaften ausgesprochen (vgl. u.a. *Paulus* 2003; Wissenschaftlicher Beirat beim Bundesministerium der Finanzen 2005; *Blankart / Fasten / Klaiber* 2006; *Blankart / Klaiber* 2006; *Schuppert / Rossi* 2005; *Jochimsen / Konrad* 2006). *Jochimsen* (2007) erläutert in diesem Band, dass mit einem solchen Schritt kein politisches Neuland beschritten würde, sondern dass Erfahrungen mit solchen Insolvenzregeln in anderen entwickelten Ländern vorliegen. Das Kernelement einer solchen Finanzverfassung ist eine Regelung, nach der bestimmte Funktionsträger eines Landes bei einer geeigneten Instanz eine Überschuldung des Landes anzeigen können und damit ein geordnetes Verfahren in Gang setzen können, das folgenden Punkten Rechnung trägt.

Dem Land ist auch in der Haushaltsnotlage die Durchführung der politischen und gesellschaftlichen Aufgaben der Landesverwaltung zu ermöglichen. Die Versorgung der Bevölkerung mit öffentlichen Gütern und öffentlichen Dienstleistungen in angemessenem Umfang genießt Priorität. Es wird verhindert, dass Gläubiger ungeordnet und individuell über die Gerichtsbarkeit erfolgreich auf Teile des Landesvermögens zugreifen können. Alle Gläubigerforderungen werden in ein Vergleichsverfahren einbezogen, bei dem eine geeignete Stelle über die Anerkennung der Forderungen entscheidet und in einem geordneten Verfahren einen Ausgleich zwischen Gläubigern und Schuldner herbeiführt. Angesichts der Natur einer Haushaltsnotlage wird in diesem Verfahren ein Teil der Forderungen entwertet werden müssen. Es ist deshalb nützlich, klare Regelungen für die Vorrangigkeit unterschiedlicher Typen von Forderungen zu treffen. Dabei sichert der Vorrang der Erfüllung des verfassungsmäßigen Auftrags eines Landes gegenüber seinen Bürgern, dass Kreditforderungen gegenüber diesen elementaren Landesaufgaben nachrangig sind. Dies führt dazu, dass ein Land auch in der Überschuldungssituation ohne fremde Hilfe durch die Bund-Länder-Gemeinschaft regierungsfähig bleibt und seinen Bürgern eine hinreichende Qualität der Versorgung mit öffentlichen Leistungen gewährleisten kann. Bundeshilfe ist angesichts solcher Regeln weder verfassungsmäßig erforderlich, noch steht sie im unmittelbaren Interesse der Bund-Länder-Gemeinschaft. Eine Insolvenzordnung, in der die Belange der Bürger vorrangig gegenüber den Belangen der Kreditgeber sind, macht ein *no-bailout* mithin auch glaubwürdig.

4. Übergangsprobleme

Naturgemäß würde sich beim Übergang von einer Finanzverfassung, wie sie heute besteht, und einer Finanzverfassung mit Schuldenautonomie *und* Insolvenzfähigkeit eine Reihe von Problemen ergeben. Der Übergang aus einem Regime mit Garantien und Bürgschaften zu einem eigenverantwortlichen Regime ist nicht einfach, aber möglich. Die Privatisierung früherer Staatsunternehmen oder das Auslaufen staatlicher Garantien für Landesbanken zeigen, dass solche Übergänge möglich sind.

Die Entlassung hoch verschuldeter Länder wie Berlin, dem Saarland oder Bremen von heute auf morgen und ohne flankierende Maßnahmen in die finanzpolitische Eigenverantwortung würde Kreditgeber veranlassen, über die Bonität der Staatsschuldtitel dieser Länder neu nachzudenken. Die Ratingagenturen würden vermutlich das Rating dieser Länder gegenüber dem derzeitigen Rating drastisch nach unten abstufen. Das würde zu einer Abwertung der im Umlauf befindlichen Staatsschuldtitel dieser Länder führen. Den Schuldnern könnte das gleichgültig sein, wenn diese Schuldtitel eine unendliche Laufzeit hätten. Da indes ständig alte Schuldtitel an das Ende ihrer Laufzeit geraten, zurückgezahlt werden und durch die Ausgabe von neuen Schuldtiteln refinanziert werden, würde das hoch verschuldete Land das schlechtere Rating bei den Kosten für die Anschlussfinanzierung der bestehenden Altschulden deutlich zu spüren bekommen. Selbst wenn das Land hinreichend hohe Primärüberschüsse bilden würde und auf eine Nettoneuverschuldung verzichten würde, würden die Zinskosten des Landes nach wenigen Jahren erheblich gestiegen sein, wenn nämlich ein Großteil der alten Staatsschuldtitel durch neue Schuldverschreibungen zu den neuen Finanzierungskonditionen anschlussfinanziert wurden. Allein die gestiegene Zinslast hieraus könnte ein stark verschuldetes Land in eine ernsthafte Schuldenkrise und in letzter Konsequenz möglicherweise in die Überschuldung führen.

Ein möglicher Weg, dieses Problem zu überwinden, besteht darin, dass die Bund-Länder-Gemeinschaft für die Länder für Kreditverbindlichkeiten bis zur Höhe der Altschulden gemeinschuldnerisch haftet. Die Höhe der Schulden, bis zu denen eine solche Bürgschaft erfolgen soll, muss von der Politik bestimmt werden. Es bietet sich beispielsweise die Wahl des Schuldenstands zu einem bestimmten Stichtag an, möglicherweise zuzüglich eines politisch zu bestimmenden Zuschlags. Die Höhe der bestehenden Altschulden stellt dabei eine Untergrenze für solche Garantien dar. Damit stehen nur Kredite, die das föderal verbürgte Kreditvolumen eines Landes übersteigen, in der alleinigen Verantwortung des Landes. Im Insolvenzfall haftet für das föderal verbürgte Kreditvolumen die Bund-Länder-Gemeinschaft. Nur den Gebern von Krediten, die über dieses verbürgte Volumen hinaus aufgenommen wurden, droht ein ernsthaftes Kreditausfallrisiko.

Damit eine solche Einteilung von „Kredittypen" bestehen kann, müssen institutionelle Vorkehrungen getroffen werden. Bei der Kreditvergabe muss darauf geachtet werden, dass zwischen föderal verbürgten Krediten und anderen Landeskrediten unterschieden wird. Das zu bewerkstelligen, ist unproblematisch. Auch heute gibt es im Geschäftsleben Kredite mit und ohne Ausfallbürgschaft. Es bedarf nur einer buchhalterischen Kontrolle, dass ein Land nicht mehr laufende Kredite als verbürgte Kredite aufnimmt, als es dem vorgegebenen föderal verbürgten Kreditvolumen entspricht. Was darüber hinaus aufgenommene, unverbürgte Kredite angeht, ist das Land in seiner Verschuldungsautonomie völlig unbeschränkt.

Eine zweite wichtige institutionelle Vorkehrung betrifft Regelungen zur Vorrangigkeit unterschiedlicher Kredite im Falle der Überschuldung des Landes. Wenn es darum geht, Verschuldungsautonomie mit wirksamen Verschuldungsgrenzen über den Kreditmarkt zu verbinden, sollte ein Land die föderal verbürgten Kredite vorrangig gegenüber den darüber hinaus in Eigenverantwortung aufgenommenen Krediten bedienen müssen. Das stellt sicher, dass die zusätzlichen Kredite am stärksten von einer möglicherweise bestehenden Überschuldung betroffen sind und im Falle einer Überschuldung tatsächlich teilweise oder ganz notleidend werden. In diesem Zusammenhang ist auch zu regeln, dass Länder die Nachrangigkeit unverbürgter Kredite nicht durch die Verpfändung von Landesvermögen umgehen.

Durch die Zweiteilung der Kredite und die Nachrangigkeit unverbürgter Kredite ist sicher gestellt, dass die föderal verbürgten Kredite hohe Bonität haben. Die Kreditzinsen, die der Kapitalmarkt für diese Kredite fordert, werden auch nach einem Regimeübergang nahe am Bereich AAA rangieren. Der Übergang in die Eigenverantwortlichkeit führt damit nicht zu einer Verteuerung der Refinanzierungskosten für die Anschlussfinanzierung der Altschuldenlast. Dieses Problem wird gelöst. Zugleich ergibt sich für Kredite, die ein Land über die föderal verbürgten Kredite hinaus aufnehmen möchte, ein interessanter Wirkungsmechanismus. Da diese Kredite nicht verbürgt sind und mit einer Überschuldung des Landes als erste notleidend werden, wird der Markt für solche Kredite einen erheblichen Aufschlag auf den sicheren Zins erheben, der sicher stellt, dass die Vergabe solcher Kredite sich mindestens im Erwartungswert rechnet.

Abb. 2: Die Höhe der Zinssätze für verbürgte und unverbürgte Landeskredite in Abhängigkeit vom Schuldenvolumen

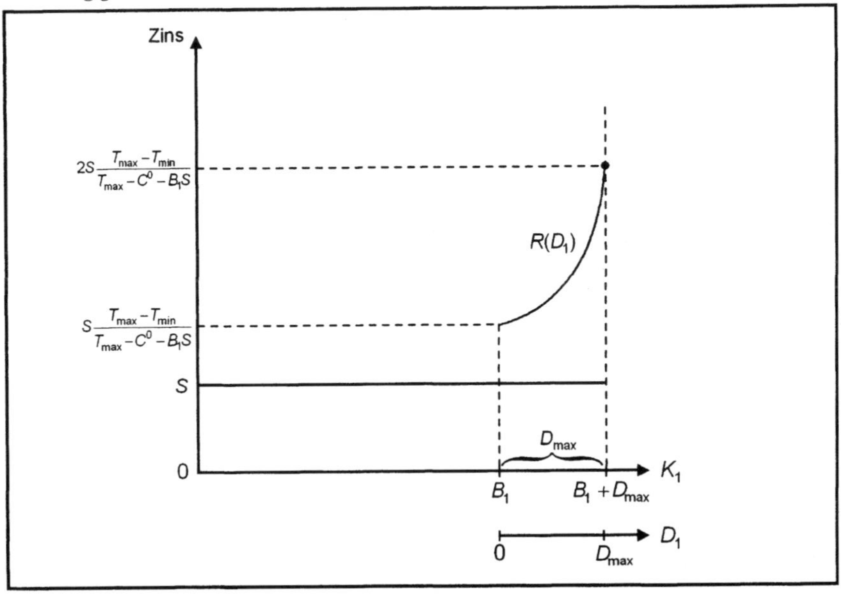

Abb. 2 zeigt den Verlauf der Finanzierungskosten eines Landes in Abhängigkeit von seiner Kreditaufnahme K_1 in Periode 1 in einer Betrachtung mit zwei Perioden. Im Bereich der Schulden zwischen 0 und B_1 bleibt das Land innerhalb der Verschuldungsgrenzen, die föderal abgesichert sind. Entsprechend ist der Zins für diese Schulden gleich dem sicheren Zins, in der Grafik gleich S. Ein einzelnes Land kann mit seiner Verschuldung in diesem Bereich die Bonität des Föderalstaats als Ganzes nicht nachhaltig beeinflussen, deshalb sind die Finanzierungskosten praktisch auf dem gesamten Bereich konstant. Das Land wird bei einer Wahl der Verschuldung bis zur Höhe B_1 auch nur föderal verbürgte Kredite aufnehmen, da diese niedrigere Refinanzierungskosten haben. Entscheidet sich das Land über die Kreditlinie B_1 hinaus zu weiterer Kreditaufnahme im Umfang D_1, dann muss diese zusätzliche Kreditaufnahme in der Form unverbürgter Kredite erfolgen. Der Kapitalmarkt wird dann zwischen Staatsschuldtiteln mit föderaler Bürgschaft und Staatsschuldtiteln ohne föderale Bürgschaft unterscheiden und zudem berücksichtigen, dass letztere im Falle der Überschuldung nachrangig sind. Entsprechend werden die Kosten für die föderal verbürgten Schulden weiterhin gleich S pro Einheit sein, die nominalen Kosten für die nicht verbürgte Schuld werden aber höher sein.

Abb. 2 zeigt auch den Verlauf des Nominalzinses auf diese nicht föderal verbürgten Kredite in Abhängigkeit vom gewählten Volumen. Der Kurvenverlauf ist für eine bestimmte Parametersituation bestimmt, ist aber für ein ganzes Spektrum von Szenarien typisch: *R* übersteigt *S* bereits dann, wenn das Land nur einen einzigen zusätzlichen Euro unverbürgten Kredits aufnehmen möchte, jedenfalls dann, wenn die Kreditausfallwahrscheinlichkeit für diese erste Einheit strikt positiv ist. Letzteres ist angesichts des hohen Altschuldenstands vieler Länder aber selbst für den ersten zusätzlichen Euro der Fall.

Der nominale Zins auf diese Kredite ist ferner eine steigende Funktion des Umfangs solcher Kredite. Typischerweise ergibt sich auch ein maximales Volumen für solche ungesicherten Kredite, das sich am Markt überhaupt platzieren lässt. Der nominale Zins bei diesem maximalen Volumen wird nicht unendlich hoch. Es gibt einen endlichen maximalen Wert, der nicht überstiegen wird. Das Land wird also durch den Kapitalmarkt kreditrationiert. Selbst eine Bereitschaft, noch viel höhere nominale Zinsen zu zahlen, kann die Rationierung nicht überwinden, da die Kreditanbieter sich ausrechnen können, dass die Wahrscheinlichkeit, dass das Land diese exorbitanten Zinsen auf einem solchen Kreditvolumen leisten kann, zu klein ist, um das Kreditgeschäft für sie lohnend zu gestalten.

Die Zusammenhänge in Abb. 2 sind das Ergebnis eines Rechenbeispiels, das kein wissenschaftliches Neuland betritt. Es bewegt sich im Rahmen einfacher Arbitrageüberlegungen, wie sie den einfachsten Kreditmarktproblemen bei Abwesenheit weiterer rechtlicher Durchsetzungsprobleme oder Problemen asymmetrischer Information unterliegen. Solche Arbitrageüberlegungen wurden beispielsweise von *Hodgman* (1960) angestellt und liegen modernen empirischen Arbeiten (z.B. *Bayoumi / Goldstein / Woglom* 1995) zu Kreditmarktrestriktionen für öffentliche Körperschaften zu Grunde.

Komplikationen im Zusammenhang mit der Zahlungsmoral des Schuldners und Informationsprobleme sind ein wichtiger Gegenstand der vertragstheoretischen Literatur zu Kreditmärkten. Der Standardkreditvertrag wird von *Gale* und *Hellwig* (1985) beispielsweise aus der Problematik heraus erklärt, dass die Prüfung der Zahlungsfähigkeit eines zahlungsunwilligen Schuldners den beiden Vertragspartnern Kosten verursacht. Eine umfängliche Literatur beschäftigt sich zudem mit der Frage möglicher Kreditmarktrationierung angesichts unvollkommener Information bzw. von Informationsvorsprüngen des Kreditnehmers über die wahren Projekteigenschaften seiner Investition oder über seinen Umgang mit dem anvertrauten Kredit (*Stiglitz / Weiss* 1981; *Bester* 1985; *de Meza / Webb* 2006). Diese Informationsprobleme spielen vor allem bei privatwirtschaftlichen Kreditgeschäften eine große Rolle. Im Kreditgeschäft mit dem öffentlichen Sektor sind informationstheoretische Fragen vielleicht weniger wichtig. Die Verwendung der öffentlichen Kredite ist verhältnismäßig gut beobachtbar, viele Personen haben Zugang zu Informationen über die tatsächliche finanzielle Situation einer Gebietskörperschaft, und diese Informationen lassen sich auch für die Kreditgeber verhältnismäßig gut erschließen. Auch unter diesen günstigen Bedingungen ergibt sich aber, wie das Rechenbeispiel zeigt, eine Kreditrationierung durch den Markt.

5. Zusammenfassung

Das Berlin-Urteil bestätigt die Verschuldungsautonomie der Bundesländer einerseits und den Anspruch eines in extremer Haushaltsnotlage befindlichen Landes auf Sanierungshilfen des Bundes als *Ultima-Ratio* andererseits. Beide Prinzipien gemeinsam führen angesichts hoher Verschuldung einzelner Länder in der Ausgangssituation eine brisante Gemengelage herbei. Konsequent zu Ende gedacht kann diese Gemengelage die hoch verschuldeten Länder in die extreme Überschuldung zwingen und letztlich die Solidität der öffentlichen Finanzen des Bundesstaats selbst gefährden. Eine institutionelle Reform liegt deshalb im dringenden Interesse aller Gebietskörperschaften, auch der Länder, deren Haushalte eine geringe Verschuldung aufweisen und deren eigene Haushaltspolitik als nachhaltig betrachtet werden kann.

Als Reformoption wurde in jüngerer Zeit häufig vorgeschlagen, die Verschuldungsautonomie der Länder beizubehalten und zu stärken, gleichzeitig aber die Eigenverantwortlichkeit zu stärken und die *de facto* bestehende bundesstaatliche Haftungsverflechtung durch die Etablierung einer Insolvenz*fähigkeit* für Länder aufzulösen.

Den Befürwortern dieser Option wurde häufig entgegengehalten, dass eine solche Reform nicht möglich sei, weil sie die bereits hoch verschuldeten Länder in die Insolvenz treibe. In diesem Aufsatz wird beschrieben, wie sich dieses Problem auf einfache Weise lösen lässt. Kernelement der Lösung ist ein föderaler Haftungsfonds für Länderschulden in Höhe der Altschulden bei Systemwechsel, der die Kosten der Anschlussfinanzierung der Altschulden auf niedrigem Niveau hält. Gleichzeitig greift gegenüber einer ausufernden Neuverschuldung über das Niveau der föderal verbürgten Altschulden hinaus eine wirksame Schuldenbremse über den Kreditmarkt. Solche zusätzlichen, unverbürgten Schulden werden nicht nur schnell sehr teuer für das Land, sondern es greifen Rationierungsmechanismen über den Kreditmarkt, die dafür sorgen, dass das Volumen, das ein Land an solchen Krediten zusätzlich aufnehmen kann, sehr begrenzt ist.

6. Anhang

Die der Abb. 2 zu Grunde liegenden Überlegungen lassen sich mit einem Rechenbeispiel verdeutlichen. Dabei wird erneut ein zweiperiodischer Betrachtungsrahmen unterstellt mit Perioden 1 und 2.

In Periode 1 verfügt das Land über ein als bekannt unterstelltes Steuer- und Transferaufkommen in Höhe von T_1. Es entscheidet sich zu Primärausgaben in Höhe von C_1. Am Ende der Periode ergeben sich, eventuell unter Berücksichtigung von Schulden aus weiteren Vorperioden damit Schulden in Höhe von K_1. Die von der Bund-Länder-Gemeinschaft verbürgten Schulden sind gleich dem Minimum von K_1 und einem exogen und über politische Verhandlungen bestimmten Limit in Höhe von B_1.

In Periode 2 erwartet das Land zukünftige Einnahmen in Höhe von T_2 aus Steuern und über den Finanzausgleich. Diese Einnahmen sind exogen, aber keine sichere Größe.

Sie hängen beispielsweise von der wirtschaftlichen Entwicklung ab. Vereinfachend soll sich die Höhe der Einnahmen im Intervall $[T_{min}, T_{max}]$ bewegen und jeder Wert aus diesem Intervall trete mit der gleichen Wahrscheinlichkeitsdichte von $h(T_2)=1/(T_{max}-T_{min})$ ein. Für das Primärausgabenvolumen in Periode 2 sei folgende Festlegung getroffen: das Ausgabenvolumen C_2 kann (wegen der verfassungsmäßigen Landesaufgaben und entsprechender Bund-Länder-Garantien im Sinne des *Ultima-Ratio* Prinzips) nicht unter ein minimales Primärausgabenvolumen in Höhe von C^0 fallen.

Das Land hat in Periode 2 den Schuldenbestand in Höhe von K_1. Die Zinsen und Tilgung für diesen Kredit hängen davon ab, wie hoch K_1 ist. Wenn $K_1 \leq B_1$ ist, dann ist das gesamte Kreditvolumen föderal verbürgt. Rückzahlungen ergeben sich durch Anwenden eines Zinsfaktors S für sichere Kredite in Höhe von SK_1. Wenn $K_1 > B_1$ ist, dann ist nur der Teil der Kredite im Umfang B_1 föderal verbürgt und für diesen Teil betragen Zins und Tilgung in Periode 2 also B_1S. Für den B_1 übersteigenden Teil der Kredite besteht keine föderale Bürgschaft. Dieser Kredit im Umfang $D_1 = K_1 - B_1$ ist also von einem Ausfallrisiko bedroht. Zins und Tilgung pro Einheit Kredit entsprechen dem Faktor R, wobei dieser Nominalzins R im Weiteren zu bestimmen sein wird. Im Folgenden wird der interessante Fall unterstellt, in dem $K_1 \geq B_1$ ist, in dem das föderal verbürgte Kreditvolumen mindestens voll ausgeschöpft wird. Der Fall $K_1 < B_1$ ist einfach zu behandeln, aber uninteressant, weil es in der vorliegenden Analyse darum geht, die Zinslast zu bestimmen, die auf unverbürgten Krediten lastet.

Annahmegemäß sind die minimalen Primärausgaben in Höhe von C^0 vorrangig gegenüber Kreditforderungen und der föderal verbürgte Kredit vorrangig gegenüber dem unverbürgten Kredit. Damit ergeben sich in Abhängigkeit von K_1 und T_2 folgende Größen in Periode 2. Das Land hat Primärausgaben in Höhe von

$$C_2 = \max\left\{C^0, T_2 - SB_1 - RD_1\right\}. \tag{1}$$

Die Primärausgaben können nicht unter C^0 fallen, selbst wenn die Einnahmen aus Steuern und regulären Transfers entsprechend niedrig sind, weil in diesem Fall Bundeshilfen erfolgen würden, um die verfassungsmäßigen Landesaufgaben zu garantieren (*Ultima-Ratio*). Die verbürgten Kredite würden stets bedient, entweder durch das Land selbst oder über die föderale Bürgschaft. Die unverbürgten Kredite werden nur bedient, wenn die Einnahmen T_2 entsprechend hoch sind. Für Zins und Tilgung dieser Kredite werden gezahlt:

$$\min\left\{\max\left\{0, T_2 - C^0 - SB_1\right\}, RD_1\right\}. \tag{2}$$

In keinem Fall wird mehr als RD_1 gezahlt, also Zins und Tilgung entsprechend dem Nominalzins. Dieser Betrag kann aber nur gezahlt werden, wenn die Einnahmen T_2 die Summe aus verfassungsmäßigen Mindestausgaben und Schuldendienst aus verbürgten Krediten um mindestens RD_1 übersteigt. Falls das nicht der Fall ist, tritt der Insolvenzfall ein und der Schuldendienst auf unverbürgte Kredite erfolgt nur teilweise, nämlich in dem Umfang, in dem aus den Einnahmen T_2 nach Abzug von C^0 und SB_1 noch ein Überschuss verbleibt, oder sogar gar nicht, falls die Einnahmen nicht einmal ausreichen, um die minimalen Primärausgaben zu finanzieren und den Schuldendienst für verbürgte Kredite zu leisten.

Aus diesen Zusammenhängen gilt es nun, den Nominalzins R für unverbürgte Kredite zu ermitteln. Die zentrale Arbitragegleichung, die für die Kreditaufnahme des Landes über B_1 hinaus erfüllt sein muss, ergibt sich aus dem Kalkül eines Investors. Ein risikoneutraler Investor, der dem Land D_1 Einheiten zusätzlichen, nicht durch die Bund-Länder-Gemeinschaft verbürgten Kredit gibt, tut das nur dann, wenn der Erwartungswert der Rückzahlung wenigstens genau so groß ist wie die Rückzahlung, die der Investor erhält, wenn er den Betrag D_1 nicht dem betreffenden Land, sondern einem als sicher eingestuften Schuldner überlässt. Diese Bedingung lässt sich schreiben als

$$D_1 S = \int_{C^0+B_1S}^{C^0+B_1S+D_1R} \left(T_2 - \left(C^0 + B_1 S\right)\right) h(T_2) d T_2 + \int_{C^0+B_1S+D_1R}^{T_{\max}} D_1 R h(T_2) d T_2 . \tag{3}$$

Nutzt man die Verteilungsannahmen über T_2, ergibt sich daraus die Beziehung

$$\frac{D_1 S}{h(T_2)} = -\frac{(D_1 R)^2}{2} + D_1 R\left(T_{\max} - C^0 - B_1 S\right). \tag{4}$$

Diese Bedingung bedeutet, dass der nominale Zins R, den das Land zu zahlen hat, wenn es über B_1 hinaus weitere Einheiten Kredit aufnehmen möchte, deutlich höher als S sein kann.

Für die erste B_1 übersteigende Einheit Kredit erhält man den Zins aus der Bedingung (4) durch Herauskürzen von einem D_1, Einsetzen von $D_1 = 0$ und Auflösen nach R als

$$\mathrm{R}(0) = S \frac{\left(T_{\max} - T_{\min}\right)}{\left(T_{\max} - C^0 - B_1 S\right)}. \tag{5}$$

Die Höhe der vereinbarten Rückzahlung R multipliziert mit der Wahrscheinlichkeit der Rückzahlung ist gleich der Rückzahlung S für sichere Kredite. Deshalb muss der nominale Zins mit dem Kehrwert dieser Wahrscheinlichkeit multipliziert werden, damit sich für den Kreditgeber ein faires Geschäft ergibt. Bereits für die erste Einheit Kredit, die das Land über das föderal verbürgte Kreditvolumen B_1 hinaus aufnehmen möchte, entstehen nominale Rückzahlungskosten, die die Rückzahlungskosten auf verbürgte Kredite übersteigen. Der Nominalzins R an der Stelle $D_1 = 0$ ist umso höher, je höher die verbürgten Kredite B_1 und umso höher die Zinslast auf diesen Altschulden ist. Auch ein höheres minimales Primärausgabenniveau treibt den Nominalzins in die Höhe, weil es die Wahrscheinlichkeit dafür vermindert, dass die Steuereinnahmen die Summe aus Primärausgaben und Schuldendienst auf verbürgte Schulden übersteigen.

Als nächstes kann man betrachten, wie der Nominalzins auf die Wahl höherer zusätzlicher Schulden D_1 reagiert. Dazu transformiert man die Gleichung (4) zu

$$0 = R^2 - R\frac{2\left(T_{\max} - C^0 - B_1 S\right)}{D_1} + \frac{2S}{hD_1}. \tag{6}$$

Einsetzen in die Lösungsformel für quadratische Gleichungen und die Wahl der niedrigeren der beiden Lösungen ergibt

$$R(D_1) = \frac{\left(T_{\max} - C^0 - B_1 S\right)}{D_1} - \sqrt{\frac{\left(T_{\max} - C^0 - B_1 S\right)^2}{(D_1)^2} - \frac{2S}{hD_1}}. \tag{7}$$

Für eine reellwertige Lösung muss der Radikant nicht-negativ sein. Deshalb ist das maximale R erreicht für ein D_1, bei dem gilt:

$$D_{\max} = \frac{\left(T_{\max} - C^0 - B_1 S\right)^2}{2S\left(T_{\max} - T_{\min}\right)}. \tag{8}$$

Dieses maximale R ist endlich und gleich

$$R_{\max} = \frac{2S\left(T_{\max} - T_{\min}\right)}{\left(T_{\max} - C^0 - B_1 S\right)}. \tag{9}$$

Höhere Kredite als $D_{\max}$ lassen sich am Markt nicht durchsetzen, selbst wenn der Kreditnehmer einen unendlich hohen Zins verspricht.

Abb. 2 fasst diese Zusammenhänge grafisch zusammen. Die horizontale Kurve in Abb. 2 zeigt den sicheren Zins S auf föderal verbürgte Kredite. Über das föderal garantierte Maß an Verschuldung hinaus kann das Land nun Kredite im Umfang von D_1 aufnehmen. Diese Kreditaufnahme ist die einzige hier betrachtete Entscheidungsvariable. Der Kreditnehmer muss bereits für die erste Einheit dieser Sorte Kredit einen Aufschlag gegenüber dem sicheren Zins zahlen. Das Kreditvolumen für unverbürgte Kredite ist beschränkt. Das Land wird vom Markt kreditrationiert. Trägt man den Verlauf der Zinsen in einem Diagramm ab, ergeben sich für die Kreditaufnahme K_1 zwei Zinskurven. Für den Bereich $K_1 \leq B_1$ beträgt der Zins je Einheit Kredit S. Für $K_1 > B_1$ beträgt der Zins für das verbürgte Kreditvolumen B_1 ebenfalls S pro Einheit. Für den Kredit über B_1 hinaus hängt der Nominalzins R in der grafisch beschriebenen Weise von der Höhe von D_1 ab und das maximale Volumen unverbürgter Kredite ist $D_{\max}$.

Referenzen

Bayoumi, Tamim / Goldstein, Morris / Woglom, Geoffrey (1995), Do credit markets discipline sovereign borrowers? Evidence from U.S. states, Journal of Money, Credit and Banking, 27, 1046–59.

Bester, Helmut (1985), Screening versus rationing in credit markets with imperfect information, American Economic Review, 75, 850–55.

Blankart, Charles B. / Fasten, Erik R. / Klaiber, Achim (2006), Föderalismus ohne Insolvenz?, Wirtschaftsdienst, 9, 567–70.

Blankart, Charles B. / Klaiber, Achim (2006), Subnational government organisation and public debt crises, IEA Economic Affairs, 48–54.

Bruce, Neil / Waldman, Michael (1990), The Rotten-Kid theorem meets the Samaritan's dilemma, Quarterly Journal of Economics, 105, 155–65.

Buchholz, Wolfgang / Wiegard, Wolfgang (1992), Allokative Überlegungen zur Reform der Pflegevorsorge, Jahrbücher für Nationalökonomie und Statistik, 209, 441–57.

Bundesverfassungsgericht (2006), 2 BvF 3/03 vom 19.10.2006, Absatz-Nr. (1–257), www.bverfg.de / entscheidungen / fs20061019_2bvf00202.html.

De Meza, David / Webb, David C. (2006), Credit rationing: something's gotta give, Economica, 73 (292), 563–78.

Gale, Douglas / Hellwig, Martin (1985), Incentive-compatible debt contracts: the one-period problem, Review of Economic Studies, 52, 647–63.

Hodgman, Donald R. (1960), Credit risk and credit rationing, Quarterly Journal of Economics, 74, 258–78.

Homburg, Stefan (2000), Compulsory savings in the welfare state, Journal of Public Economics, 77, 233–39.

Jochimsen, Beate (2007), Haftungsbegrenzungen im internationalen Vergleich: Was kann Deutschland lernen?, in: Konrad, Kai A. / Jochimsen, Beate (Hrsg.), Der Föderalstaat nach dem Berlin-Urteil, Frankfurt a. M.

Jochimsen, Beate / Konrad, Kai A. (2006), Anreize statt Haushaltsnotlagen, in: Konrad, Kai A. / Jochimsen, Beate (Hrsg.), Finanzkrise im Bundesstaat, Frankfurt a.M., 11–27.

Paulus, Christoph G. (2003), Ein Insolvenzverfahrensrecht für Staaten, in: Dabrowski, Martin / Fisch, Andreas / Gabriel, Karl / Lienkamp, Christoph (Hrsg.), Die Diskussion um ein Insolvenzrecht für Staaten, Volkswirtschaftliche Schriften, Heft 530, Berlin, 231–59.

Schuppert, Gunnar F. / Rossi, Matthias (2005), Vorschlag für ein Haushaltsnotlagengesetz, Berlin.

Sinn, Hans-Werner (1983), Economic Decisions under Uncertainty, Amsterdam.

Stiglitz, Joseph E. / Weiss, Andrew (1981), Credit rationing in markets with imperfect information, American Economic Review, 71, 393–410.

Wissenschaftlicher Beirat beim Bundesministerium der Finanzen(2005), Haushaltskrisen im Bundesstaat, Bundesministerium der Finanzen, Bd. 78, Berlin.

Auf alten Pfaden und neuen Wegen zu Haushaltsnotlagenverfahren

Matthias Rossi und Gunnar Folke Schuppert

1. Einleitung

Das Berlin-Urteil des Bundesverfassungsgerichts vom 19. Oktober 2006 verändert den Umgang mit Haushaltsnotlagen in den Bundesländern. Denn das Bundesverfassungsgericht verlässt, ohne sie freilich aus dem Blick zu verlieren, die alten Pfade, die es selbst mit seinen vorherigen Entscheidungen zum Finanzausgleich ausgetreten hat,[1] und weist die politischen Akteure nicht nur in den Ländern, sondern auch im Bund auf neue Wege zur Bewältigung, möglichst auch zur Vermeidung von Haushaltsnotlagen. Wenn das Bundesverfassungsgericht in dem Berlin-Urteil hervorhebt, dass die in den bisherigen Entscheidungen aufgestellten Maßstäbe „nicht mehr ohne weiteres fortzuschreiben, sondern verschärfend zu ergänzen sind“[2], dann ist ein Kurswechsel unübersehbar. Die Verschärfung liegt insbesondere darin, dass Sanierungshilfen in Form von Sonderergänzungszuweisungen für Länder in Haushaltsnotlagen nur noch ganz ausnahmsweise als ultima ratio im Falle eines „bundesstaatlichen Notstands“ zulässig, im Übrigen aber mit der geltenden Finanzverfassung nicht zu vereinbaren sind. Im Vordergrund steht also nicht mehr das solidarische, aus dem Bundesstaatsprinzip abgeleitete „bündische Prinzip des Einstehens füreinander“,[3] sondern vor allem die Eigenverantwortung der Bundesländer.

Zeigt das Bundesverfassungsgericht den Ländern, die sich in einer extremen Haushaltsnotlage fühlen, somit auf, dass der einmal von Bremen und dem Saarland beschrittene Pfad (2) eine Sackgasse ist (3), die sie nur entweder zwar mit Mühen, aber unter Gesichtswahrung zurückgehen oder aber trotzig und unter Ansehensverlust durch den sehr versteckten und engen Notausgang verlassen können (4), schreibt es selbst doch keinen Ausweg aus als solchen empfundenen Verschuldungsfallen vor, sondern lokalisiert die Verantwortung für einen Masterplan zutreffend bei der Politik und fordert die gesetzgebenden Körperschaften auf (5), im verfassungsrechtlich zum Teil vorgegebenen, zum Teil aber auch modifizierbaren Rahmen (6) ein Haushaltsnotlagenverfahren festzuschreiben, mit dem künftig auf Haushaltsnotlagen in den Bundesländern reagiert werden kann (7). Als eine Möglichkeit kommt der Erlass eines Haushaltsnotlagengrundsätzegesetzes in Betracht (8), dessen mögliche Struktur und etwaiger Inhalt abschließend skizziert wird (9).

---

1 Vgl. BVerfGE 72, 330; 79, 311; 86, 148; 91, 186; 101, 158.

2 BVerfG, 2 BvF 3/03 v. 19.10.2006, Abs. 196.

3 Vgl. BVerfGE 72, 330 (386); 86, 148 (214 f.); 101, 158 (221).

2. Alte Pfade: Klagen auf Sanierungszuweisungen

Die deutsche Rechtsordnung kennt bislang kein ausdifferenziertes Regelungswerk zur Bewältigung von Haushaltsnotlagen. Weder ist ein solches System ausdrücklich im Grundgesetz verankert oder auch nur angelegt noch ist es Gegenstand einfachgesetzlicher Bestimmungen. Aus diesem Grunde haben Bremen, Hamburg, das Saarland und Schleswig-Holstein, als sie sich in einer extremen Haushaltsnotlage wähnten, nach ergebnislosen politischen Verhandlungen mit dem Bund das Bundesverfassungsgericht angerufen, das mit seiner Entscheidung vom 27. Mai 1992 jedenfalls Bremen und dem Saarland unter Rückgriff auf den allgemeinen Grundsatz der Bundestreue einen Anspruch auf solidarische Sanierungszuweisungen des Bundes zugesprochen hat.[4] In seiner Entscheidung zur Finanzverfassung vom 11. November 1999 hat es an dieser Rechtsprechung grundsätzlich festgehalten,[5] sodass dieses Procedere bis zum nun erlassenen Berlin-Urteil von den notleidenden Ländern ganz offensichtlich wenn auch nicht als formalisiertes Verfahren, so doch als erfolgversprechende Vorgehensweise verstanden wurde.

Grundlage des Anspruchs auf Sanierungshilfen im Falle von extremen Haushaltsnotlagen war (und ist) der Grundsatz des bundesfreundlichen Verhaltens, der auch als Bundestreue bezeichnet wird und als ungeschriebener Rechtsgrundsatz dem Bundesstaatsprinzip immanent ist. Ihm misst das Bundesverfassungsgericht in ständiger Rechtsprechung fundamentale Bedeutung für die bundesstaatliche Ordnung zu. Aus dem Grundsatz der Bundestreue sind dementsprechend für viele Bereiche des Verhältnisses von Bund und Ländern zueinander Rechte und Pflichten abgeleitet worden. Im Kern sind es vor allem Kompetenzausübungsschranken und Missbrauchsverbote sowie Kooperations- und Koordinationspflichten, kurz Loyalitätsgebote, die verfassungsrechtlich das Prinzip von Treu und Glauben umsetzen. Namentlich dürfen weder Bund noch Länder ohne Rücksicht auf die Interessen des Gesamtstaates handeln.[6] Hervorzuheben ist, dass es sich bei der Bundestreue nicht nur um Treuepflichten der Länder gegenüber dem Bund, sondern auch um solche des Bundes gegenüber den Ländern und der Länder untereinander handelt.[7] Damit werden Bund und Länder als Teile eines Bundesstaates unter einer gemeinsamen Verfassungsrechtsordnung aneinander gebunden.[8] Schon aus diesem multipolaren Charakter der Bundestreue folgt mit Blick auf Haushaltsnotlagen eines einzelnen Landes, dass sie grundsätzlich nicht allein durch bipolare Vereinbarungen bewältigt werden dürfen.

Das wesentliche Element des Grundsatzes der Bundestreue, das „Einstehen füreinander", wirkte sich für die Bewältigung von Haushaltsnotlagen in einzelnen Bundes-

4 Vgl. insb. BVerfGE 86, 148, Ls. 6.

5 BVerfGE 101, 158 (222 ff.).

6 So die treffende Zusammenfassung des Wissenschaftlichen Beirats beim Bundesministerium der Finanzen (2005), 29.

7 Ständige Rechtsprechung seit BVerfGE 1, 117 (131).

8 Vgl. bspw. BVerfGE 8, 122 (140).

ländern bis zum nun ergangenen Berlin-Urteil in den Worten des Bundesverfassungsgerichts wie folgt aus:

> „Die finanzverfassungsrechtlichen Normen des Grundgesetzes sollen insgesamt eine Finanzordnung sicherstellen, die Bund und Länder am Finanzaufkommen sachgerecht beteiligt und finanziell in die Lage versetzt, die ihnen verfassungsrechtlich zukommenden Aufgaben auch wahrzunehmen (vgl. BVerfGE 55, 274 [300]; 72, 330 [388]). Ihr Sinn und Zweck ist nicht allein, eine geordnete öffentliche Finanzwirtschaft der verschiedenen staatlichen Aufgabenträger zu ermöglichen, sondern ebenso, die Voraussetzungen dafür zu schaffen, dass die staatliche Selbständigkeit von Bund und Ländern real werden, ihre politische Autonomie sich in der Eigenständigkeit und Eigenverantwortlichkeit der Aufgabenwahrnehmung und der Haushaltswirtschaft (Art. 109 Abs. 1 GG) entfalten (vgl. auch BVerfGE 72, 330 [383]) und die gemeinsame Verpflichtung auf die Erfordernisse des gesamtwirtschaftlichen Gleichgewichts (Art. 109 Abs. 2 GG) erfüllt werden kann. Sie sind darin zugleich Ausdruck der im Bundesstaat bestehenden Solidargemeinschaft von Bund und Ländern und des bündischen Prinzips des Einstehens füreinander, das zur bundesstaatlichen Ordnung gehört (Art. 20 Abs. 1 GG). Befindet sich ein Glied der bundesstaatlichen Gemeinschaft – sei es der Bund, sei es ein Land – in einer extremen Haushaltsnotlage, die seine Fähigkeit zur Erfüllung der ihm verfassungsrechtlich zugewiesenen Aufgaben in Frage stellt und aus der es sich mit eigener Kraft nicht befreien kann, so erfährt dieses bundesstaatliche Prinzip seine – hier mit der durch Art. 109 Abs. 2 GG gebotenen Wahrung der Erfordernisse des gesamtwirtschaftlichen Gleichgewichts verknüpfte – Konkretisierung in der Pflicht aller anderen Glieder der bundesstaatlichen Gemeinschaft, dem betroffenen Glied mit dem Ziel der haushaltswirtschaftlichen Stabilisierung auf der Grundlage konzeptionell aufeinander abgestimmter Maßnahmen Hilfe zu leisten, damit es wieder zur Wahrung seiner politischen Autonomie und zur Beachtung seiner verfassungsrechtlichen Verpflichtungen befähigt wird. Diese verfassungsrechtliche Pflicht trifft nicht nur den Bund allein, sondern – dem bundesstaatlichen Prinzip entsprechend – Bund und Länder.“[9]

Schon diese Rechtsprechung konnte nicht als Regelungssystem zur Bewältigung von Haushaltsnotlagen eines Landes begriffen werden. Sie statuierte vielmehr nur die verfassungsrechtliche Verpflichtung des Bundes und der jeweils anderen Länder, einem notleidenden Land beizustehen. Die konkreten Hilfen mussten und müssten nach wie vor zunächst im politischen Prozess ausgehandelt und sodann durch eine Änderung des Finanzausgleichsgesetzes bzw. durch Verwaltungsvereinbarungen festgesetzt werden. Um den im Wesentlichen politischen Prozess der Entscheidung über das Ausgleichssystem prognostizierbar zu machen, verpflichtete das Bundesverfassungsgericht den Gesetzgeber mit seiner Entscheidung vom 11. November 1999, das verfassungsrechtlich nur in unbestimmten Begriffen festgelegte Steuerverteilungs- und Ausgleichssystem durch anwendbare, allgemeine, ihn selbst bindende Maßstäbe gesetzlich zu konkretisieren und zu ergänzen.[10] Der Gesetzgeber hat daraufhin das sog.

---

9 BVerfGE 86, 148 (264).

10 BVerfGE 101, 158 (Ls. 3).

Maßstäbegesetz erlassen, dass am 10. September 2001 in Kraft getreten ist und zunächst bis zum 31. Dezember 2019 gilt. Es enthält in § 12 allgemeine Grundsätze für Sonderbedarfs-Bundesergänzungszuweisungen und befasst sich in § 12 Abs. 4 explizit auch mit der Bewältigung einer extremen Haushaltsnotlage. Auch diese Bestimmung gewährt als solche aber noch keinen Rechtsanspruch auf Sanierungshilfen, sondern markiert lediglich (in Ansätzen) deren Voraussetzungen und Grenzen. Anspruchsgrundlage für Finanzierungshilfen (als ein Instrument zur Bewältigung von Haushaltsnotlagen unter anderen) kann nach wie vor nur die Verfassung selbst sein, die insofern einer „konsentierten Konkretisierung" bedarf (so der Wissenschaftliche Beirat beim Bundesministerium der Finanzen 2005, 31).

3. Sackgasse mit Wendehammer: Bundesstaatlicher Notstand

Da eine solche (insbesondere: gesetzliche) Konkretisierung bislang nicht erfolgt ist, hat sich das Bundesverfassungsgericht anlässlich der Klage Berlins auf Sanierungszuweisungen des Bundes gezwungen gesehen, die unmittelbar sich aus der Verfassung ergebenden Anspruchsvoraussetzungen „verschärfend zu ergänzen". Dabei hat es im Unterschied zu seinen früheren Entscheidungen die Eigenverantwortung der Bundesländer derart betont (a), dass notleidende Länder sich nur noch im praktisch nahezu ausgeschlossenen Falle eines bundesstaatlichen Notstands (b) mit Sanierungszuweisungen des Bundes aus ihrer Haushaltsnotlage befreien können, sich diese Hoffnung im Übrigen aber als Sackgasse erweist.

a) Eigenverantwortung

Mit dem Berlin-Urteil hat das Bundesverfassungsgericht die „Balance zwischen Eigenstaatlichkeit der Länder und bundesstaatlicher Solidargemeinschaft"[11] neu justiert, indem der mit der Eigenstaatlichkeit der Länder korrespondierenden Eigenverantwortung ein größeres Gewicht beigemessen wird. Wenn das Bundesverfassungsgericht in seiner Begründung hervorhebt, dass ein Land aufgrund seiner verfassungsrechtlich in Art. 109 Abs. 1 GG verbürgten Haushaltsautonomie grundsätzlich alle haushaltswirtschaftlichen Maßnahmen selbst zu verantworten hat,[12] dann kommt darin zum Ausdruck, dass der grundsätzlichen Verschuldungsautonomie auch die regelmäßige Entschuldungsverantwortung eines Landes entspricht (vgl. *Rossi* 2007). Diese Entschuldungsverantwortung soll nicht durch Bundesergänzungszuweisungen nach Art. 107 Abs. 3 S. 2 GG unterlaufen werden, die nach den deutlichen Worten des Bundesverfassungsgerichts nämlich grundsätzlich nicht dazu dienen, „finanziellen Schwächen abzuhelfen, die eine unmittelbare und voraussehbare Folge von politischen Entscheidungen sind, die von einem Land in Wahrnehmung seiner Aufgaben selbst getroffen

---

11 Vgl. BVerfGE 101, 158 (292).

12 BVerfG, 2 BvF 3/03 v. 19.10.2006, Abs. 214.

sind." Vielmehr bringen es Eigenständigkeit und politische Autonomie mit sich, wie das Bundesverfassungsgericht unter Bezugnahme früherer Entscheidungen ausführt, „dass die Länder für die haushaltspolitischen Folgen solcher Entscheidungen selbst einzustehen haben."[13] Angesichts dieses Verständnisses verwundert es nicht, dass das Bundesverfassungsgericht darauf hinweist, dass „die so genannte Verschuldungsfalle [...] nicht überraschend von heute auf morgen zu[schnappt]".[14] Vor allem, so möchte man hinzufügen, kann ein Land an sich gar nicht in eine Verschuldungsfalle geraten, wenn es nur die verfassungsrechtlichen (und gemeinschaftsrechtlichen) Verschuldungsgrenzen einhält (näher *Rossi* 2007).

Die Neujustierung der Balance zwischen Eigenstaatlichkeit und Eigenverantwortlichkeit der Länder und der bundesstaatlichen Solidargemeinschaft ist grundsätzlich aus zwei Gründen zu begrüßen. Zum einen erkennt sie das Scheitern der bisherigen Praxis an und eröffnet insofern neue, möglicherweise erfolgversprechende Handlungsalternativen. Denn rein tatsächlich kann nicht verkannt werden, dass sich sowohl Bremen als auch das Saarland trotz Sanierungszuweisungen in einer Gesamthöhe von rund 15 Mrd. € nach eigener Einschätzung noch immer in einer extremen Haushaltsnotlage befinden. Die solidarische Unterstützung, die die beiden Länder in der Vergangenheit erhalten haben, hat sich somit zumindest nicht in nachhaltiger Weise bewährt.

Zum anderen verstärkt die vom Bundesverfassungsgericht vorgenommene Betonung der Eigenverantwortlichkeit die Anreize zur Vermeidung von Haushaltsnotlagen und vollzieht insofern auch einen Prioritätenwechsel weg von der nachträglichen Bekämpfung finanzieller Notlagen hin zu deren präventiver Vermeidung. Das Bundesverfassungsgericht greift insofern Erkenntnisse und Forderungen auf, die in der Finanz- und Rechtswissenschaft sowie in der Politik seit längerem diskutiert werden (vgl. die Beiträge von *Kitterer*, *Färber*, *Huber* und *Runkel*, *Wieland*, *Korioth* sowie *Häde*, in: Konrad / Jochimsen 2006; s. auch *Selmer* 2006a, 224 f.). Zentraler Punkt der Argumentation ist dabei die Tatsache, dass die Möglichkeit eines bail-out, also der vollständigen oder jedenfalls teilweisen Schuldenübernahme durch die Gemeinschaft von Bund und anderen Ländern, die Motivation notleidender Länder verringert, sich aus eigenen Kräften zu entschulden. Anstatt sich für Ausgabenkürzungen vor dem Wahlvolk des Landes verantworten zu müssen, belasten sie lieber den Bund und wälzen ihre Ausgaben – die Verantwortung verschleiernd – auf das Wahlvolk des Bundes ab. Die Betonung der Entschuldungsverantwortung der Länder mit der nahezu ausgeschlossenen Möglichkeit des bail-out ist insofern ein wichtiges rechtliches wie politisches Signal an alle Länder, ihre Zins- und Tilgungslasten aus eigener Kraft durch eine Reduzierung der Verschuldung zu verringern, um politischen und d.h. finanziellen Handlungsspielraum zu behalten oder zu gewinnen.

---

13 BVerfG, 2 BvF 3/03 v. 19.10.2006, Abs. 187.

14 BVerfG, 2 BvF 3/03 v. 19.10.2006, Abs. 200.

b) Bundesstaatlicher Notstand

Die Möglichkeit eines bail-out ist nach dem Berlin-Urteil tatsächlich so gut wie ausgeschlossen. Denn Sanierungshilfen sind künftig nur im Falle eines „bundesstaatlichen Notstands“ zulässig, dann aber auch geboten. Obwohl sich in diesem Begriff das Neue des Berlin-Urteils kristallisiert, wird er vom Bundesverfassungsgericht nicht näher definiert. Insbesondere bleibt auch der Unterschied zwischen dem ehemals und noch immer verwendeten Begriff der extremen Haushaltsnotlage und dem neu geschöpften Begriff „bundesstaatlicher Notstand“ unklar. Dabei wird man allerdings davon ausgehen dürfen, dass das Bundesverfassungsgericht dem Begriff „bundesstaatlicher Notstand“ bewusst keine klaren Konturen verliehen hat (vgl. zum Folgenden *Rossi* 2007). Denn auf diese Weise behält es einen Spielraum, um bei künftigen Klagen unter Berücksichtigung etwaiger besonderer Umstände eventuell doch das solidarische Prinzip gegenüber dem Prinzip der Eigenverantwortung stärker betonen zu können, ohne dann in einen (offenen) Widerspruch mit der eigenen Rechtsprechung zu geraten. Zwar ist mit Blick auf die noch anhängigen Normenkontrollanträge Bremens und des Saarlandes nicht damit zu rechnen, dass das Bundesverfassungsgericht bereits in diesen Fällen von einem bundesstaatlichen Notstand ausgeht. Doch kann und will das Bundesverfassungsgericht offensichtlich nicht ausschließen, dass es in der Zukunft einmal einen Anspruch auf Sanierungszuweisungen bejahen muss, um einen bundesstaatlichen Notstand abzuwehren.

Darüber hinaus kommt in der fehlenden Definition des Begriffs „bundesstaatlicher Notstand“ aber auch eine generelle Zurückhaltung gegenüber der Gestaltungsfreiheit und -verantwortung der gesetzgebenden Körperschaften zum Ausdruck. In der Tat ist es sowohl unter dem Gesichtspunkt demokratischer Legitimation als auch unter dem Aspekt funktionaler Gewaltenteilung Aufgabe der unmittelbar demokratisch legitimierten gesetzgebenden Körperschaften, die Voraussetzungen und Bedingungen festzulegen, unter denen an die Stelle des mit der Eigenstaatlichkeit der Länder korrespondierenden Prinzips der Eigenverantwortung das Prinzip der Solidarverantwortung tritt.

Schließlich ist es aber auch unter Anreiz-Gesichtspunkten durchaus zu begrüßen, dass das Bundesverfassungsgericht den Begriff „bundesstaatlicher Notstand“ unscharf gelassen hat. Denn mangels exakter Definition kann niemals mit absoluter Sicherheit taktisch vorherberechnet werden, wann der Tatbestand des bundesstaatlichen Notstands erfüllt ist. Der einerseits eigene Not indizierende, andererseits aber auch fremde Hilfe versprechende Begriff des bundesstaatlichen Notstands entzieht sich somit dem Kalkül politischer Handlungsalternativen (*Rossi* 2007, 7). In der (vermeintlichen) Wahl stark verschuldeter Länder, ihre Haushalte entweder durch eigene Anstrengungen zu konsolidieren oder aber, auf fremde Hilfe hoffend, in den bundesstaatlichen Notstand zu steuern, ist die letzte Alternative mangels Klarheit des Ziels derart riskant, dass doch nur die erste Alternative als realistische Handlungsoption bleibt. Die Unschärfe des Begriffs trägt somit entscheidend dazu bei, dass es im geltenden Finanzverfassungsrecht grundsätzlich keine Bail-out-Möglichkeit gibt, sondern die Entschuldungsverantwortung allein bei den Bundesländern bleibt.

Ungeachtet seiner wohl bewussten Offenheit spricht in jedem Fall einiges dafür, dass der Begriff „bundesstaatlicher Notstand" nicht nur verschärfte Voraussetzungen einer extremen Haushaltsnotlage beschreibt, sondern einen vollständig neuen Maßstab aufstellt (*Rossi* 2007, 7). Zwar wird man diese Veränderung noch nicht dem substantivischen Wandel von einer „Notlage" zu einem „Notstand" entnehmen können. Es gibt insbesondere keinen Hinweis in der Entscheidung, den Begriff unter Rückgriff auf Art. 81 GG bestimmen zu müssen. Doch der Begriff ist nun von seiner Beschränkung auf den Haushalt befreit und stattdessen um die Bezugnahme des Bundesstaates erweitert. Gerade wegen der adjektivischen Umschreibung „bundesstaatlich" scheint es deshalb naheliegend, dass es in materieller Hinsicht künftig nicht genügt, dass im hilfebegehrenden Land ein Notstand festzustellen ist. Vielmehr muss der Notstand solche Ausmaße annehmen, dass über die Landesgrenzen hinweg auch das gesamte bundesstaatliche Gefüge gefährdet ist. Entscheidend sind somit nicht allein bestimmte finanzwissenschaftliche, auf das notleidende Land bezogene Eckdaten. Daneben ist vielmehr auch die Frage maßgeblich, ob ein Bundesland die ihm verfassungsrechtlich obliegenden Aufgaben in einer Weise nicht erfüllen kann, dass auch die Aufgabenerfüllung in den anderen Ländern und im Bund in Mitleidenschaft gerät. Die Bezugsgröße für die Einstandspflicht des Bundes ist somit nicht mehr nur das notleidende Land, sondern ist die auf die Gesamtheit von Bund und Ländern bezogene Ordnung. Dies wird auch daran deutlich, dass das Bundesverfassungsgericht die bundesstaatlichen Einstandspflichten im Interesse aller Bundesbürger und nicht nur im Interesse der jeweils betroffenen Landesbürger sieht.[15]

Für künftige Haushaltsnotlagenverfahren impliziert der solcher Art verstandene Begriff in formeller Hinsicht, dass der Notstand nicht von einem Land allein festgestellt werden kann, sondern dies einem Gremium unter Beteiligung des Bundes und der anderen Länder obliegen muss. Anknüpfen lässt sich insofern an den bereits existierenden Finanzplanungsrat oder besser noch an Vorschläge für einen Sanierungsrat (vgl. Wissenschaftlicher Beirat beim Bundesministerium der Finanzen 2005; *Rossi / Schuppert* 2006, 9; *Fiedler* u.a. 2006, 181 ff.).

4. Rückwärts oder weiter: Handlungsmöglichkeiten notleidender Länder

Ob die politischen Akteure in den notleidenden Ländern die Hinweise des Bundesverfassungsgerichts erkennen und die Sackgasse rückwärts gehen oder aber doch den noch sichtbaren und ausgetretenen, wenn auch größtenteils gesperrten Pfad einschlagen und den Notausgang suchen, hängt neben anderen Faktoren auch von den

15 BVerfG, 2 BvF 3/03 v. 19.10.2006, Abs. 202.

politischen Mentalitäten in den einzelnen Ländern ab. Sie können entweder einen strikten Konsolidierungskurs einschlagen und ihre Verschuldung reduzieren oder mit einem Konfrontationskurs in den bundesstaatlichen Notstand steuern. Im ersten Fall mag der – etwa in Brandenburg vorzufindende – Ehrgeiz bestimmend sein, von einem Nehmerland zum Geberland zu werden. Im zweiten Fall mag das – etwa in Berlin vorherrschende – Gefühl ausschlaggebend sein, durch Ursachen jenseits der Landesgrenzen zum Notlagenland geworden und deshalb auch auf fremde Hilfen angewiesen zu sein. Freilich wird die Entscheidung natürlich auch von den finanziellen Spielräumen abhängen, die nur schwer zu beurteilen und noch schwieriger zu prognostizieren sind. Gibt es einerseits für Berlin etwa Berechnungen, dass eine Entschuldung ohne fremde Hilfe in absehbarer Zeit nicht möglich ist (*Fiedler* u.a. 2006, 218 ff.), haben andererseits unerwartete Steuermehreinnahmen die Haushaltslage sowohl in Berlin als auch in anderen notleidenden Ländern erheblich verbessert. Welches Land deshalb noch nicht in die Sackgasse eingebogen oder jedenfalls noch nicht weit vorgedrungen ist, wird künftig alles daran setzen, eine übermäßige Verschuldung aus eigenen Kräften zu verhindern. Wer dagegen, wie etwa das Saarland und Bremen, bereits am Ende der Sackgasse angekommen ist, wird krampfhaft den Notausgang suchen und auf Sonderzuweisungen des Bundes hoffen. Die Erfolgsaussichten der beiden Länder sind gering, müssen sie doch zur Plausibilisierung ihrer entsprechenden Normenkontrollanträge an das Bundesverfassungsgericht entweder einen bundesstaatlichen Notstand darlegen und begründen oder aber bestimmte Sonderlasten geltend machen. Denn eines muss deutlich betont werden: Das Bundesverfassungsgericht hat den Anspruch auf Sanierungszuweisungen vor allem deshalb verneint, weil die (geltende) finanzverfassungsrechtliche Ordnung kein entsprechendes Instrumentarium bereitstellt. Nur deshalb sind Sanierungszuweisungen als „Fremdkörper" im Finanzausgleichssystem qualifiziert worden. Das Mittel der Sonderbedarfszuweisungen nach Art. 107 Abs. 3 S. 2 GG ist nämlich grundsätzlich nicht für Sanierungszuweisungen konzipiert, sondern kommt nur für „Sonderlasten aufgrund (verfassungsrechtlich) vorgegebener Aufgaben außerhalb des autonomen landespolitischen Gestaltungsraums" in Betracht. Solche Sonderlasten sind nach der Diktion des Bundesverfassungsgerichts dadurch gekennzeichnet, dass sie „nicht in ähnlicher Höhe oder überhaupt nicht in allen Ländern zu leisten sind, sondern nur in einem Land oder einer Gruppe von Ländern anfallen und nicht auf den vorangegangen Stufen des Finanzausgleichs zu berücksichtigen waren."[16] Vor diesem Hintergrund müssen sich Bremen und das Saarland, wollen sie ihre Anträge an das Bundesverfassungsgericht nicht zurückzunehmen, also entscheiden, ob sie auf den regulären Einsatz von Sonderergänzungszuweisungen hoffen und deshalb „Sonderlasten" geltend machen oder ob sie deren irregulären Einsatz beanspruchen und deshalb einen „bundesstaatlichen Notstand" darlegen und begründen.

---

16 BVerfG, 2 BvF 3/03 v. 19.10.2006, Abs. 187.

Berlin dagegen ist der Notausgang jedenfalls mittelfristig erst einmal verschlossen. Das Land wird in absehbarer Zeit keine Sanierungszuweisungen in Form von Sonderergänzungszuweisungen nach Art. 107 Abs. 3 S. 2 GG erhalten. Neben dieser finanziellen und politischen Konsequenz zeitigt die Entscheidung des Bundesverfassungsgerichts auch Folgen für die rechtlichen Rahmenbedingungen der Verschuldung in Berlin. Denn der Berliner Haushaltsgesetzgeber hat sich zur Rechtfertigung der übermäßigen Verschuldung in den Haushaltsplänen für die Jahre 2004/2005 und 2006/2007 auf eine überverfassungsrechtliche Ausnahme gestützt, die der Verfassungsgerichtshof des Landes Berlin in seiner Entscheidung vom 31. Oktober 2003 im Wege der Rechtsfortbildung kreiert hat (dazu *Höfling* 2004, 259 ff.; *Jochimsen* 2004, 511 ff.; *Kerber* 2004, 691 ff.; *Pestalozza* 2004, 63 ff.; *Rossi* 2005, 269 ff.; *Waldhoff* 2004, 1062 ff.)[17]. Danach soll ein Überschreiten der landesverfassungsrechtlichen Begrenzung der Kreditfinanzierung auf die Investitionshöhe ausnahmsweise zulässig sein, wenn und soweit sich das Land in einer extremen Haushaltsnotlage befindet und die Überschreitung erforderlich ist, um „bundesrechtlich festgelegte sowie auf landesverfassungsrechtlichen Vorgaben beruhende Ausgabenverpflichtungen“[18] zu erfüllen. Wenn jetzt das Bundesverfassungsgericht deutlich urteilt, dass das Land Berlin sich „nicht in einer extremen Haushaltsnotlage [befindet]“,[19] dann ist es dem Land Berlin verwehrt, sich für die Überschreitung der landesverfassungsrechtlichen Kreditbegrenzungsregel auf die vom Verfassungsgerichtshof begründete überverfassungsrechtliche Ausnahme zu berufen. Deren Voraussetzungen liegen schlicht nicht vor. Der Berliner Doppelhaushalt für die Jahre 2006/2007 ist insofern verfassungswidrig, weil und soweit die Verschuldung für die einzelnen Haushaltsjahre über den entsprechenden Investitionshöhen liegt.

Hervorzuheben ist schließlich mit Blick auf die Föderalismusreform II, dass die Politik in den notleidenden Ländern nicht unmittelbar auf weitere Zahlungen gerichtet sein muss. Vielmehr könnte sich eine kluge und nachhaltige Politik auch darauf richten, politische Initiativen, etwa über den Bundesrat, für die Schaffung eines bundesweiten Haushaltsnotlagenregimes zu ergreifen, von denen die notleidenden Länder dann mittelbar profitieren könnten.

5. Neue Wege: Suchauftrag des Bundesverfassungsgerichts

Einen entsprechenden Suchauftrag hat auch das Bundesverfassungsgericht formuliert. Angesprochen ist insofern nicht nur die Berliner Provinz, sondern auch die Berliner Republik: Bund und Länder sollen ein Haushaltsnotlagenregime schaffen.

Zwar hat sich das Bundesverfassungsgericht primär zurückhaltend auf seine reagierend-kontrollierende Funktion beschränkt und nicht agierend-initiierend auf den Gesetzgeber eingewirkt. Es hat dementsprechend den konkreten Antrag Berlins auf zu-

17 VerfGH, DVBl. 2004, 308 ff.

18 VerfGH Bln. 125/02, DVBl. 2004, 308 (312).

19 BVerfG, 2 BvF 3/03 v. 19.10.2006, Abs. 206.

sätzliche Bundeshilfen zurückgewiesen, ohne zugleich den politischen Akteuren auf Bundes- und Landesebene vorzuschreiben, wie mit aktuellen und künftigen Haushaltsnotlagen umzugehen ist. Dies mag im Interesse eines weitgehenden Gestaltungsspielraums der Politik begrüßt werden, ist aber zu bedauern, wo es der Politik, ihren Institutionen und Akteuren aufgrund ihrer eigenen Gesetzlichkeiten an Kraft fehlt, grundsätzliche Probleme der föderalen Beziehungen aus eigenem Antrieb zu lösen (vgl. hierzu schon *Schuppert* 1995, 675 ff.).

Formuliert das Bundesverfassungsgericht somit auch keinen expliziten Handlungsauftrag, weist es doch deutlich und mehrmals auf die Notwendigkeit hin, Regelungen über die Behandlung, möglichst auch über die Vermeidung von Haushaltsnotlagen in den Bundesländern zu schaffen. Ausgehend von dem Befund, dass „das geltende positive Recht [...] nur unzureichend auf die Bewältigung auftretender extremer Haushaltsnotlagen eingestellt" ist[20] und „das Instrumentarium des geltenden Finanzausgleichsrechts mit Aufgaben der Haushaltssanierung einzelner Länder überfordert wird"[21], konstatiert das Bundesverfassungsgericht als „gravierende Schwäche des geltenden Rechts [...], dass es an den notwendigen verfahrensrechtlich wie auch inhaltlich handlungsleitenden Regelungen zum Umgang mit potenziellen und aktuellen Sanierungsfällen im Bundesstaat fehlt"[22], erinnert sodann an die bereits in der Entscheidung vom 27. Mai 1992 ausgesprochene Mahnung, es sei „zuvörderst nötig und besonders dringlich [...], Bund und Länder gemeinsam treffende Verpflichtungen und Verfahrensregelungen festzulegen, die der Entstehung einer Haushaltsnotlage entgegenwirken und zum Abbau einer eingetretenen Haushaltsnotlage beizutragen geeignet sind", und bekräftigt diese Mahnung mit den Worten: „Das Bundesstaatsprinzip macht solche Bestrebungen angesichts der gegenwärtig defizitären Rechtslage erforderlich." [23]

6. Abgestecktes Terrain: Handlungsrahmen

Ist der Gesetzgeber in der konkreten Ausgestaltung eines solchen Haushaltsnotlagenregimes auch weitgehend frei, bewegt er sich wegen der grundsätzlichen Leitmaxime und den äußeren verfassungsrechtlichen Grenzen eines solchen Notlagenregimes doch auf einem abgesteckten Terrain: Leitmaxime ist die Eigenständigkeit und Eigenverantwortlichkeit der Länder, Grenzen ergeben sich insbesondere aus dem (derzeitigen) System des verfassungsrechtlichen Länderfinanzausgleichs sowie aus dem Verfassungsgrundsatz der Statusgleichheit der Länder. Der Handlungsrahmen besteht somit aus einem flexiblen und einem starren Element. Denn während – etwa im Zuge der Föderalismusreform II – mit den Finanzbeziehungen zwischen dem Bund und den

20 BVerfG, 2 BvF 3/03 v. 19.10.2006, Abs. 172.
21 BVerfG, 2 BvF 3/03 v. 19.10.2006, Abs. 203.
22 BVerfG, 2 BvF 3/03 v. 19.10.2006, Abs. 204.
23 BVerfG, 2 BvF 3/03 v. 19.10.2006, Abs. 204.

Ländern auch das System des Länderfinanzausgleichs und damit der Rahmen für Sanierungszuweisungen im Notlagenfall modifiziert und die Pfadabhängigkeit insoweit aufgehoben werden kann (*Schuppert* 2007, passim), muss sich jedes veränderte oder neu geschaffene System am Grundsatz der Statusgleichheit der Länder messen lassen. Dieser Grundsatz ist der bundesstaatlichen Ordnung derart immanent, dass er über Art. 79 Abs. 3 GG sogar der Dispositionsfreiheit des verfassungsändernden Gesetzgebers entzogen ist (*Boysen* 2005, 200 f. u. passim).

a) Nivellierungsverbot

In Bezug auf das vom Bundesverfassungsgericht als Grenze von Sanierungszuweisungen hervorgehobene Nivellierungsverbot ist hervorzuheben, dass dieses Verbot unmittelbar aus dem geltenden Finanzausgleichssystem folgt und deshalb mit dessen Modifizierung durch den verfassungsändernden Gesetzgeber verändert, ja sogar aufgehoben werden könnte. Rüttelte die Föderalismusreform II dagegen nicht oder jedenfalls nicht entscheidend an der dreistufigen und abgeschichteten Struktur des Finanzausgleichssystems, müsste das Nivellierungsverbot auch künftig beachtet werden. Es untersagt dem Bund, mithilfe von Bundesergänzungszuweisungen nach Art. 107 Abs. 3 S. 2 GG die Finanzkraftreihenfolge unter den Geberländern zu verändern und den leistungsschwachen Ländern eine überdurchschnittliche Finanzkraft zu verschaffen.[24] Mit diesem Inhalt stellt es sich als zusätzliche Schranke von Sanierungshilfen in Form von Sonderergänzungszuweisungen dar: Sanierungszuweisungen sind auch in einem bundesstaatlichen Notstand nur bis zu einer Höhe zulässig, die die relative Finanzkraft des Landes im Verhältnis zu den anderen Ländern nicht verändert.

Darüber, ob das Nivellierungsverbot auch von einem Haushaltsnotlagenregime zu beachten wäre, das ein gesondertes Instrument für Sanierungshilfen zur Verfügung stellt und insofern nicht auf den zweckwidrigen Einsatz von Sonderergänzungszuweisungen nach Art. 107 Abs. 3 S. 2 GG angewiesen ist, kann hier nur spekuliert werden. Festzuhalten ist allerdings, dass das Nivellierungsverbot in Ansätzen auch schon für die anderen Stufen des Finanzausgleichssystems gilt,[25] und insofern keine spezielle Schranke für Sonderergänzungszuweisungen darstellt. Will der verfassungsändernde Gesetzgeber also Sanierungshilfen in Form neuer Instrumente von der Bindung an das Nivellierungsverbot befreien, müsste er dies am besten im Wortlaut der Verfassung, jedenfalls aber in der Systematik eines neuen Finanzausgleichssystems und in den entsprechenden Begründungen hinreichend klar zum Ausdruck bringen.

---

24 BVerfG, 2 BvF 3/03 v. 19.10.2006, Abs. 180.

25 Vgl. schon BVerfGE 1, 117 (131); 72, 330 (398); 101, 158 (222); deutlich auch BVerfG, 2 BvF 3/03 v. 19.10.2006, Abs. 178: „kein Systemwechsel“.

b) Gleichbehandlungsgebot

Die auch vom verfassungsändernden Gesetzgeber nicht verrückbare äußerste Grenze eines Haushaltsnotlagenregimes ist das föderative Gebot der Gleichbehandlung aller Länder durch den Bund, das unmittelbar aus dem Bundesstaatsprinzip und dem allgemeinen Gleichheitssatz folgt.[26] Zum besseren Verständnis dieses Verbots lässt sich an die Rechtsprechung des Bundesverfassungsgerichts zu den Verwaltungsvereinbarungen nach Art. 104a Abs. 4 GG a.F. anknüpfen, in der es hervorgehoben hat, dass der Bund, will er nicht seine Pflicht zu bundesfreundlichem Verhalten verletzen, eine solche Vereinbarung nur mit allen gleichermaßen betroffenen Ländern abschließen darf, wobei die Länder dem Bund als gleichberechtigte Partner gegenüberstehen. Die Gültigkeit der Vereinbarung hängt deshalb grundsätzlich von der Zustimmung *aller* betroffenen Länder ab.[27]

Aus dieser Rechtsprechung lassen sich in Bezug auf Sanierungszuweisungen sowohl prozedurale als auch materielle Vorgaben ableiten: Zu den prozeduralen Pflichten des Bundes gehört es insofern„ die anderen Länder an der Entscheidung zu beteiligen, wenn er einem Land besondere finanzielle Hilfen zur Verfügung zu stellen will. Zu den materiellen Pflichten gehört hingegen eine antizipierte Maßstabsbildung, an der alle Glieder beteiligt sind, da letztlich nur so dem föderalen Gleichbehandlungsgebot Rechnung getragen werden kann. Bund und Länder sind insofern aufgefordert, einheitliche abstrakte Vorgaben für die ausnahmsweise Gewährung von Sanierungszuweisungen zu normieren, auf deren Grundlage dann in jedem Einzelfall entschieden werden kann und muss, ob und in welcher Höhe konkrete Sanierungszuweisungen gezahlt werden.[28] Bis zu einer solchen gesetzgeberischen Maßnahme bindet das föderale Gleichbehandlungsgebot vor allem das Bundesverfassungsgericht, das sich dieser Bindung ausweislich der bereits wiedergegebenen Worte des Vorsitzenden des 2. Senats durchaus bewusst ist. Er hat mit Blick auf die anhängigen Anträge Bremens und des Saarlands deutlich gemacht, dass der Senat diese Anträge an dem im Berlin-Urteil gefundenen Maßstab entscheiden wird.

7. Streckenplanung: Gestaltungsfreiheit des Gesetzgebers

Dem Bundesgesetzgeber stehen so viele Handlungsmöglichkeiten zur Verfügung, dass sie hier nicht alle vorgestellt werden können (*Gröpl* 2006, 228 ff.; *Waldhoff* 2006, 179 ff.). Hervorzuheben ist allerdings noch einmal, dass er sich entweder im skizzierten bestehenden Handlungsrahmen bewegen oder aber diesen Handlungsrahmen – in den Grenzen des Art. 79 Abs. 3 GG – selbst modifizieren kann. Angesprochen ist also nicht nur der einfache, sondern auch der verfassungsändernde Gesetzgeber, der sich mit der Föderalismusreform II ja ohnehin das politische Ziel gesetzt hat, die Finanzbe-

---

26 BVerfGE 72, 330 (404).

27 BVerfGE 41, 291 (308 u. Ls. 2).

28 Zur Notwendigkeit eines solchen zweistufigen Verfahrens vgl. *Rossi/Schuppert* (2006), 9.

ziehungen zwischen dem Bund und den Ländern neu zu ordnen.[29] Von den zahlreichen denkbaren und gedachten Handlungsmöglichkeiten[30] sollen im Folgenden nur drei skizziert werden.

a) Neugliederung des Bundesgebiets

Das Bundesverfassungsgericht spricht im Berlin-Urteil erneut die Möglichkeit einer Neugliederung des Bundesgebiets an. Diesbezüglich sei daran erinnert, dass das Gericht in einer seiner ersten Entscheidungen überhaupt noch der Auffassung war, dass der Finanzausgleich „mit Rücksicht auf Art. 29 GG nicht zu dem Ergebnis führen [darf], lebensunfähige Länder künstlich am Leben zu erhalten."[31] In seiner Entscheidung zu den Finanzhilfen für Bremen und das Saarland hat es dann relativ neutral mit dem Wortlaut des Art. 29 GG auf dessen Zweck hingewiesen, „zu gewährleisten, dass die Länder nach Größe und Leistungsfähigkeit die ihnen obliegenden Aufgaben wirksam erfüllen."[32] Nunmehr scheint es mit der Formulierung: „Solange der verfassungsrechtlich eröffnete Weg einer Neugliederung des Bundesgebiets nicht beschritten worden ist, ist es bundesstaatliches Gebot, die Existenz des Not leidenden Landes als eines handlungsfähigen Adressaten verfassungsrechtlicher Pflichten und als eines Trägers verfassungsrechtlicher Aufgaben auch finanziell zu gewährleisten."[33], vor allem den Bund und die Geberländer anzusprechen. Vor dem Hintergrund, dass die Entscheidung durchgängig und auch im Ergebnis die Eigenverantwortung der Länder betont und Hilfsansprüche unter praktisch kaum zu erfüllende Voraussetzungen stellt, scheint dieser an entsprechend unwahrscheinliche Hilfspflichten anknüpfende Druck nicht geeignet, eine Neugliederung des Bundesgebiets anzustoßen. Sie ist derzeit jedenfalls nicht Gegenstand der föderalen Reformüberlegungen und deshalb auch keine realistische politische Option.

b) Verschärfung der Verschuldungsgrenzen

Immer wieder in die Diskussion eingebracht wird hingegen die Überlegung, eine Verschärfung der Verschuldungsgrenzen, sei es in materieller Hinsicht etwa durch eine Übernahme der Maastricht-Kriterien, sei es nur durch eine Entpolitisierung und Wiederverrechtlichung der geltenden Verschuldungsgrenzen, vorzunehmen. Diese Forderung liegt nicht zuletzt auch in der Tatsache begründet, dass die landesverfassungsrechtlichen Grenzen der Staatsverschuldung (*Kloepfer / Rossi* 2003, 323 ff.) in

---

29 Vgl. etwa *Selmer* (2006b), 1059 f.; *Ekardt / Buscher* (2007), passim; zweifelnd schon jetzt *Färber / Otter* (2005), 32 ff. Zum Reformversuch von 1993 vgl. *Häde* (1994), 82 f., und *Homburg* (1994), 325 f.

30 Vgl. jüngst die instruktiven Beiträge *Waldhoff* (2007) und *Hey* (2007) auf der Staatsrechtslehrertagung 2006 in Rostock.

31 BVerfGE 1, 117 (134 u. Ls. 1).

32 BVerfGE 86, 148 (270).

33 BVerfG, 2 BvF 3/03 v. 19.10.2006, Abs. 190.

der Praxis durch ihre ständige Missachtung erheblich an Wirksamkeit und Verbindlichkeit verloren haben (jüngst *Höfling* 2006, 934 ff.). Neben anderen Gründen hat dies seine Ursache auch in dem unzureichenden Kreis der Klagebefugten. Aus parteipolitischen Gründen sehen die Oppositionsfraktionen, wenn sie denn überhaupt die erforderliche Mehrheit im jeweiligen Parlament erreichen, fast ausnahmslos davon ab, die Überschreitung der verfassungsrechtlich zulässigen Kreditaufnahme vom jeweiligen Verfassungsgericht feststellen zu lassen, um nicht später bei einer etwaigen Regierungsbeteiligung an selber Elle gemessen zu werden. Zugleich fürchten sie, durch eine konsolidierungsorientierte Haushaltspolitik weniger Zuspruch vom Wähler zu erhalten als durch eine ausgabefreudige Sachpolitik.

Eine Befreiung aus dieser Situation soll durch materielle Verschuldungsregeln mit „Biss“[34] bewirkt werden, die sich schon allein aus Veränderungen der prozessualen Bestimmungen ergeben könnten. So könnte schon de constitutione lata jede Landesregierung befugt sein, den Haushaltsplan eines anderen Landes mit der Behauptung vom Bundesverfassungsgericht überprüfen zu lassen, die Überschreitung der zulässigen Kreditobergrenze erschwere dem Bund die Einhaltung seiner Verpflichtung gegenüber der Europäischen Union und verletzte daher das bundesstaatliche Rücksichtnahmegebot (*Kloepfer / Rossi* 2003, 336). Freilich darf wegen der parteipolitischen Verflechtungen nicht erwartet werden, dass von solchen Klagemöglichkeiten intensiver Gebrauch gemacht würde.

Insofern wird kein Weg daran vorbei führen, de lege ferenda den Kreis der Klagebefugten zu erweitern. Behutsam könnte man etwa den sachverständigen und unabhängigen Rechnungshöfen das Recht zubilligen, bei Missachtung der verfassungsrechtlichen Verschuldungsgrenzen das jeweilige Verfassungsgericht anzurufen (*Rossi* 2005, 275 f.). Etwas weitergehend könnten auch entsprechende Verbandsklagerechte statuiert werden, von denen etwa der Bund der Steuerzahler Gebrauch machen könnte. Denkbar ist schließlich auch eine radikale Ausweitung des Klägerkreises auf jeden Einzelnen (*Rossi* 2007, 17 f.). Stützen lässt sich diese Forderung auf den Grundsatz der Nachhaltigkeit und der Generationengerechtigkeit. Als Grundregel der Nachhaltigkeit hat die Bundesregierung jedenfalls jüngst formuliert: „Jede Generation muss ihre Aufgaben selbst lösen und darf sie nicht den kommenden Generationen aufbürden. Dagegen verstößt, wer eine Wirtschafts- und Sozialpolitik auf Pump macht und die steigenden Staatsschulden den künftigen Generationen hinterlässt“ (Bundesregierung 2002, 5).

Mag eine solche Subjektivierung der Verschuldungsgrenzen bis vor kurzem noch als abwegige Forderung erschienen sein, enthält die Entscheidung des Bundesverfassungsgericht einen ersten Hinweis auf ein derartig subjektiv-rechtliches Verständnis der Haushalts- und Finanzausgleichsvorschriften, denn es arbeitet heraus, dass „die verfassungsgemäße Wahrnehmung objektiver Organkompetenzen im Interesse

34 So die Forderung der Rechnungshöfe, zitiert nach *Zimmermann* (2006), 397.

(bundes-)staatlicher Aufgabenerfüllung gegenüber den Bürgern" erfolgt. Zugleich betont es, dass die bundesstaatliche Einstandspflicht im Notstand nicht nur im Interesse der Bürger des jeweiligen Landes, sondern im Interesse der Bundesbürger erfolgt.[35] Dem mag die Erkenntnis von *Ihering* zu Grunde liegen, dass zugleich *das* Recht schützt, wer *sein* Recht schützt (*v. Ihering* 1897, 47 f.). Ebenso wie deshalb die Mobilisierung der Bürger für die Durchsetzung des Rechts[36] zu einem wesentlichen Faktor für die Beachtung und einheitliche Anwendung der europarechtlichen Bestimmungen geworden ist, könnte eine Subjektivierung der Verschuldungsgrenzen zu einem wirksamen Instrument ihrer Einhaltung werden.

c) Erlass eines Haushaltsnotlagenregimes

Die bloße – materielle und / oder prozedurale – Verschärfung der Verschuldungsgrenzen wäre allerdings nur ein erster Schritt, ist im Übrigen aber vor allem durch zwei Nachteile gekennzeichnet: Zum einen kann eine Beachtung der verfassungsrechtlichen Verschuldungsgrenzen extreme Haushaltsnotlagen nur für die Zukunft und auch dann nur mit hoher Wahrscheinlichkeit ausschließen, bietet aber keine Handhabe für bereits oder gleichwohl eingetretene extreme Haushaltsnotlagen. Zum anderen weist die Ausweitung der Klagebefugnisse stets nur den Weg zu den Verfassungsgerichten, die aufgrund ihrer Funktion und Besetzung nicht als optimale Entscheidungsorgane für die Bewältigung von Haushaltskrisen im Bundesstaat angesehen werden können.

Insofern ist es dringend geboten, ein Haushaltsnotlagenregime zu schaffen, das auch den Umgang mit eingetretenen Haushaltsnotlagen umfasst und einen entsprechenden Ausgang weist. Der wissenschaftliche Beirat beim Bundesfinanzministerium hat einen solchen Vorschlag unterbreitet (Wissenschaftlicher Beirat beim Bundesministerium der Finanzen 2005, 29), die Hertie-School of Governance eine entsprechende Studie vorgelegt (*Fiedler* u.a. 2006, passim). Diese Studie zeigt eine Möglichkeit auf, wie Haushaltsnotlagen im Bundesstaat nach Möglichkeit verhindert, gegebenenfalls festgestellt und dann auch beseitigt werden können. Die Grundidee der konditionierten Bewilligung, der Unterstützung Zug-um-Zug gegen bestimmte Sanierungsmaßnahmen, bleibt insofern als eine verfassungsrechtlich zulässige, finanzwissenschaftlich sinnvolle und politisch zu realisierende Möglichkeit eine der wichtigsten Handlungsalternativen solcher Überlegungen, die freilich durch andere Maßnahmen, etwa durch die Schaffung strengerer und verbindlicherer Verschuldungsgrenzen, flankiert werden könnte. Das zur Umsetzung dieser Grundidee von der Studie vorgeschlagene zweistufige Modell, konkrete Sanierungsverträge nur auf der Grundlage eines abstrakten Haushaltsnotlagengrundsätzegesetzes (HNG) zu erlassen, eignet sich in besonderer Weise zur Einhaltung des Nivellierungsverbots und wird vor allem auch dem Grundsatz der föderalen Gleichbehandlung gerecht.

---

35 BVerfG, 2 BvF 3/03 v. 19.10.2006, Abs. 202.

36 So der Titel der Arbeit von *Masing* (1997); vgl. *ders.* (2006), 391 ff.

8. Wegpunkte: Kernelemente eines Haushaltsnotlagenverfahrens

Ein Haushaltsnotlagengrundsätzegesetz könnte insbesondere verbindlich klären, wann eine Haushaltsgefährdung besteht, wie eine Haushaltsnotlage abgewendet werden kann, wer eine extreme Haushaltsnotlage feststellen darf und welche Sanierungsmaßnahmen im Falle ihres Eintretens geboten und zulässig sind (ausführlich *Schuppert / Rossi* 2006, 45 ff., sowie knapp *Rossi / Schuppert* 2006, 9 f.).

a) Haushaltsnotlagenprävention

Haushaltsnotlagen kann wirksam nur dann vorgebeugt werden, wenn ihre Entstehung frühzeitig erkannt wird. Voraussetzung für ein solches Erkennen ist dabei das vorherige Festlegen verbindlicher Verschuldungsgrenzen, deren Überschreiten ein auf die Prävention extremer Haushaltsnotlagen gerichtetes Frühwarnsystem auslöst (*Hey* 2007, 24). Aus rechtlicher Sicht ist es dabei irrelevant, ob der Maßstab dieser Grenzen mit den derzeitigen verfassungsrechtlichen Vorgaben auf das Verhältnis der Investitionsquote zur Verschuldungsquote oder mit den Maastricht-Kriterien auf das Verhältnis der Neu- bzw. der Gesamtverschuldung zum BIP abstellt. Maßgeblich ist aus gesetzgebungswissenschaftlicher Sicht lediglich, dass die Indikatoren zweifelsfrei bestimmt werden können und mit anderen Verschuldungsgrenzen kompatibel sind. Denn die derzeitige Rechtslage, unter der Landesverfassungsrecht, Grundgesetz und Gemeinschaftsrecht mit ihren jeweiligen Verschuldungsgrenzen zum Teil verschiedene Ziele mit unterschiedlichen Mitteln verfolgen und deshalb auch abweichende Bezugsgrößen verwenden (*Kloepfer / Rossi* 2003, 343), erschwert die politisch regelmäßig nicht opportune Feststellung einer Haushaltskrise und verhindert frühzeitige Maßnahmen zur Vermeidung von Notlagen.

b) Haushaltsnotlagenfeststellung

Neben diesen materiellen Voraussetzungen bedarf es vor allen Dingen aber auch eines verbindlichen Verfahrens, das unter Einbindung der verschiedenen Akteure innerhalb kurzer Zeit zu einer verbindlichen Feststellung der Haushaltssituation im betroffen Land gelangt. Mindestens das betroffene Land sollte ein solches Verfahren einleiten können. Darüber hinaus könnten aber auch der Bund, die anderen Länder oder ein Kollektivorgan, etwa ein zu gründender Sanierungsrat, initiativbefugt sein. Schließlich erscheint es ebenfalls sinnvoll, ergänzend eine externe Initiativbefugnis vorzusehen. Denn die Entscheidung über eine Haushaltskrise innerhalb des Landes wird regelmäßig als politische Niederlage gewertet und deshalb so lange wie möglich – für Präventionsmaßnahmen regelmäßig zu lange – hinausgeschoben. Das Ergebnis eines solchen Verfahrens sollte immer in der verbindlichen Feststellung liegen, ob sich das betroffene Land in einer Haushaltsnotlage befindet oder nicht. Die positive Feststellung einer Haushaltsnotlage innerhalb dieses Verfahrens muss dann als zwingende Voraussetzung für die Durchführung von Sanierungsmaßnahmen ausgestaltet sein, als zwingende Voraussetzung also insbesondere für die Inanspruchnahme von Bundeshilfen.

c) Haushaltsnotlagensanierung

In einem dritten Schwerpunkt soll ein HNG schließlich mögliche Maßnahmen zur Haushaltssanierung aufführen. Die Aufgabe des Gesetzes beschränkt sich dabei allerdings darauf, allgemeine Vorgaben und Grenzen von Sanierungsmaßnahmen zu normieren, bestimmte Sanierungsinstrumente bereitzustellen sowie Sanktionen für den Fall vorersehen, dass die politischen Akteure nicht innerhalb einer bestimmten Frist den Einsatz eines Sanierungsinstruments beschließen. Als Instrumente kommen – theoretisch – die Verabschiedung eines Sanierungsgesetzes (*Kesper* 1998, 376 ff.), der Abschluss bi- oder multilateraler Sanierungsverträge sowie die Einsetzung eines Bundesbeauftragten in Betracht (dafür etwa *Kerber* 2002, 389 ff., dagegen etwa *Pauly / Pagel* 2006, 1028 ff.). Wegen ihrer besonderen Flexibilität erscheinen Staatsverträge am sinnvollsten, zumal die zeitgerechte Verabschiedung von Sanierungsgesetzen wegen des formalen Gesetzgebungsverfahrens nur schwer sicherzustellen ist und die Einsetzung eines Sanierungsbeauftragten unabhängig von verfassungsrechtlichen Problemen jedenfalls politisch nur schwer durchsetzbar sein wird. Zudem bieten konkrete Sanierungsverträge am ehesten die Gewähr für eine Realisierung der grundlegenden Maxime einer Haushaltssanierung: der Konditionierung der Mittelbewilligung. Ähnlich wie das Konditionierungsregime des Internationalen Währungsfonds für Argentinien (*Kämmerer* 2005, 651 ff.; *Ohler* 2005, 590 ff.) oder wie Haushaltssicherungskonzepte in der kommunalrechtlichen Praxis (*Faber* 2005, 935 ff.), ähnlich auch wie Hochschulverträge können und sollen landesexterne Sanierungshilfen nur Zug um Zug innerhalb eines nachhaltigen Sanierungsprogramms des Landes gewährt werden, wie es schon jetzt § 12 IV MaßstäbeG in Anknüpfung an die Entscheidung des *BVerfG* postuliert.[37] Eine strenge Konditionierung ist dabei nicht nur erforderlich, um die Haushaltskrise in dem betroffenen Land möglichst rasch wieder beizulegen. Vielmehr entfaltet sie auch präventiven Charakter, indem sie die Inanspruchnahme externer Sanierungshilfen durch den drohenden Verlust von politischem Gestaltungsspielraum unattraktiv macht und die Länder dazu anhält, eine Haushaltsnotlage frühzeitig und mit allen Mitteln zu vermeiden.

Allgemeines HNG und konkreter Sanierungsvertrag bilden somit zwei Stufen eines Haushaltsnotlagenregimes: Das HNG konkretisiert das Prinzip der Bundestreue für den Bereich besonderer Haushaltskrisen in den Bundesländern, indem es als materielles Verfassungsrecht allgemein geltende Kriterien und Maßstäbe sowie Verfahren für den Fall festlegt, dass ein Land in eine Haushaltsnotlage zu geraten droht oder aus einer solchen mit externen Mitteln befreit werden muss. Anhand dieser Vorgaben kann in jedem individuellen Fall ein konkreter Sanierungsvertrag geschlossen werden, auf dessen Inhalt das betroffene Land in den Grenzen des HNG erheblichen Einfluss hat.

Diese zweistufige Konstruktion des Haushaltsnotlagenregimes gewährleistet eine weitgehende Aufrechterhaltung der Souveränität der Länder. Denn das HNG führt

---

37 BVerfGE 86, 148 (268).

noch nicht unmittelbar zu Einbußen des Handlungsspielraums der Länder, sondern zeigt nur für alle Länder gleichermaßen Beschränkungsmöglichkeiten auf. Diese drohenden Beschränkungsmöglichkeiten machen zugleich den präventiven Charakter des Haushaltsnotlagenregimes aus, da es gilt, sie im Interesse der Bewahrung der vollständigen Handlungsfähigkeit durch eine besonnene Haushaltswirtschaft zu vermeiden. Sofern es gleichwohl in einem Land zu einer Haushaltsnotlage kommt, stellt sich der Abschluss eines konkreten Sanierungsvertrags als freiwilliger Souveränitätsverzicht und somit letztlich als Souveränitätsausübung dar. Im Übrigen dient der partielle Souveränitätsverzicht der Rückgewinnung der eigenen Handlungsfähigkeit. Dieser Grundgedanke des modernen Insolvenzrechts kann auch auf die Sanierung von Landeshaushalten übertragen werden.

Dem verfassungsrechtlichen Postulat der Statusgleichheit der Bundesländer wird insbesondere durch die erste Stufe des Haushaltsnotlagenregimes Rechnung getragen. Ein HNG stellt allgemeine Maßstäbe für den Umgang mit Haushaltsnotlagen auf, die als verbindliche Leitlinien bei konkreten Sanierungsmaßnahmen fungieren. Insofern verhindert es, dass Haushaltsnotlagen in verschiedenen Ländern nach unterschiedlichen Maßstäben gemessen und behandelt werden. Es stellt vielmehr sicher, dass jedes Land im Falle einer Haushaltsnotlage nach denselben Vorgaben einem gesetzlich fixierten Verfahren unterworfen wird, in dem nach verbindlich normierten Kriterien ein auf den jeweiligen Fall zugeschnittener Sanierungsvertrag ausgehandelt wird. Für strukturelle Unterschiede und Gemeinsamkeiten zwischen verschiedenen Ländergruppen – etwa zwischen Flächenstaaten und Stadtstaaten – ist das HNG dabei durchaus offen.

9. Vorschlag für ein Haushaltsnotlagengrundsätzegesetz (HNG)

Nachfolgend wird ein Beispiel für ein Haushaltsnotlagengrundsätzegesetz vorgestellt,[38] das die Regelungsfähigkeit von Haushaltsnotlagen dokumentieren und notwendige bzw. mögliche Regelungsinhalte sowie die aus ihnen resultierenden Strukturen eines solchen Gesetzes aufzeigen soll. Der konkrete Inhalt der einzelnen Vorschriften steht dagegen – so er nicht ohnehin bewusst noch offen gelassen wurde – unter dem Vorbehalt weiterer finanzwissenschaftlicher und rechts- sowie natürlich auch machtpolitischer Überlegungen.

Abschnitt I: Allgemeine Vorschriften

§ 1 Zweck

Zweck dieses Gesetzes ist es, im Interesse einer nachhaltigen Finanzwirtschaft, zur Aufrechterhaltung des gesamtwirtschaftlichen Gleichgewichts und aus Verantwortung für künftige Generationen Haushaltsnotlagen in den Bundesländern möglichst

38 Der Entwurf ist bereits *Fiedler* u.a. (2006) als Anhang beigefügt.

zu verhindern, sie im Falle ihres Eintretens nach Maßgabe eines förmlichen Verfahrens verbindlich feststellen zu können und den Haushalt des betroffenen Landes durch die Bereitstellung eines Notlagenregimes rasch und dauerhaft zu sanieren.

§ 2 Anwendungsbereich

(1) Dieses Gesetz kommt zur Anwendung bei Haushaltsgefährdungen und Haushaltsnotlagen der Bundesländer.

(2) Es findet keine Anwendung auf Haushaltsgefährdungen und Haushaltsnotlagen des Bundes, der Gemeinden oder sonstiger juristischer Personen des öffentlichen Rechts.

(3) Neben diesem Gesetz kommen andere Vorschriften nicht zur Anwendung. Die Regelungen dieses Gesetzes können weder durch Vertrag noch auf sonstige Weise, insbesondere nicht durch politische Absprachen, abbedungen werden.

§ 3 Begriffsbestimmungen

Im Sinne dieses Gesetzes

1. liegt eine Haushaltsgefährdung vor, wenn die Verschuldungsgrenzen überschritten sind;
2. befindet sich ein Land in einer Haushaltsnotlage, wenn der Stabilitätsrat dies in dem vorgesehenen Verfahren festgestellt hat;
3. ist „betroffenes Land" jedes Bundesland, das sich in einer Haushaltsgefährdung oder in einer Haushaltsnotlage befindet;
4. sind „die anderen Länder" alle übrigen Bundesländer;
5. ist die Kreditfinanzierungsquote der Anteil der Nettokreditaufnahme an den bereinigten Gesamtausgaben (oder andere Größe nach § 5) …
6. ist die Zins-Steuer-Quote … (oder andere Größe nach § 5)
7. ...

§ 4 Stabilitätsrat

Es wird ein Stabilitätsrat gegründet, der aufgrund und nach Maßgabe dieses Gesetzes tätig wird.

Abschnitt II: Haushaltsnotlagenprävention

§ 5 Verschuldungsgrenzen

1) Die zulässige Verschuldung der Bundesländer bestimmt sich nach folgenden Größen:

1. ... z.B. Kreditfinanzierungsquote...
2. ... z.B. Zins-Steuer-Quote.

2) Die Verschuldung der Bundesländer darf folgende Grenzen nicht überschreiten:

1. ... (Wert)
2. ... (Wert)

§ 6 Präventionspflichten

(1) Die Bundesländer vermeiden bei ihrer Haushaltspolitik eine Überschreitung der Verschuldungsgrenzen. Zu diesem Zweck treffen sie alle geeigneten Maßnahmen, um die Verschuldung dauerhaft innerhalb der von § 5 bestimmten Grenzen zu halten, und unterlassen alle Maßnahmen, die die Einhaltung dieser Verschuldungsgrenzen gefährden könnten. Sie treffen Vorsorge, um auf unvorhergesehene Ereignisse ohne die Aufnahme neuer Kredite reagieren zu können.

(2) Der Bund ermöglicht und erleichtert den Bundesländern die Einhaltung der Verschuldungsgrenzen.

§ 7 Berichtspflichten

(1) Jedes Bundesland berichtet dem Stabilitätsrat regelmäßig über die Entwicklung seiner Haushaltslage, insbesondere über den Wert der nach § 5 maßgeblichen Größen.

(2) Diese Berichte sind dem Stabilitätsrat in jedem Fall zu erstatten

1. unmittelbar nach der jährlichen Vorlage des angepassten und fortgeschriebenen Finanzplans an das jeweilige Parlament (§§ 9, 14 StWG; § 51 HGrG);
2. unmittelbar nach der Verabschiedung eines Haushaltsgesetzes.

(3) Unabhängig von den Berichten nach Absatz 2 unterrichtet ein Land den Stabilitätsrat unverzüglich, sobald es feststellt, dass es die Verschuldungsgrenzen nicht einhalten kann.

(4) Die an den Stabilitätsrat gerichteten Berichte sind der Öffentlichkeit von den Bundesländern zugänglich zu machen.

§ 8 Informationsrechte

(1) Der Stabilitätsrat kann von jedem Land zu jeder Zeit weitere Informationen über die Haushaltspolitik verlangen. Sein Informationsrecht erstreckt sich insbesondere auf die relevanten Wirtschaftsdaten sowie auf die intendierten Maßnahmen zur Einhaltung der Verschuldungsgrenzen.

(2) Den Informationsbegehren des Stabilitätsrates ist unverzüglich, spätestens aber innerhalb eines Monats zu entsprechen. Kann ein Land die begehrten Informationen innerhalb dieser Zeit nicht zur Verfügung stellen, unterrichtet es den Stabilitätsrat innerhalb der Monatsfrist unter Angabe der Gründe für die Verzögerung. Der Stabilitätsrat kann dem Land eine angemessene Nachfrist setzen. Erhält er die begehrten Informationen innerhalb dieser Nachfrist nicht, kann er bei der Beurteilung der Haushaltspolitik des Landes seine eigene Einschätzung zu Grunde legen.

§ 9 Empfehlungen des Stabilitätsrates

(1) Der Stabilitätsrat ist befugt, auf der Grundlage der von den Ländern übermittelten Berichte und der von ihm erhobenen Informationen Empfehlungen für die Haushaltspolitik an ein Land zu richten, wenn dies seiner Ansicht nach erforderlich ist, um die Entstehung von Haushaltsgefährdungen zu verhindern oder eingetretene Haushaltsgefährdungen zu beseitigen.

(2) Zu den Empfehlungen des Stabilitätsrates nimmt das jeweilige Land innerhalb eines Monats Stellung.

(3) Die Empfehlungen des Stabilitätsrates und die Stellungnahmen des jeweiligen Landes sind der Öffentlichkeit in geeigneter Form zugänglich zu machen.

Abschnitt III: Haushaltsnotlagenfeststellung

§ 10 Feststellungsbefugnis

Die Feststellung, dass sich ein Land in einer Haushaltsnotlage befindet, trifft der Stabilitätsrat nach Maßgabe des folgenden Verfahrens.

§ 11 Initiativbefugnis

(1) Die Befugnis, das Verfahren zur Feststellung einer Haushaltsnotlage einzuleiten, hat

1. jedes betroffene Land;
2. der Stabilitätsrat, wenn nach seiner Einschätzung in einem Land in zwei aufeinanderfolgenden Jahren eine Haushaltsgefährdung vorliegt.

(2) Die Einleitung des Verfahrens erfolgt schriftlich und ist zu begründen.

§ 12 Verfahrensleitung

(1) Die Leitung des Verfahrens zur Feststellung einer Haushaltsnotlage obliegt dem Stabilitätsrat. Er wird unterstützt durch das Bundesministerium für Finanzen.

(2) Der Stabilitätsrat bestätigt die Einleitung des Verfahrens durch einen Eröffnungsbeschluss.

§ 13 Stellungnahmen

(1) Ist das Verfahren auf Initiative des betroffenen Landes eröffnet worden, können die anderen Länder und der Bund innerhalb eines Monats nach Eröffnung des Verfahrens schriftlich zur Begründung des betroffenen Landes Stellung nehmen. Das betroffene Land kann diese Stellungnahmen innerhalb von 14 Tagen schriftlich erwidern.

(2) Ist das Verfahren auf Initiative des Stabilitätsrates eröffnet worden, gibt das betroffene Land innerhalb eines Monats nach Eröffnung des Verfahrens eine schriftliche Erklärung zur Begründung des Stabilitätsrates ab. Nach deren Vorlage haben die

anderen Länder und der Bund das Recht, innerhalb eines Monats schriftliche Stellungnahmen abzugeben. Das betroffene Land kann diese Stellungnahmen innerhalb von 14 Tagen schriftlich erwidern.

§ 14 Entscheidung

(1) Der Stabilitätsrat trifft seine Entscheidung unter Berücksichtigung der Einleitungsbegründung, der Erklärung, der Stellungnahmen und der Erwiderung innerhalb eines Monats nach Ablauf der Erwiderungsfrist.

(2) Die Entscheidung ist zu begründen.

(3) Die Entscheidung ist der Öffentlichkeit mitsamt der Begründung zugänglich zu machen.

Abschnitt IV: Haushaltsnotlagensanierung

§ 15 Einstandspflicht des Bundes

Zur Sanierung einer Haushaltsnotlage kann ein betroffenes Land die Hilfe des Bundes nach Maßgabe der folgenden Vorschriften in Anspruch nehmen.

§ 16 Sanierungsvoraussetzung

Voraussetzung für die Sanierung des Haushalts eines betroffenen Landes mit Unterstützung des Bundes ist die Feststellung der Haushaltsnotlage durch den Stabilitätsrat.

§ 17 Sanierungsziele

Die Sanierung des Haushalts eines betroffenen Landes mit Unterstützung des Bundes erfolgt mit dem Ziel, dem Land die Einhaltung der Verschuldungsgrenzen kurzfristig durch die Gewährung von Sanierungsmitteln, mittelfristig aus eigenen Kräften zu ermöglichen und ihm dadurch dauerhaft einen finanziellen und politischen Gestaltungsspielraum zu sichern.

§ 18 Sanierungsinstrumente

Die Sanierung erfolgt nach einem eigenverantwortlich aufgestellten Sanierungsprogramm des betroffenen Landes und durch konditioniert bewilligte Sanierungsmittel des Bundes.

§ 19 Sanierungsprogramm

(1) Das betroffene Land stellt ein Sanierungsprogramm auf, aus dem hervorgeht, wie die Einhaltung der Verschuldungsgrenzen nachhaltig gewährleistet wird.

(2) … ggfls. Konkretisierung obligatorischer Strukturen oder Inhalte des Sanierungsprogramms, etwa in Anlehnung an §§ 219 ff. InsO (beschreibender und gestaltender Teil).

§ 20 Sanierungsmittel

(1) Die Gewährung von Sanierungsmitteln des Bundes erfolgt unter der Bedingung, dass die im Sanierungsprogramm festgelegten Maßnahmen vom betroffenen Land durchgeführt werden.

(2) Die Höhe der Sanierungsmittel des Bundes wird vom Stabilitätsrat bestimmt.

(3) Die Sanierungsmittel werden für einen Zeitraum von mindestens fünf Jahren bereitgestellt. Ihre Auszahlung erfolgt unter den im Sanierungsvertrag vereinbarten Konditionen.

§ 21 Sanierungsvertrag

(1) Sanierungsprogramm und Sanierungsmittel sind Gegenstand eines Sanierungsvertrags, den der Bund mit dem betroffenen Land schließt.

(2) Im Sanierungsvertrag werden insbesondere die Konditionalität der Sanierungsmittel sowie Einzelheiten zu ihrer Auszahlung und Verwendung festgelegt.

(3) Das Sanierungsprogramm wird als Anlage verbindlicher Bestandteil des Sanierungsvertrags.

(4) Der Sanierungsvertrag bedarf der Zustimmung des Bundestages und des Parlaments des betroffenen Landes.

§ 22 Sanierungsverfahren

(1) Das auf den Abschluss eines Sanierungsvertrags gerichtete Sanierungsverfahren kann nach Feststellung einer Haushaltsnotlage vom betroffenen Land oder vom Bund eingeleitet werden.

(2) Die Einleitung des Sanierungsverfahrens durch das betroffene Land erfolgt durch einen auf die Bewilligung von Sanierungsmitteln gerichteten Antrag an den Bund.

(3) Die Einleitung des Sanierungsverfahrens durch den Bund erfolgt durch einen auf die Vorlage eines Sanierungsprogramms gerichteten Antrag an das betroffene Land.

(4) In beiden Fällen wird der Antrag zusammen mit einer Stellungnahme des Bundes bzw. des betroffenen Landes innerhalb der Frist von einem Monat dem Stabilitätsrat zugeleitet.

(5) Ist der Antrag zulässig, eröffnet der Stabilitätsrat innerhalb eines Monats nach Eingang des Antrags das Sanierungsverfahren durch einen Eröffnungsbeschluss. Zugleich fordert er das betroffene Land auf, ein Sanierungsprogramm vorzulegen.

(6) Hat das Land das Sanierungsverfahren eingeleitet, legt es das Sanierungsprogramm binnen eines Monats vor. Hat der Bund das Sanierungsverfahren eingeleitet, legt das Land das Sanierungsprogramm binnen einer Frist von drei Monaten vor. In beiden Fällen beziffert das Land die voraussichtlich benötigten Sanierungsmittel binnen eines Monats. Der Bund stellt 50% des vom Land bezifferten Bedarfs an Sanierungsmitteln in seine Finanz- und Haushaltsplanungen ein.

(7) Das Sanierungsprogramm wird vom Stabilitätsrat binnen eines Monats evaluiert und zusammen mit einer Stellungnahme an den Bund geleitet. Die Evaluation wird dem betroffenen Land bekannt gegeben.

(8) …

§ 23 Mehrere betroffene Länder

Befinden sich mehrere Länder in einer Haushaltsnotlage, wird für jedes betroffene Land ein gesonderter Sanierungsvertrag geschlossen.

§ 24 Sanierungsüberwachung

(1) Der Stabilitätsrat überwacht die Einhaltung des Sanierungsvertrags.

(2) Er überprüft insbesondere die Durchführung der im Sanierungsprogramm festgeschriebenen Maßnahmen durch das betroffene Land sowie die bedingungsentsprechende Auszahlung der Sanierungsmittel durch den Bund.

(3) Das betroffene Land und der Bund stellen dem Stabilitätsrat alle von ihm erbetenen Informationen zur Verfügung.

Abschnitt V: Sanktionen

§ 25 Sanktionen für ein betroffenes Land

…

§ 26 Sanktionen für den Bund

…

Abschnitt VI: Stabilitätsrat

§ 27 Zusammensetzung*

(1) Im Stabilitätsrat kommen die Finanzminister des Bundes und der Länder, die Präsidenten des Bundesrechnungshofs und der Bundesbank sowie sechzehn Sachverständige zusammen.

(2) Bei der Wahrnehmung der Aufgaben und Befugnisse nach Abschnitt IV dieses Gesetzes (Haushaltsnotlagensanierung) gehört dem Stabilitätsrat zusätzlich der Präsident des Landesrechnungshofs des betroffenen Landes an.

---

* Im Folgenden wird als Beispiel für die mögliche Zusammensetzung des Stabilitätsrats der Vorschlag des Wissenschaftlichen Beirats beim Bundesministerium der Finanzen aufgegriffen, der noch einer vertieften Diskussion bedarf.

§ 28 Sachverständige

(1) Die Sachverständigen werden vom Bundestag und von den Parlamenten der Länder für die Dauer von sieben Jahren ernannt. Der Bundesminister für Finanzen koordiniert die Ernennungen.

(2) Die Sachverständigen müssen die Befähigung für eine Laufbahn des höheren Dienstes erworben haben. Sie müssen das 40. Lebensjahr vollendet haben.

(3) Die Sachverständigen üben ihr Amt in voller Unabhängigkeit aus.

(4) Die Sachverständigen dürfen weder dem Bundestag, dem Bundesrat, der Bundesregierung noch den entsprechenden Organen eines Landes angehören.

§ 29 Verfahren, Entscheidungen, Geschäftsordnung

(1) Der Stabilitätsrat tagt unter dem Vorsitz des Bundesministers für Finanzen.

(2) Der Stabilitätsrat fasst seine Beschlüsse mit der Mehrheit seiner Mitglieder. Die Entscheidung über die Feststellung einer Haushaltsnotlage sowie über die Höhe der Sanierungsmittel bedarf der Mehrheit von Zwei-Dritteln seiner Mitglieder.

(3) Der Stabilitätsrat gibt sich eine Geschäftsordnung.

Abschnitt VII: Schlussbestimmungen

§ 30 Evaluierung

Der Stabilitätsrat berichtet den gesetzgebenden Körperschaften des Bundes alle drei Jahre über seine Erfahrungen mit der Anwendung dieses Gesetzes.

§ 31 Inkrafttreten

Dieses Gesetz tritt am … in Kraft.

Referenzen

Boysen, Sigrid (2005), Gleichheit im Bundesstaat, Tübingen.

Bundesregierung (2002), Perspektiven für Deutschland. Unsere Strategie für eine nachhaltige Entwicklung, Berlin.

Ekardt, Felix / Buscher, Daniel (2007), Föderalismusreform II: Reform der Finanzbeziehungen von Bund, Ländern und Kommunen, Die Öffentliche Verwaltung (DÖV) 2007, i.E. (zitiert nach Manuskriptseiten).

Faber, Angela (2005), Insolvenzfähigkeit für Kommunen?, Deutsches Verwaltungsblatt (DVBl.) 2005, 933–946.

Färber, Gisela / Otter, Nils (2005), Reform der Finanzverfassung – eine vertane Chance?, Aus Politik und Zeitgeschichte 2005, 32–38.

Fiedler, Jobst / Paulus, Christof G. / Peters, Johannes / Rossi, Matthias / Schuppert, Gunnar Folke (2006), Die finanzielle Zukunft Berlins – Vorschlag eines konditionierten Sanierungsverfahrens für die Hauptstadt, Studie der Hertie-School of Governance, Berlin.

Gröpl, Christoph (2006), Schwächen des Haushaltsrechts – Wege zu einer nachhaltigen Finanzwirtschaft, Die Verwaltung, 215–246.

Häde, Ulrich (1994), Die Neuordnung der bundesstaatlichen Finanzbeziehungen, Juristen-Zeitung (JZ) 1994, 76–85.

Hey, Johanna (2007), Finanzautonomie und Finanzverflechtung in gestuften Rechtsordnungen, Veröffentlichungen der Vereinigung deutscher Staatsrechtslehrer (VVdStRL), i.E. (zitiert nach Manuskriptseiten).

Höfling, Wolfram (2006), Haushaltsverfassung als Recht minderer Normativität?, DVBl. 2006, 934–941.

Höfling, Wolfram (2004), Die sogenannte extreme Haushaltsnotlage, in: Stefan Brink und Heinrich Amadeus Wolff (Hrsg.), Gemeinwohl und Verantwortung, Festschrift für Hans Herbert von Arnim, Berlin, 259 ff.

Homburg, Stefan (1994), Anreizwirkungen des deutschen Finanzausgleichs, Finanzarchiv 51 (1994), 312–330.

v. Ihering, Rudolf (1897), Der Kampf ums Recht, Wien.

Jochimsen, Beate (2004), Ökonomische Analyse der exzessiven Verschuldung von Länderhaushalten am Beispiel der Verfassungswidrigkeit des Berliner Haushalts, DÖV 2004, 511–517.

Kämmerer, Jörn Axel (2005), Der Staatsbankrott aus völkerrechtlicher Sicht, Zeitschrift für ausländisches öffentliches Recht und Völkerrecht (ZaöRV) 65, 651–676.

Kerber, Markus (2004), Verfassungshüter oder Verfassungsgesetzgeber? Über die Souveränität der Landesverfassungsgerichte bei der Schaffung von Ausnahmetatbeständen zu Verschuldensgrenzen, DÖV 2004, 691–694.

Kerber, Markus (2002) Der verdrängte Finanznotstand, Berlin u.a.

Kesper, Irene (1998), Bundesstaatliche Finanzordnung, Baden-Baden.

Kloepfer, Michael / Rossi, Matthias (2003), Die Verschuldung der Bundesländer im Verfassungs- und Gemeinschaftsrecht, Verwaltungsarchiv (VerwArch) 94, 319–344.

Konrad, Kai A. / Jochimsen, Beate (Hrsg.) (2006), Finanzkrise im Bundesstaat?, Frankfurt a.M.

Masing, Johannes (1997), Die Mobilisierung des Bürgers für die Durchsetzung des Rechts – Europäische Impulse für eine Revision der Lehre vom subjektiv-öffentlichen Recht, Berlin.

Masing, Johannes (2006), Der Rechtsstatus des Einzelnen im Verwaltungsrecht, in: Hoffmann-Riem, Wolfgang / Schmidt-Aßmann, Eberhard / Voßkuhle, Andreas (Hrsg.), Grundlagen des Verwaltungsrechts, Bd. I, 391–491.

Ohler, Christoph (2005), Der Staatsbankrott, JZ 2005, 590–599.

Pauly, Walter / Pagel, Cornelia (2006), Bundeszwang in der föderalen Finanzordnung: Zur Einsetzung eines „Sparkommissars" im Wege von Art. 37 GG, DÖV 2006, 1028-1036.

Pestalozza, Christian (2004), Auch haushälterische Not macht erfinderisch, (Anmerkung zu: VerfGH Berlin, U. v. 31.10.2003, VerfGH 125/02), Landes- und Kommunalverwaltung (LKV) 2004, 63–65.

Rossi, Matthias (2005), Verschuldung in extremer Haushaltsnotlage. Anmerkung zum Urteil des Verfassungsgerichtshofs des Landes Berlin vom 31.10.2003 – VerfGH 125/02, DVBl. 2005, 269–267.

Rossi, Matthias (2007), Verschuldungsautonomie und Entschuldungsverantwortung, JZ, i.E. (zitiert nach Manuskriptseiten).

Rossi, Matthias / Schuppert, Gunnar Folke (2006), Notwendigkeit und Inhalt eines Haushaltsnotlagengesetzes, Zeitschrift für Rechtspolitik (ZRP), 8–10.

Schuppert, Gunnar Folke (1995), Der bundesstaatliche Finanzausgleich: Status-quo-Denken oder Reformprojekt?, Staatswissenschaften und Staatspraxis 1995, 673–693.

– (2007), Die bundesstaatliche Finanzverfassung zwischen Pfadabhängigkeit und Wandel, in: Hufen, Friedhelm u.a., Festschrift für Hans-Peter Schneider, 2007, i.E. (zitiert nach Manuskriptseiten).

Schuppert, Gunnar Folke / Rossi, Matthias (2006), Bausteine eines bundesstaatlichen Haushaltsnotlagenregimes. Zugleich ein Beitrag zur Governance der Finanzbeziehungen im Bundesstaat, Working Paper No. 3 der Hertie-School of Governance, Berlin.

Selmer, Peter (2006a), Das Bundesstaatsprinzip – ein regulärer Rettungsanker für alle Länder in extremer Haushaltsnot?, NordÖR 2006, 221–226.

– (2006b), Die Föderalismusreform – Eine Modernisierung der bundesstaatlichen Ordnung?, Juristische Schulung (JuS), 1052–1060.

Waldhoff, Christian (2004), Verfassungsrechtlicher Sparzwang im Landeshaushalt unter den Bedingungen einer „extremen Haushaltsnotlage", Neue Zeitschrift für Verwaltungsrecht (NVwZ), 1062–1067.

– (2006), Reformperspektiven im Finanzrecht – Ein Überblick. Die Verwaltung 2006, 155–186.

– (2007), Finanzautonomie und Finanzverflechtung in gestuften Rechtsordnungen, VVdStRL, i.E. (zitiert nach Manuskriptseiten).

Wissenschaftlicher Beirat beim Bundesministerium der Finanzen(2005), Haushaltskrisen im Bundesstaat, Bd. 78 der Schriftenreihe des Bundesministerium der Finanzen, Berlin.

Zimmermann, Horst (2006), Kommunale Verschuldung – Wozu? Wirtschaftsdienst 2006, 391–397.

Teil 3

Fiskalpolitische Notwendigkeit trifft Politik

Bericht über die Podiumsdiskussion „Fiskalpolitische Notwendigkeit trifft Politik"

Am 21. November 2006 trafen sich Vertreter aus Wissenschaft, Wirtschaft und Politik auf der Konferenz „Der Föderalstaat nach dem Berlin-Urteil" im Wissenschaftszentrum Berlin für Sozialforschung (WZB). Zunächst erläuterten in den ersten beiden Teilen der Konferenz Wissenschaftler aus juristischer, volkswirtschaftlicher und kapitalmarktorientierter Sicht Fragen nach grundlegenden Gestaltungsoptionen in einem Föderalstaat und konkrete Konsequenzen aus dem Berlin-Urteil. Während der abschließenden Podiumsdiskussion diskutierten Politiker mit Konferenzteilnehmern über die Kernthesen und -ergebnisse der Konferenz.

An der Podiumsdiskussion nahmen Herr Dr. Thilo Sarrazin, Senator für Finanzen des Landes Berlin, Herr Prof. Dr. Karl-Heinz Paqué, Fraktionsvorsitzender der FDP im Landtag von Sachsen-Anhalt, Herr Dr. Robert Heller, Staatsrat für Finanzen der Hansestadt Hamburg und Frau Anja Hajduk, MdB, haushaltspolitische Sprecherin von Bündnis 90 / DIE GRÜNEN im Deutschen Bundestag teil. Moderiert wurde die Runde von Herrn Dr. Hugo Müller-Vogg, Publizist. Da mit Senator Sarrazin ein relativ armer Stadtstaat, mit Staatsrat Heller ein relativ reicher Stadtstaat sowie mit Professor Paqué ein finanzschwaches ostdeutsches Flächenland sowie mit der Bundestagsabgeordneten Hajduk eine Repräsentantin der Bundesebene vertreten war, spiegelte das Podium viele Facetten des deutschen Föderalismus wider.

Ausgangspunkt der Diskussion bildete das am 19. Oktober 2006 vom Bundesverfassungsgericht gefällte Urteil über die Nicht-Anerkennung einer extremen Haushaltsnotlage des Landes Berlin. Da die Anreizprobleme des föderalen Systems der Bundesrepublik Deutschland auch nach dem Urteil weiter bestehen und sich noch zahlreiche weitere Bundesländer am Rande einer Haushaltsnotlage befinden, hat das Urteil weit über die Landesgrenzen Berlins hinaus eine wichtige Bedeutung.

Herr Dr. Müller-Vogg begann seine Moderation, indem er eine von Professor Konrad im vorangegangenen Veranstaltungsteil aufgestellte These als Frage aufgriff und in die Diskussionsrunde gab: Zwingt das Urteil des Bundesverfassungsgerichts Berlin tatsächlich seine Einnahmen zu erhöhen und seine Ausgaben zu senken, oder erlaubt das Urteil dem Land Berlin vielmehr, sich – unbekümmert – weiterhin zu verschulden?

Als Erste erhielt Frau Hajduk das Wort, die im Urteil des Bundesverfassungsgerichts eine klare Anweisung für eine stärkere Eigenleistung Berlins zur Haushaltskonsolidierung erkannte. Da jedoch neben Berlin auch das Saarland, Bremen und einige neue Bundesländer einer ähnlich schwierigen Haushaltssituation gegenüber stehen, dürfe aus dem Urteil des Bundesverfassungsgerichts nicht allein eine Handlungsstrategie für Berlin abgeleitet werden. Vielmehr müsse über eine generelle Regelung der Verschuldung der Länder gesprochen werden.

So plädierte sie für die Einführung eines Systems aus Verschuldungsregeln und Sanktionen, in welchem die Finanzplanung nicht mehr alleinige Entscheidung der Länder ist, sondern verbindliche Absprachen zwischen Bund und Ländern getroffen werden. Ein solches Regelsystem könne sich am Mechanismus von Defizit- und Verschuldungsgrenzen sowie Sanktionen des europäischen Stabilitäts- und Wachstumspakts orientieren. Gerade die regelmäßige Überschreitung der in Art. 115 des Grundgesetzes geregelten maximal zulässigen Kreditaufnahme in Bund und Ländern mache die Notwendigkeit alternativer und strikterer Verschuldungsregeln deutlich. Diese müssten jedoch konjunktursensibel sein und Ausnahmen zulassen, um weiterhin eine aktive Politik zu ermöglichen. Eine Verständigung zwischen Bund und Ländern sowie die gegenseitige verlässliche Durchsetzung der Regeln und Sanktionen sei für den Erfolg eines derartigen Systems die Voraussetzung.

Professor Paqué sprach sich im Anschluss entschieden gegen solche Sanktionen und Regeln aus und stellte ihren Nutzen für die Haushalte in Frage. Zwar seien Verschuldungsregeln aus ökonomischer Sicht kaum Argumente entgegen zu bringen, jedoch sehe er Zweifel an der erfolgreichen Umsetzung eines entsprechenden Sanktionssystems. Gerade auf europäischer Ebene sei zu beobachten, wie mit Sanktionsdrohungen politisch umgegangen werde. Zudem seien verfassungsrechtliche Probleme zu berücksichtigen. Sollten Sanktionen beispielsweise in der Form durchgesetzt werden, dass der Bund in die Arbeit der Länderparlamente eingriffe, stellten sich grundlegende Fragen zur Gestaltung der Länderautonomie. Sanktionen könnten seiner Meinung nach lediglich frühe grundlegende Fehlentscheidungen verhindern. Solange aber ein Haftungsverbund bestehe, gebe es aber auch hierfür keinen hinreichenden Grund. Stelle man die Existenz des Haftungsverbundes in Frage, dann betreffe dies den Kern des föderalen Systems und werfe Grundfragen der Verfassung und des Bündischen Prinzips auf.

Um diese Aussage zu unterstreichen, entwarf Professor Paqué ein utopisches Szenario für das Saarland, welches demnach ohne Haftungsverbund keinen Anlass mehr hätte, in einem föderalen Staat zu bleiben, wenn dieser ihm die Haushaltsführung zwar vorschreibe, aber für die Kreditaufnahme am Markt keine Garantien mehr biete. In einem solchen Szenario würde sich das Saarland besser stellen, wenn es sich aus dem Föderalstaat löse und nicht mehr den regulativen Vorgaben des Bundes unterstände. Generell seien zusätzliche Sanktionen angesichts des hohen Konsolidierungsdrucks, der für die ärmeren Länder bereits bestehe, daher nicht förderlich.

Die angesprochenen Fehlanreize des derzeitigen föderalen Systems und die Möglichkeit einer Finanzverfassungs- und Finanzverwaltungsreform wurden im späteren Verlauf des Gesprächs ausführlich diskutiert.

Professor Grossekettler, selbst Referent im ersten Teil der Veranstaltung, wies darauf hin, dass gerade der Stabilitäts- und Wachstumspakt auf europäischer Ebene im geschichtlichen Vergleich große öffentliche Aufmerksamkeit erzielt hätte. Wie auch Frau Hajduk sah Professor Grossekettler gerade in der Öffentlichkeit, insbesondere den Wählern, die Möglichkeit, politisches Handeln zu sanktionieren. Zustimmung erhielt er ebenso von Senator Sarrazin. So seien prägnante ökonomische Kriterien, wie die Maastricht-Kriterien, besonderes dazu geeignet, ein öffentliches Bewusstsein für den Erfolg von Politik zu entwickeln. Daraus könne eine disziplinierende Wirkung für die Politik erwachsen. Frau Hajduk betonte zudem, dass die Einführung von Kriterien notwendig sei, um vergleichbare und transparente Standards zu schaffen, an denen sich die Politik in der Öffentlichkeit verbindlich messen lassen müsse. Dies könne und solle sowohl auf Länder- als auch auf Bundesebene geschehen. Dr. Müller-Vogg sah hingegen keine Möglichkeit, die Politik durch öffentliche Aufmerksamkeit zu sanktionieren. Dafür seien Bürger und Politiker zu sehr an Verstöße gegen die Verfassung gewöhnt.

Laut Professor Paqué müsse also nicht über Sanktionen, sondern vielmehr über die Möglichkeiten zur Konsolidierung der verschuldeten Landeshaushalte nachgedacht werden, und zwar ohne zunächst die Ursachen der Verschuldung zu suchen. In Deutschland stelle sich die Situation derzeit so dar, dass es nur sehr begrenzte Möglichkeiten zur Gegensteuerung gebe, sobald ein Landeshaushalt in eine Schieflage geraten sei. Er selbst habe dies in Sachsen-Anhalt beobachten können, als er in den Jahren 2002 bis 2006 als Finanzminister alle Möglichkeiten zur Haushaltskonsolidierung ausgeschöpft habe. Da die Möglichkeiten zur Konsolidierung von einem Korsett von Rechtsverpflichtungen eingeengt seien, bestehe keine Aussicht, große Haushaltsposten kurzfristig zu bewegen.

So seien Personalausgaben eines der Kernprobleme. Bestünde einmal ein aufgeblähter Verwaltungsapparat, so liege die besondere Schwierigkeit im arbeits- und verwaltungsrechtlichen Rahmen, der eine Anpassung des Personalbestandes an die aktuelle Situation kaum zulässt. Eine Landesregierung würde schließlich durch diesen Rechtsrahmen dazu gezwungen werden, konsumtive Ausgaben zu tätigen, die in der Öffentlichkeit nicht mehr zu rechtfertigen seien. Daher solle der Bund mit dem Ruf nach einer kurzfristigen Konsolidierung der Landeshaushalte gleichermaßen durch Deregulierung am Arbeitsmarkt entsprechende Möglichkeiten schaffen.

Gleiches gelte für die bundesrechtlich festgelegten Leistungsgesetze. Hier seien die Länder ebenfalls mit der Ausführung dieser Gesetze betraut, ohne dabei über eine Anpassungsmöglichkeit zu verfügen. Damit ein Haushalt nicht erst über einen Zeitraum von 20 bis 25 Jahren, sondern innerhalb von zwei bis vier Jahren konsolidiert werden kann, müssten vor allem die Handlungsmöglichkeiten der Länderregierungen flexibilisiert werden. Der von Dr. Müller-Vogg wiederholten Frage, ob Berlin nun nichts anderes als weitere Verschuldung bliebe, widersprach Prof. Paqué vehement. Auch wenn es strittig bliebe, in welchem Ausmaß eine Reduzierung der konsumtiven Ausgaben kurz- und mittelfristig möglich sei, müsse Berlin den Weg der Konsolidierung gehen.

Die Bemerkung, dass Berlin insbesondere durch die in den 1990er Jahren gemachten Fehler in der aktuellen schwierigen Situation stecke, diente dem Moderator Dr. Müller-Vogg als Überleitung zu Staatsrat Dr. Heller, der in den Jahren 1999 bis 2001 Staatssekretär für Haushalt und Steuern in der Senatsverwaltung für Finanzen in Berlin war.

Dr. Heller stimmte den Ausführungen von Prof. Paqué grundsätzlich zu. Unter der Überschrift „Nur wer sich ändert, wird bestehen“ erörterte er die Notwendigkeit, nicht nur Koalitionspartner und die jeweilig handelnden Personen zu überzeugen, sondern auch die Wähler und Bürger. Dies sei im Übrigen eine Frage der Politik und nicht der Wissenschaft. Überzeugend könne dabei nur sein, wer Transparenz herstelle. So sei beispielsweise die doppelte Buchführung, wie sie in diesem Jahr auf Bitten des Parlaments in Hamburg fraktionsübergreifend eingeführt wurde, der erste Schritt, um die notwendige Transparenz zu schaffen. Eine Transparenz des Landeshaushaltes à la Hamburg würde in bemerkenswerter Weise von anderen Ländern gescheut. Dr. Heller legte die Vermutung nahe, dass gerade die Messbarkeit bestimmter Wirkungen politischen Handelns in einem transparenten Haushalt zu dem noch bestehenden Mangel an vergleichbaren Daten führe. Eine solche Offenlegung der Haushalte sei jedoch notwendig, da einerseits die Bürger wissen müssten, wie viel Einnahmen und Vermögen einer Gebietskörperschaft überhaupt zur Verfügung stehen, andererseits nur dann eine effektive Steuerung des Haushalts möglich sei. Und eben dies sei grundlegende Notwendigkeit, um überhaupt die Frage der Insolvenzfähigkeit einer Gebietskörperschaft klären zu können. Erst dann könne man sich mit Fragen der Steuerung des Mitteleinsatzes und der Gestaltung der Verantwortung, z.B. in Form von Sanktionen, befassen.

Wie diese im Einzelnen aussehen könnten, ließ Dr. Heller offen. Von erneuten Verboten, die durch den Art. 115 des Grundgesetzes gestützt würden, hält er nichts, da die Vergangenheit gezeigt hätte, dass diese durch notwendige Ausnahmeregelungen nicht praktikabel wären. Auch der Forderung der Rechnungshöfe zur Einengung des Investitionsbegriffs der Kameralistik kann Dr. Heller nichts abgewinnen. Vornehmlichste Aufgabe der Politik, sowohl der Legislative als auch der Exekutive, sei es daher, die Überzeugung für das Umdenken hin zu einer transparenten Haushaltspolitik zu schaffen. Nach Dr. Hellers Ansicht habe Hamburg mit seiner Transparenz des Landeshaushaltes einen richtigen Weg gezeigt. Er wünsche sich mehr Rückendeckung für diese Richtung, insbesondere aus dem Süden Deutschlands und vom Bund.

Im späteren Verlauf der Diskussion betonte Dr. Sarrazin zwar ebenfalls die Notwendigkeit einer zunehmenden Haushaltstransparenz, kritisierte aber den Weg, auf dem Hamburg dieses Ziel zu erreichen sucht. Insbesondere die mit der doppelten Buchführung einhergehende Bewertung von Vermögen verschleiere die tatsächlichen Steuerungselemente der öffentlichen Haushalte, d.h. Einnahmen und Ausgaben. Gerade in Berlin sei die Haushaltsnotlage durch einen relativ zu den Einnahmen nachhaltig zu hohen Ausgabenstrom entstanden. Eine Bewertung des Vermögens, welches größtenteils nicht veräußert und somit nicht zur Konsolidierung genutzt werden könne, verzerre das Finanzbild. Dieser Aussage stimmte auch Professor Paqué zu. Dr. Heller entgegnete, dass es bei der Bewertung in der Doppik im öffentlichen Haushalt nicht um die Bewertung der Vermögensgegenstände der Gebietskörperschaften, sondern um die Bewertung der Wirksamkeit politischer Maßnahmen gehe.

Dr. Sarrazin dagegen sieht im Übergang von einer kameralen zu einer doppelten Buchführung in den öffentlichen Haushalten den falschen Weg. Dennoch hält er an der Idee einer transparenten Politik fest. Gerade im Vergleich verschiedener Politiken anhand von einfachen und klaren Indikatoren bestünde das Potenzial, Einsparungsmöglichkeiten für den eigenen Haushalt zu erkennen. Auch Frau Hajduk unterstützt die Idee der Transparenz insbesondere im Hinblick auf Verschuldungsgrenzen. Es müsse klar sein, dass sich die Finanzpolitik in bestimmten Grenzen zu bewegen habe und wie diese aussähen. In Hamburg gäbe es einen eindeutigen Zusammenhang von klaren Regeln und Einsparerfolgen

Herr Professor Grottian, Politikwissenschaftler der Freien Universität Berlin, wies aus dem Publikum insbesondere Dr. Sarrazin darauf hin, dass der gerade in Berlin unterschriebene Koalitionsvertrag keinesfalls der in der Diskussion mehrfach erwähnten Notwendigkeit der Transparenz genüge. Lediglich im Anhang des Vertrages seien die eigentlich geplanten einschneidenden Maßnahmen zu finden, was dazu führe, dass die breite Öffentlichkeit diese nicht zu Kenntnis genommen habe und nicht auf sie vorbereitet sei. Schließlich bleibe unklar, inwieweit bestimmte Bereiche von Kultur und Bildung betroffen seien. Zur Wahrhaftigkeit der Politik gehöre aber die Bereitschaft, geplante Maßnahmen in der Öffentlichkeit zu diskutieren.

Im Folgenden beschrieb Dr. Sarrazin aus seiner Sicht als Berliner Finanzsenator die Aufgaben der Stadt nach dem Urteil des Bundesverfassungsgerichts und ging auf die ihm nun zur Verfügung stehenden Möglichkeiten der Haushaltskonsolidierung ein. Diese lägen, unter Beachtung der gesetzlichen Aufgaben, in der Änderung der Einnahmen und der Ausgaben. Das Urteil des Bundesverfassungsgerichtes lasse an Eindeutigkeit keine Wünsche offen. So verlange es eindeutig die Berücksichtigung des Beitrages der eigenen politischen Entscheidungen bei der Bewertung der aktuellen Situation Berlins. Auch die Verschuldung, die aufgrund vergangener politischer Entscheidungen entstand, müsse vom Land Berlin nun eigenständig bewältigt werden. Dr. Sarrazin datierte die Ursachen der heutigen Lage Berlins auf die Zeit seit 1990 und umriss, wie frühere politische Entscheidungen die heutige Verschuldungssituation beeinflusst haben. Wären im vereinten Berlin die Wohnungsbauförderung nach 1990 eingestellt, die Möglichkeiten des Einigungsvertrages zur Entlassung von ostdeutschem Personal voll ausgeschöpft und eine Gehaltsangleichung bei den öffentlich Bediensteten auf das westliche Niveau nicht vorgenommen worden, so könne man mit Zins und Zinseszins eine heutige um 30 Mrd. € geringere Verschuldung errechnen. Die nun herrschende Notlage sei somit klar aus den Entscheidungen seit 1990 ableitbar. Aufgrund der finanziellen Dimension vergangener politischer Entscheidungen und den nun vom Bundesverfassungsgericht angelegten Maßstäben zur Berücksichtigung selbiger hätte Berlin selbst in einer noch weitaus größeren Notlage keinen Anspruch auf Hilfen gehabt.

Entgegen der Meinung von Professor Paqué argumentierte Dr. Sarrazin, dass ein Land zwar nicht das tun könne, was es wolle aber doch mehr tun könne, als es glaube. So habe Berlin als Land und als Gemeinde weiterhin Handlungsmöglichkeiten bei der Konsolidierung des Haushaltes. Eine vergleichende Studie mehrerer Gemeinden habe gezeigt, dass Berlin zur Erfüllung bestimmter Aufgabenbereiche seinen Ressourceneinsatz noch deutlich verringern könne. Bei den Aufwendungen zur Aufgabenerfüllung liege Berlin zwar nur ganz leicht unter dem Durchschnitt, sei jedoch mit Mehrausgaben von 30 bis 40% weit von den vier Besten entfernt. Eine Verringerung des Mitteleinsatzes sei dennoch nicht in allen Bereichen möglich. Solle beispielsweise bei der Sozialhilfe weiterhin das Prinzip der vergleichbaren Zuschüsse für vergleichbare Fälle eingehalten werden, dann könne auch der Ressourcenaufwand nicht geändert werden. Dennoch stecke in der Art der Aufgabenerfüllung noch Einsparungspotenzial.

Im Vergleich der Ausgabenentwicklung seit 1995 mit der von Hamburg, Bremen und dem Saarland habe Berlin bereits gezeigt, dass dem Land Möglichkeiten zur Einsparung offen stehen. Während die übrigen Bundesländer ihre Ausgaben im vergangenen Jahrzehnt um bis zu 12% steigerten, lag Berlin im Jahre 2005 um 11,8% unter seinen Ausgaben des Jahres 1995. Während die Primärausgaben in Berlin im Jahre 1995 noch 28% über den Ausgaben Hamburgs lagen, übersteigen sie in diesem Jahr die Ausgaben der Hansestadt nur noch um 4%. Die Planung sieht vor, dass im Jahre 2008 das Hamburger Ausgabenniveau in Berlin unterschritten wird. Obwohl im Vergleich zu anderen Ländern die besondere finanzielle Lage Berlins durch die Teilung und Wiedervereinigung noch zu berücksichtigen sei, habe Berlin bereits beträchtliche Einsparleistungen erbringen können.

Dies sei weiterhin notwendig, da zukünftig die Hilfen aus dem Solidarpakt Ost abgebaut werden und die stadtstaatbedingten Mehreinnahmen derzeit lediglich die Mehrkosten für Polizei, Justiz und Soziales abdeckten. Berlin könne sich dann, auch ohne die derzeitige Überschuldung, nur ein Ausgabenniveau leisten, welches zwischen dem der westdeutschen Flächenländer und Hamburgs, und damit etwa 15% über dem Durchschnitt der alten Bundesländer liege. Dieses relative Ausgabenniveau bis 2020 zu erreichen, sei nun die Aufgabe.

Anschließend stellte Dr. Sarrazin die Maßnahmen vor, mit denen das Land Berlin diese Aufgabe bisher zu erfüllen sucht. Als besonders nachhaltig betonte er dabei den generellen Einstellungsstopp im öffentlichen Dienst, der nur wenige Ausnahmen zulässt. Den Beamten wurde die Sonderzuwendung (Weihnachtsgeld) auf einen Sockelbetrag von 640,-€ reduziert, wobei Berlin bei dieser Bundesratsinitiative eine Vorreiterrolle spielte. Angestellte und Arbeiter mussten ähnliche Einbußen hinnehmen (Arbeitszeitverkürzungen verbunden mit entsprechendem Gehaltsverzicht). Zuschüsse für den öffentlichen Nahverkehr, Universitäten und Kultureinrichtungen wurden und werden weiterhin verringert. In der Summe mit nunmehr wieder steigenden Einnahmen konnte das Primärdefizit von 3,7 Mrd. € im Jahre 2001 in diesem Jahr in einen leichten Primärüberschuss verwandelt werden. Der Primärüberschuss soll in den nächsten drei Jahren auf 1,8 Mrd. € ausgebaut werden, um so die Neuverschuldung in den kommenden Jahren auf unter eine Milliarde € zu senken.

Der vor wenigen Tagen im Berliner Abgeordnetenhaus unterschriebene Koalitionsvertrag sieht für die kommenden fünf Jahre weitere Ausgabenreduzierungen vor. Erst danach soll eine marginale Steigerung in den Ausgaben wieder zugelassen werden, sodass unter Berücksichtigung von Preisentwicklungen eine reale Ausgabensenkung von 20% im Jahre 2015 vorliege. Zu einem späteren Zeitpunkt im Gespräch wurde aus dem Publikum die Frage gestellt, wie die Entwicklung der jährlichen Neuverschuldung in diesem 10-Jahres-Horizont aussehen solle. Geplant sei, dass die Schulden zwar nicht abgebaut, aber auch nicht stärker als die Einnahmen, nämlich um 1,7% im Jahresdurchschnitt, steigen würden. Schließlich gab sich Dr. Sarrazin optimistisch, dass dieser Plan langfristig zur Konsolidierung des Berliner Haushalts führen werde.

Im weiteren Verlauf der Diskussion stimmte Professor Paqué zu, dass ein Land durchaus auch unter den gegebenen rechtlichen Restriktionen Möglichkeiten zur Konsolidierung des Haushaltes habe. Er sieht jedoch Probleme, in der durch mangelnde Flexibilität gekennzeichneten und über Jahrzehnte hinweg dauernden Konsolidierung. So könne beispielsweise ein zunehmend älterer Beamtenstab in Verwaltung und Schulen gerade auf lange Sicht nicht zu einer qualitativen Verbesserung des öffentlichen Dienstes führen, was unter Beachtung der ökonomischen Effizienz des öffentlichen Sektors aber eine wichtige Rolle spiele. Wolle man über vernünftige Politik und vernünftige Rahmenbedingungen sprechen, dann müsse man berücksichtigen, in welchem Zeitraum die Maßnahmen zum Erfolg führen können.

Nach diesen Ausführungen zur Lage Berlins wandte sich Dr. Sarrazin der eingangs gestellten Frage zu und bestätigte Prof. Konrads These, dass das Bundesverfassungsgericht dem Land keinerlei Beschränkungen der Verschuldung auferlegt habe. Unter dem Garantieschirm des Bundes hätten die Länder auch kaum Anreize zu einer geringeren Schuldenaufnahme. Daher sei die Konsolidierung des Landeshaushalts letztlich eine politische Willensleistung. Der in Deutschland bestehende Finanzausgleich biete gerade ärmeren Ländern keine Anreize, ihre Haushalte zu konsolidieren. Da somit der Großteil der Länder – und dementsprechend die Mehrheit im Bundesrat – kein Interesse an einer Änderung der Finanzverfassung habe, sei eine Veränderung des Finanzausgleichs zu Ungunsten der ärmeren Länder nicht durchsetzbar. Eine Chance, diese Finanzverfassung bis zum Jahre 2019 zu ändern, sieht Dr. Sarrazin nicht.

Im Folgenden untermauerte Dr. Müller-Vogg mit einer eigenen Beobachtung die Fehlanreize im deutschen Föderalismus. Regelmäßig sei auf der Flugstrecke von Frankfurt und Berlin zu sehen, dass Vertreter der Geberländer in der Economy-Class reisen, während Vertreter von Empfängerländern aufgrund der fehlenden Sparanreize in der Business-Class säßen. Die Aussage Dr. Sarrazins, dass sich daran auch in Zukunft nichts ändern werde, besorgte ihn sichtlich.

Frau Hajduk verstand zwar diese Sorge, betonte aber die besondere Leistung des Landes Berlin, sich gerade trotz dieses vorhandenen Mechanismus nicht als handlungsunfähig und -unwillig zu geben, sondern dennoch eine strikte Konsolidierung des Landeshaushaltes in den kommenden Jahren anzustreben.

Dr. Heller argumentierte anschließend aus Sicht der Geberländer. Im Gegensatz zu Dr. Sarrazin, der spare und konsolidiere, weil er es wolle, zahle Hamburg in den Länderfinanzausgleich, weil es müsse. Es sei den Bürgern kaum zu vermitteln, dass das systembedingte nicht notwendige Sparen-wollen eines ärmeren Landes aufgrund des Länderfinanzausgleichs zum Sparen-müssen eines reicheren Landes führe. Ein System, in dem den Mehreinnahmen eines Landes aufgrund des Länderfinanzausgleichs Mindereinnahmen in fast gleicher Höhe gegenüberstünden, könne nicht richtig sein. Eine Neujustierung sowohl der Zahlungen als auch der Empfangsleistungen sei notwendig.

Auf die Bitte um Konkretisierung dieser Forderung leitete Dr. Müller-Vogg die Diskussion zur Frage der Reformierung der Finanzverfassung und der Finanzverwaltung über. Zunächst regte Dr. Heller an, neben der ausgabenseitigen Konsolidierung auch die Einnahmeseite zu berücksichtigen, indem diese für Gemeinschaftssteuern bundesweit vereinheitlicht werde. In Erinnerung an den Versailler Vertrag könne seiner Meinung nach eine bundeseinheitliche Steuerverwaltung für Gemeinschaftssteuern erhebliche Mehreinnahmen generieren. Eine Bundessteuerverwaltung könne unabhängig von der Entflechtung von Steuerquellen insbesondere die Erhebung der Gemeinschaftssteuern nach gleichen Maßstäben für alle Länder sicherstellen. Derzeit hingegen konkurrieren die einzelnen Finanzverwaltungen der Länder und versuchen nicht zuletzt durch die laxe Erhebung von Steuern, Ansiedlungspolitik zu betreiben. Dieses Phänomen sei jedoch unabhängig von der Finanzstärke der Länder zu beobachten. Der Bundesrechnungshof geht inzwischen davon aus, dass eine gleichmäßige Erhebung der Steuern nicht mehr gewährleistet sei.

Dr. Heller erhielt für den Vorschlag einer zentralisierten Bundesfinanzverwaltung Zustimmung von allen Diskutanten, wobei es unterschiedliche Meinungen darüber gab, an welchen Ländern die Umsetzung dieser Idee scheiterte. Schließlich konkretisierte Dr. Sarrazin die Idee einer bundeseinheitlichen Steuerverwaltung unter Rückgriff auf die Erzbergersche Finanzreform, durch die in den Jahren 1919/20 die Finanzhoheit dem Reich übertragen wurde und die Zuwendungen für die Länder durch das Reich nach bestimmten Maßstäben verteilt wurden. So könne auch heute nach einem Leistungsanreize schaffenden Schlüssel, der sich aus Einwohnerzahl, BIP pro Kopf etc. zusammensetzen könne, den Ländern Geld durch eine Bundesfinanzverwaltung zugewiesen werden. Dieser Schlüssel könne bei Bedarf mit einem Mehrheitsquorum angepasst werden. Voraussetzung sei jedoch eine Schaffung einheitlicher Ausgangssituationen für die Länder.

Für dieses Zukunftsmodell der Finanzverwaltung sieht Dr. Sarrazin selbst keine Chance einer zeitnahen Realisierung. Lediglich eine gesamtgesellschaftliche Katastrophe, die niemand wünschen wolle, könne zu veränderten Mehrheitsverhältnissen und damit zu einem Neuentwurf der Finanzverfassung führen. Mithin müsse er als Finanzsenator von Berlin in dem Rahmen handeln, der derzeit gelte und dies bedeute auch, das gegenwärtige System für sich zu nutzen.

Professor Paqué schloss sich der Meinung Dr. Sarrazins bezüglich einer Reform der Finanzverwaltung an, gab aber einer Reform der Finanzverfassung größere Chancen. Seiner Meinung nach gehe es bei der Durchsetzung der Interessen nicht nur um die Frage nach Armut und Reichtum eines Landes, sondern vielmehr um Größen wie Grenzbelastungen, Selbstbehaltquote und verbesserte Leistungsfähigkeit der einzelnen Länder bei Steuerzuwächsen. Anhand dieser Größen könne man erkennen, dass typischerweise die schnell wachsenden ärmeren Länder der höchsten Grenzbelastung gegenüber stünden. Eine Kombination aus höherer Selbstbehaltquote, größerer Liberalisierung und Flexibilisierung der Haushalte sowie einem Kompensationsmechanismus für Schulden könne gerade den ärmeren Ländern längerfristig als Anreiz für eine Reform der Finanzverfassung dienen und würde zudem das absurd komplizierte System dramatisch vereinfachen. Er sah in der zweiten Stufe der Föderalismusreform die Möglichkeit, die Finanzverfassung in eben diese Richtung hinreichend zu erneuern, und beschrieb die Reform als ein ganz zentrales Projekt für die Zukunft Deutschlands.

Frau Hajduk hingegen zweifelte an der Reichweite der Reform und der Durchsetzbarkeit solch durchgreifender Neustrukturierungen. Vielmehr sehe sie in dem von ihr vorher skizzierten System von Verschuldungsregeln und Sanktionsmaßnahmen die Möglichkeit neuer Bündnisse von armen und reichen Bundesländern und damit das Potenzial zur Umgehung der derzeitigen, durch die Mechanismen des Länderfinanzausgleichs bestimmten, Interessen. Würden auf diesem Weg verbindliche Verschuldungsgrenzen geschaffen, könnte der Öffentlichkeit die Eindeutigkeit der Finanzprobleme kommuniziert und somit die Konsolidierung auf eine bessere Grundlage gestellt werden. Aus dem Publikum regten Herr Scholz und Herr Professor Grottian an, die zweite Stufe der Föderalismusreform für die Durchsetzung von Zuschlagsrechten zu nutzen. Diesen Vorschlag lehnte Dr. Sarrazin jedoch ab, da er die Mobilität der Berliner fürchte und der Wettbewerbsföderalismus einem Erfolg aus Zuschlagsrechten entgegen wirke. Letztlich würden von einer solchen Regelung die reichen und nicht die armen Länder profitieren.

Zusammenfassend kann festgehalten werden, dass das Treffen von fiskalischer Notwendigkeit und Politik im föderalen Bundesstaat zu einem Spannungsverhältnis von Sachrationalität und politischer Rationalität führt. In den Anreizproblemen des föderalen Systems der Bundesrepublik Deutschlands sehen die Diskussionsteilnehmer einstimmig die Ursache dieser Problematik. Im Laufe des Gesprächs wurden dabei sehr unterschiedliche Problemlösungen vorgestellt, die von Sanktionen für Verschuldung, eine Finanzverfassungsreform, über mehr Transparenz im öffentlichen Haushalt bis hin zur Reform der Finanzverwaltung nach dem Vorbild der Weimarer Republik reichten und auch eine Insolvenz von Gebietskörperschaften nicht von vornherein ausschlossen.

Die Bewertungen der Durchsetzbarkeit dieser Vorschläge in der zweiten Stufe der Föderalismusreform fielen dabei höchst verschieden aus. Spreche man über Sparen, so Dr. Müller-Vogg abschließend, spreche man von einer Reduzierung der Neuverschuldung. Von einer Rückführung der aufgelaufenen Schulden spreche man hingegen nicht, um die gute Stimmung aller Beteiligten nicht zu trüben.

Autorenverzeichnis

Baskaran, Thushyanthan, Ruprecht-Karls-Universität Heidelberg

Geb. 1980. 2000–2004 Studium der Volkswirtschaftslehre an der FU Berlin. 2005–2006 wissenschaftlicher Mitarbeiter an der Philipps-Universität Marburg (Lahn). Seit 2006 wissenschaftlicher Mitarbeiter an der Ruprecht-Karls-Universität Heidelberg.

Feld, Lars P., Prof. Dr., Ruprecht-Karls-Universität Heidelberg

Geb. 1966. 1987–1993 Studium der Volkswirtschaftslehre an der Universität des Saarlandes, Saarbrücken. 1995–1997 wissenschaftlicher Mitarbeiter in Saarbrücken. 1997–1999 wissenschaftlicher Mitarbeiter an der Universität St. Gallen. 1998 Stipendiat des Schweizerischen Nationalfonds. Visiting Fellow an der University of Southern California und der Université de Rennes 1. 1999 Promotion in St. Gallen. 1999–2002 Nachwuchsdozent für Volkswirtschaftslehre an der Universität St. Gallen. 2002 Kumulative Habilitation in St. Gallen. 2002–2006 Professor für Volkswirtschaftslehre, insbesondere Finanzwissenschaft, an der Philipps-Universität Marburg (Lahn). Seit 2006 Professor für Volkswirtschaftslehre, insbesondere Finanzwissenschaft an der Ruprecht-Karls-Universität Heidelberg. Mitglied im wissenschaftlichen Beirat des Bundesministeriums der Finanzen.

Grossekettler, Heinz, Prof. Dr. rer. pol., Westfälische-Wilhelms-Universität Münster

Geb. 1939. 1963–1968 Studium der Volkswirtschaftslehre an der Universität Mainz. 1968 Diplom-Volkswirt, anschließend wissenschaftlicher Mitarbeiter im Institut für Finanzwissenschaft der Universität Mainz, Auslandssemester in Paris und Brüssel. 1972 Promotion, 1975 Habilitation. 1975 Professor für Wettbewerbstheorie und -politik und seit 1979 Professor für Finanzwissenschaft der Universität Münster. Seit 1989 Mitglied des Wissenschaftlichen Beirats des Bundesministeriums der Finanzen, 1998–2002 Stellvertretender Vorsitzender, 2003–2006 Vorsitzender. In dieser Zeit auch Mitglied im Wissenschaftlichen Beirat beim Bundesministerium für Wirtschaft und Technologie. 1997–1999 Mitglied im Wissenschaftlichen Beirat des ifo Instituts für Wirtschaftsforschung.

Häde, Ulrich, Prof. Dr. iur utr., Europa-Universität Viadrina Frankfurt (Oder).

Geb. 1960. Studium der Rechtswissenschaften an der Universität Würzburg, 1986 Erste Juristische Staatsprüfung. 1986–1989 Wissenschaftlicher Mitarbeiter an der Universität Würzburg. 1989 Zweite Juristische Staatsprüfung. 1989–1991 und 1992–1996 Wissenschaftlicher Assistent an der Universität Würzburg. 1991 Promotion und 1996 Habilitation in Würzburg. 1991–1992 und 1996–1997 (Ober-) Regierungsrat im Bayerischen Staatsministerium der Finanzen. Seit 1997 Professor für Öffentliches Recht, insbesondere Verwaltungsrecht, Finanzrecht und Währungsrecht in Frankfurt (Oder).

Jochimsen, Beate, geb. Milbrandt, Dr. rer. oec., Freie Universität Berlin und Wissenschaftszentrum Berlin für Sozialforschung.

Geb. 1969. Studium der Volkswirtschaftslehre, Geschichte und Philosophie in Heidelberg, London und Köln. 1994 M.Sc. in European Studies an der London School of Economics and Political Science. 1995 Diplom-Volkswirtin in Köln. 1996–1999 wissenschaftliche Mitarbeiterin an der Technischen Universität in Berlin. 2000 Promotion. 2000/2001 Leitung des Senatorenbüros in der Senatsverwaltung für Finanzen, Berlin. Seit 2002 wissenschaftliche Assistentin an der Freien Universität Berlin und assoziierte Mitarbeiterin am WZB, Abteilung Marktprozesse und Steuerung. Seit 2004 Mitglied im Arbeitskreis Finanzwissenschaft des Bundesministeriums der Finanzen.

Konrad, Kai A., Prof. Dr. oec.publ., Wissenschaftszentrum Berlin für Sozialforschung und Freie Universität Berlin

Geb. 1961. Studium der Physik und der Volkswirtschaftslehre in Heidelberg. 1985 Diplom-Volkswirt in Heidelberg. 1986–1994 Mitarbeiter / wissenschaftlicher Assistent an der Ludwig-Maximilians-Universität München. 1990 Promotion in München. 1991 Lecturer an der University of California in Irvine. 1993 Habilitation in München. 1994–2000 Professor für Volkswirtschaftslehre (Teilzeitprofessur) an der Universität Bergen in Norwegen. Seit 1994 Professor für Volkswirtschaftslehre, insbesondere Finanzwissenschaft, an der Freien Universität Berlin. Seit Januar 2001 zusätzlich Direktor der Abteilung Marktprozesse und Steuerung am WZB. Mitglied im wissenschaftlichen Beirat des Bundesministeriums der Finanzen, seit 2007 stellvertretender Vorsitzender.

Korioth, Stefan, Prof. Dr. jur., Ludwig-Maximilians-Universität München

Geb. 1960. Studium der Rechtswissenschaften in Mannheim und Bonn; Referendariat in Hamburg; 1990 2. Juristisches Staatsexamen und Promotion in Bonn. 1990–1996 Wissenschaftlicher Assistent in Bonn, 1996 Habilitation in Bonn. 1996–2000 Professor an der Universität Greifswald. Seit 2000 Professor für Öffentliches Recht und Kirchenrecht in München.

Rossi, Matthias, PD Dr. iur., Humboldt-Universität zu Berlin

Geb. 1968. 1988–1993 Studium der Rechtswissenschaften in Trier und Nancy. 1995–1997 Referendariat in Berlin. 1997 zweites juristisches Staatsexamen. 1993–1995 wissenschaftlicher Mitarbeiter sowie 1998–2004 wissenschaftlicher Assistent an der Humboldt-Universität. 1997 Promotion und 2004 Habilitation an der Humboldt-Universität. 2005–2006 Mitarbeit im TACIS-Projekt der EU zur Finanzverfassung Russlands und im Forschungsprojekt der Hertie School of Governance zur finanziellen Zukunftsfähigkeit Berlins. Seit 2005 Lehrstuhlvertretungen an den Universitäten Augsburg, Bremen und Karlsruhe. 2006 Visiting professor an der Université Paris X Nanterre und der India University, Bangalore.

Schuppert, Gunnar Folke, Prof. Dr. iur., Wissenschaftszentrum Berlin für Sozialforschung (WZB) und Humboldt-Universität zu Berlin

Geb. 1943. Studium an der Freien Universität Berlin sowie an den Universitäten München und Göttingen. 1972 Promotion. Wissenschaftlicher Mitarbeiter am Bundesverfassungsgericht. Studienaufenthalt an der London School of Economics and Political Science. 1979 Habilitation. 1980–1984 Professor an der Universität Hamburg. 1984–1993 Professor an der Universität Augsburg. Seit 1993 Professor an der Humboldt-Universität zu Berlin. 1996–1999 Gründungsdirektor des Europäischen Zentrums für Staatswissenschaften und Staatspraxis, Berlin. 2000–2003 Fellow am Max-Weber-Kolleg für kultur- und sozialwissenschaftliche Studien in Erfurt. Seit 2003 Forschungsprofessor am WZB.

Seitz, Helmut, Prof. Dr. rer.pol., Technische Universität Dresden

Geb. 1956. Studium der Volkswirtschaftslehre an der Universität Mannheim. 1989 Promotion. 1994 Habilitation an der Universität Mannheim. 1983–1989 verschiedene Tätigkeiten an der Universität Mannheim. 1995–2004 Professor an der Europa-Universität Viadrina, Frankfurt / Oder. Seit 1995 Forschungsprofessor am ZEW in Mannheim. Seit 2002 Forschungsprofessor am ifo, München, insbesondere Standort Dresden. Seit 2004 Professor für Volkswirtschaftslehre, insbes. Empirische Finanzwissenschaften und Finanzpolitik, an der TU Dresden.

Stadler, Valentina, Bayerische Hypo- und Vereinsbank AG

Geb. 1972. Studium der Volkswirtschaftslehre und Management in London. 1996 B.Sc. in Management, 1997 M.Sc. in Economics an der London School of Economics and Political Sciences. 1997-1999 Economist (Osteuropa) bei ideaglobal.com in London. 1999-2000 Research Analystin beim Center for European Policy Studies (CEPS) in Brüssel. Seit 2001 bei der HypoVereinsbank AG in München, zunächst in der volkswirtschaftlichen Abteilung zuständig für Deutschland, Europa und Osteuropa. Seit 2005 im Bereich Investmentbanking, Credit Research; Senior Analystin zuständig für Sub-Sovereigns & Agencies.

Strasser, Alois, Standard & Poor's Ratings

Geb. 1960, Studium der Volkswirtschaftslehre an der Wirtschaftsuniversität Wien. 1989 bis 1991 Zins- und Währungsanalyst Raiffeisen Zentralbank Österreich AG, bis 1996 Experte für Schuldverschreibungsemissionen Investmentbank Austria AG. Ab 1996 Gruppenleiter Kreditabteilungen der Westdeutschen Landesbank (Austria) AG und Bank Austria AG für Finanzierungen des öffentlichen Sektors und Infrastruktur in Österreich und der EU inklusive Kapitalmarktprodukte. Seit 2000 Leiter des Frankfurter Ratinganalystenteams von Standard & Poor's Ratings für den öffentlichen Sektor (Gebietskörperschaften, öffentliche Unternehmen, Risikoanalyse öffentlicher Pfandbriefpools) in Deutschland, Österreich und der Schweiz.

Kai A. Konrad / Beate Jochimsen (Hrsg.)

Finanzkrise im Bundesstaat

2., korrigierte Auflage

Frankfurt am Main, Berlin, Bern, Bruxelles, New York, Oxford, Wien, 2007.
229 S., zahlr. Graf.
ISBN 978-3-631-56298-7 · br. € 36.80*

Zunehmende Verschuldung, fiskalische Fehlanreize, Gebietskörperschaften in extremen Haushaltsnotlagen – die föderalen Ebenen Deutschlands befinden sich in einem fiskalischen Konflikt miteinander. Am 19. Oktober 2006 hat das Bundesverfassungsgericht entschieden, dass sich Berlin nicht in einer extremen Haushaltsnotlage befindet und deshalb derzeit keine zusätzlichen finanziellen Hilfen von Bund und Ländern erhält. Generell ist aus Sicht des Gerichts allerdings eine finanzielle Unterstützung bei Vorliegen einer extremen Haushaltsnotlage weiterhin erlaubt und geboten. Lediglich die dafür zu überwindenden Hürden sind erhöht worden. Damit hat das Gericht die grundlegende Problematik der Finanzbeziehungen zwischen Bund und Ländern nicht gelöst. Der Anreiz für Landespolitiker, zu viele Ausgaben zu tätigen und sich zu sehr zu verschulden, besteht weiterhin – und zwar so lange, bis diesem Verhalten wirksame Grenzen gesetzt werden. Das Gericht hat in seinem Urteil zwar auf das Fehlen ausreichender institutioneller Rahmenbedingungen zum Umgang mit Haushaltsnotlagen und zur Überwindung von finanziellen Krisen hingewiesen, aber keine Lösungen angeboten. Der vorliegende Tagungsband beinhaltet in komprimierter Form einen Großteil der der Berliner Klage vor dem Verfassungsgericht zugrunde liegenden ökonomischen und juristischen Ausführungen und stellt so eine wichtige Quelle zum tieferen Verständnis des Urteils dar. Darüber hinhaus zeigt er bereits mögliche Reformwege zur Überwindung der Finanzkrise im Bundesstaat. Mit der andauerenden Bedeutsamkeit des Themas behält auch dieser Band eine hohe Aktualität. Ziel des Buches *Finanzkrise im Bundesstaat* ist es, den wissenschaftlichen, interdisziplinären Diskurs zu beleben sowie eine Brücke zwischen Wissenschaft und Politik zu schlagen.

FSC
www.fsc.org
MIX
Papier | Fördert gute Waldnutzung
FSC® C083411

Kolibri 360 GmbH
Ferdinand-Jühlke-Straße 7
99095 Erfurt, Deutschland
produktsicherheit@kolibri360.de

Druck:
CPI Druckdienstleistungen GmbH
im Auftrag der
Kolibri 360 GmbH
Ferdinand-Jühlke-Str. 7
99095 Erfurt